从低层视觉到高层语义特征的图像检索技术

周菊香 著

科学出版社

北京

内 容 简 介

本书针对 CBIR 中的图像特征表达和相似性度量两个关键环节，从低层视觉到高层语义特征的图像检索技术，重点围绕如何提取和表达图像视觉特征来尽可能地体现图像高层语义、如何对深度特征进行有效的聚合表达来增强特征的表达能力和可辨别能力、如何定义准确的图像相似性度量方法以体现图像语义相似性等问题展开了深入的研究和探讨。本书注重理论方法创新研究和算法应用与实践相结合，涉及图像多特征融合、深度卷积特征聚合、图像索引及相似性度量学习、图像高层语义提取等关键技术，以及基于交互式反馈、情感语义、Web 搜索引擎、跨模态等智能图像检索的前沿研究技术。

本书可供电子工程、计算机科学与技术等相关专业的科技工作者参考，亦可作为高校电子工程、计算机及相关专业研究生的参考资料。

图书在版编目（CIP）数据

从低层视觉到高层语义特征的图像检索技术 / 周菊香著. — 北京：科学出版社，2024.5
ISBN 978-7-03-076588-8

Ⅰ. ①从… Ⅱ. ①周… Ⅲ. ①图像数据库－信息检索－研究 Ⅳ. ①G254.927

中国国家版本馆 CIP 数据核字(2023)第 190608 号

责任编辑：任　静 / 责任校对：胡小洁
责任印制：师艳茹 / 封面设计：蓝正设计

科学出版社 出版
北京东黄城根北街 16 号
邮政编码：100717
http://www.sciencep.com

北京中科印刷有限公司印刷
科学出版社发行　各地新华书店经销

*

2024 年 5 月第 一 版　　开本：720×1 000　1/16
2024 年 5 月第一次印刷　　印张：11
字数：222 000

定价：98.00 元
（如有印装质量问题，我社负责调换）

前　言

"语义鸿沟"是基于内容的图像检索面临的主要挑战，其产生的根源是查询实例存在的意图语义差异、图像视觉特征抽取和表示中存在的特征语义差异、图像相似性度量中存在的关系语义差异。其中，意图语义差异取决于查询者自身的主观因素，而如何缩小特征语义差异和关系语义差异成为基于内容的图像检索的研究热点和难点。

本书重点围绕图像检索中特征提取关键技术，贯穿传统视觉特征的融合、深度特征的聚合、高层语义特征的表示，同时对图像检索技术的特征匹配过程中的距离优化、重排序和语义相似度量等问题进行了深入探讨，涉及图像多特征融合、深度卷积特征聚合、图像索引及相似性度量学习、图像高层语义提取等关键技术，在此基础上增加了基于交互式反馈、情感语义、Web 搜索引擎、跨模态等智能图像检索的前沿技术。

不同于已有的侧重基础理论或实战开发类的同类书籍，本书探讨了图像检索相关理论基础和核心技术，还充分融合了作者近些年在图像检索领域的研究成果，尤其是将公理模糊集理论（AFS）引入到图像检索技术中，为基于语义的图像检索技术提供了新的研究思路。本书同时对该领域近几十年的研究成果进行综述，涉及大量的参考文献，整个内容结构脉络清晰，图文结合展示，语言通俗易懂，更适合初选图像检索技术领域作为研究方向的本科生和研究生，对于学习该领域的核心关键技术和热点及难点具有较好的参考价值。

在本书的写作过程中，感谢大连理工大学刘晓东教授、云南师范大学甘健侯教授等在本书选题、构思和修改等方面给予了悉心指导和帮助，感谢云南师范大学民族教育信息化教育部重点实验室、云南省智慧教育重点实验室以及课题组研究生和许多同行学者的大力支持和帮助，感谢云南省博士后定向培养计划项目以及国家自然科学基金项目（62166050、62107034）的资助。

本书受限于作者水平，难免有不足之处，敬请广大读者不吝批评和指正。

目 录

前言

第1章 基于内容的图像检索概述 ·· 1
  1.1 图像检索技术的发展 ·· 1
  1.2 基于内容的图像检索技术及其应用 ·· 2
    1.2.1 基于内容的图像检索概念界定 ··· 2
    1.2.2 基于内容的图像检索基本框架及相关技术 ··· 3
    1.2.3 图像检索性能评价准则 ·· 6
  1.3 国内外研究现状及应用前景 ·· 6
    1.3.1 图像视觉特征表达方法研究现状 ··· 7
    1.3.2 图像相似度度量及重排序方法研究现状 ·· 11
    1.3.3 基于内容的图像检索系统和工具 ··· 14

第2章 图像特征与表达 ·· 18
  2.1 图像全局特征 ·· 18
    2.1.1 颜色特征 ·· 18
    2.1.2 纹理特征 ·· 21
    2.1.3 形状特征 ·· 24
    2.1.4 空域和频域特征 ·· 25
  2.2 局部不变性特征 ··· 26
    2.2.1 SIFT 特征 ·· 26
    2.2.2 SURF 特征 ·· 28
    2.2.3 视觉码本特征 ··· 29
  2.3 图像深度卷积特征 ··· 30
    2.3.1 卷积神经网络结构 ··· 31
    2.3.2 经典卷积神经网络 ··· 33
    2.3.3 深度特征及表达 ·· 36
  2.4 图像特征降维 ·· 37
    2.4.1 主成分分析法降维 ··· 37
    2.4.2 深度自动编码器降维 ·· 38
  2.5 图像特征归一化和标准化 ··· 39
    2.5.1 特征归一化 ·· 40

2.5.2　特征标准化 ··40

第3章　图像相似度度量与排序 ··42
　3.1　图像相似性度量 ··42
　　　3.1.1　直方图相交距离 ··43
　　　3.1.2　马氏距离/二次式距离 ··43
　　　3.1.3　余弦距离 ··44
　　　3.1.4　陆地移动距离 ··44
　　　3.1.5　汉明距离 ··45
　3.2　图像索引技术 ··46
　　　3.2.1　局部敏感哈希技术 ··46
　　　3.2.2　多维图像特征的索引技术 ··46
　　　3.2.3　近邻搜索算法 ··47
　　　3.2.4　查找优化 ··48
　　　3.2.5　倒排多索引 ··48
　3.3　图像重排序 ··49
　　　3.3.1　基于扩散过程的距离学习 ··49
　　　3.3.2　查询扩展 ··52

第4章　基于多特征融合与距离学习的图像检索 ··54
　4.1　特征提取与多特征表达 ··55
　　　4.1.1　颜色直方图特征提取 ··56
　　　4.1.2　局部方向模式特征提取 ··56
　　　4.1.3　视觉词包特征提取 ··58
　　　4.1.4　多特征的融合表达 ··59
　4.2　基于扩散过程的距离优化和重排序 ··60
　　　4.2.1　基于扩散过程的距离优化 ··60
　　　4.2.2　基于扩散过程的重排序搜索策略 ··62
　4.3　实验结果及讨论 ··63
　　　4.3.1　数据集介绍 ··63
　　　4.3.2　实验设置及说明 ··63
　　　4.3.3　扩散过程和特征融合对检索性能的影响分析 ··64
　　　4.3.4　检索性能对比实验 ··67
　　　4.3.5　扩散过程中的参数 k_n 对检索性能的影响 ··73
　　　4.3.6　重排序搜索策略的实验分析 ··75

第5章 基于深度特征的图像检索 ··· 79
5.1 深度卷积特征聚合方法 ··· 80
5.1.1 特征聚合方法简介 ··· 80
5.1.2 特征聚合方法比较和分析 ··· 83
5.2 基于区域显著性和通道敏感性的特征聚合 ··· 85
5.2.1 算法概述 ··· 86
5.2.2 通道敏感性权重 ··· 87
5.2.3 区域显著性权重 ··· 89
5.2.4 特征聚合表达 ··· 90
5.3 实验结果及讨论 ··· 91
5.3.1 数据集介绍 ··· 91
5.3.2 实验设置及说明 ··· 92
5.3.3 相关参数对检索性能的影响分析 ··· 92
5.3.4 区域权重和通道权重对检索性能的影响分析 ··· 94
5.3.5 检索性能比较 ··· 96

第6章 基于AFS语义特征空间的图像检索 ··· 101
6.1 AFS理论 ··· 102
6.1.1 AFS代数 ··· 102
6.1.2 AFS结构 ··· 103
6.1.3 AFS一致性隶属函数 ··· 104
6.1.4 AFS框架下的语义特征表达 ··· 105
6.2 基于AFS的语义相似性度量 ··· 106
6.2.1 AFS聚类方法中的语义度量方法 ··· 106
6.2.2 基于局部近邻的语义相似度量方法 ··· 107
6.2.3 基于AFS语义的图像检索算法框架 ··· 108
6.3 实验结果及讨论 ··· 109
6.3.1 数据集及图像特征提取 ··· 109
6.3.2 实验设置及说明 ··· 110
6.3.3 传统的距离度量方法对比 ··· 112
6.3.4 基于AFS的距离度量方法对比 ··· 116
6.3.5 检索性能对比 ··· 117
6.3.6 相关参数对检索性能的影响分析 ··· 121
6.3.7 扩散过程对检索性能的影响分析 ··· 124

第 7 章 智能图像检索技术 ... 126
7.1 基于交互反馈技术的图像检索 ... 126
7.1.1 交互式反馈技术 ... 126
7.1.2 基于交互反馈的图像检索系统 ... 127
7.2 基于情感语义的图像检索 ... 129
7.2.1 图像语义提取方法 ... 130
7.2.2 图像语义自动标注 ... 132
7.2.3 图像情感标注 ... 134
7.2.4 基于情感语义的图像检索系统 ... 135
7.3 基于 Web 搜索引擎的图像检索 ... 137
7.3.1 Web 图搜索引擎技术 ... 137
7.3.2 基于 Web 搜索引擎的图像检索系统搭建 ... 139
7.4 基于跨模态的图像检索 ... 140
7.4.1 跨模态检索技术 ... 140
7.4.2 基于典型关联分析的跨模态检索 ... 142
7.4.3 基于深度学习的跨模态图像检索 ... 143

参考文献 ... 146

第1章 基于内容的图像检索概述

1.1 图像检索技术的发展

随着计算机网络的快速发展和空前普及,人们每天都被来自于智能手机、2D/3D 应用程序、网站等多种可视化终端和载体的图像、音频和视频等的多媒体数据所淹没。这样的新时代见证了多媒体数据在数量、可用性、复杂性、多样性及重要性上的巨大变革。不同于文本数据,多媒体数据具有更加丰富、直观、生动的信息,在教育、医疗、天气预报、刑事调查、新闻、广告、艺术设计、网络、社交媒体和娱乐等领域中发挥着至关重要的作用。图像作为最主要的多媒体资源,针对图像的存储、检索、分析等技术的需求变得更加迫切,其中如何从大量的图像数据中快速、准确、高效地检索到人们想要的视觉信息成为最具挑战性的任务之一。

图像检索技术的研究始于 20 世纪 70 年代[1],早期的研究主要集中在基于文本(关键字)的图像检索技术,由于其需要大量的、烦琐的人工标注,且具有极强的主观性和不确定性,往往使得文本和图像内容之间存在一定差异,从而导致图像检索中不可纠正的匹配错误,尤其当图像的规模剧增时,基于文本的图像检索技术在实际应用中的局限性愈加明显。为了克服这一困难,基于内容的图像检索技术应运而生,并逐渐成为图像领域的研究热点之一。基于内容的图像检索即"以图搜图",是以图像的视觉特征作为查询条件,通过匹配图像的视觉信息来完成图像的检索。相比基于文本的图像检索方式,基于内容的图像检索不再受图像标注的限制,而是直接通过分析图像内容来实现检索,这样的过程更加符合人类的认知过程,从而更能满足用户的检索需求[2],因此基于内容的图像检索研究具有重要的研究意义和广泛的应用前景。

从 20 世纪 90 年代早期到 21 世纪初,经过了二十多年的理论研究和实践探索,基于内容的图像检索涌现了大量的研究成果,基于内容的图像检索的相关技术不断完善并逐渐成熟[3-14]。然而目前,尽管国内外很多网络搜索引擎都提供以图像示例作为查询条件的图像检索服务功能,但其检索结果有时并不能达到人们预期的效果,其主要原因在于检索意图和检索结果之间存在的"语义鸿沟",主要源于三个方面:①一幅图像或简单的草图、轮廓图等查询示例很难准确描述用户检索意图所带来的意图语义差异;②查询示例中抽取的视觉特征并不能准确反映检索意图所要表达的高层语义带来的特征语义差异;③查询图像特征和检索目标特征之间的相似性关系度量不准确而产生的关系语义差异。图 1.1 所示为基于内容的图像检索过程中产生的语义差异，其中，意图语义差异取决于查询者自身的主观因素，而如何缩小特征语义差异和关系语义差异成为基于内容的图像检索的研究热点和难点。因此，本书围绕图像特征表达和图像相似度量两个关键问题进行了深入的探讨，从图像的局部特征到全局特征，贯穿传统视觉特征的融合、深度特征的聚合、高层语义特征的表示，同时考虑了特征匹配过程中的距离优化、重排序和语义相似度量等问题，期望通过更有效的特征表达和更准确的相似性度量来缓解图像检索中由于特征语义差异和关系语义差异导致的"语义鸿沟"问题，从而达到不断提升图像检索性能的目的。

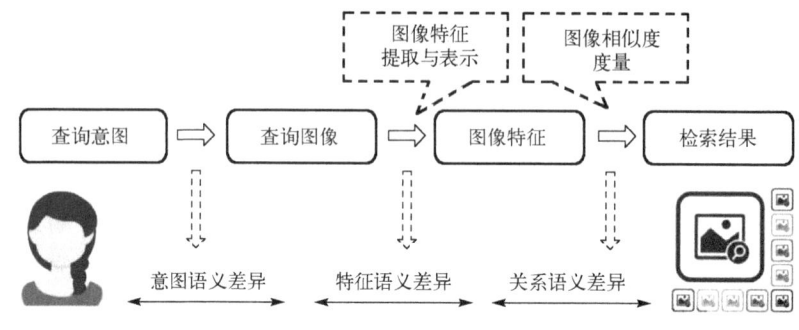

图 1.1　基于内容的图像检索中存在的语义差异

1.2　基于内容的图像检索技术及其应用

1.2.1　基于内容的图像检索概念界定

在信息技术高速发展的网络时代，随着各类社交网站、移动 APP、小程序等形式各异的应用软件平台的流行和普及，图像、视频、音频、文本等多媒体数据每天都在以爆炸式增长，图像已成为人们获取信息最直接、最有效、最丰富的方式。面对如此大规模且内容丰富的图像视觉信息，急需一种高效的方法能从偌大的图像库中检索出用户感兴趣的、有价值的图像资源，显然基于文本关键字的传统检索方式已不能满足人们当前的实际需求。由此，基于内容的图像检索技术应运而生，受到了越来越多的关注并逐渐成为多媒体信息检索领域的研究热点。

在图像检索中，用户首先需要将自己的检索意图表达为具体的视觉查询示例。查询示例是否能够准确地体现用户的意图，很大程度决定了检索结果的准确与否。一个具体的、准确的查询示例将大幅度地降低检索的难度，且能够较为容易地获得令人满意的结果。通常而言，查询示例的类型包括很多种，除图像类查询示例外，还有草图、彩色分布图等简单模式的图片，尽管这些查询方式较为简便，但通常因其缺乏较为丰富的细节信息，所以很难明确表达用户查询的意图，从而导致检索难度增大，难以得到令人满意的结果。如图 1.2 所示，假设用户曾经拍摄过某种不知名的紫色花朵，当他想通过互联网查找与其相似的图片时，可通过多种方式进行检索。显然，相比于其他几种查询方式，以该花朵的图像作为查询示例能更准确地检索到用户想要的结果。目前，图像示例作为查询对象的图像检索是应用最为广泛的方式，也是基于内容的图像检索中研究最多的一种，本书研究即为此范畴。

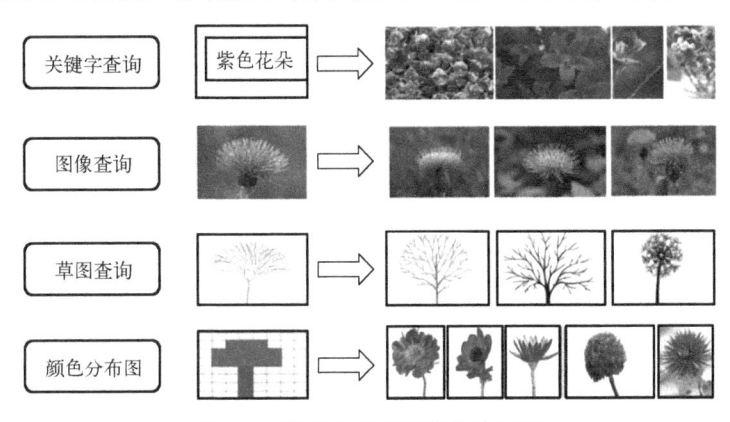

图 1.2 基于内容的图像检索示例

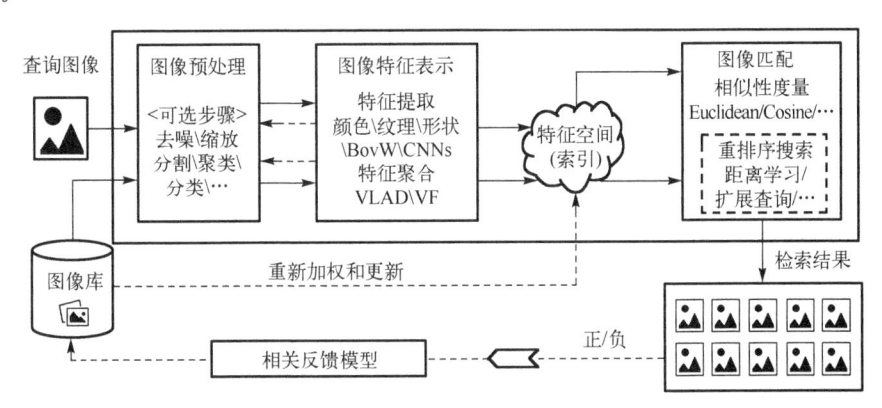

1.2.2 基于内容的图像检索基本框架及相关技术

图 1.3 给出了基于内容的图像检索的基本框架，包括主要的检索流程和相关技术，其中最核心的问题就是如何提取图像的视觉特征并进行表达，以及如何通过图像视觉特征进行相似度匹配，其分别对应图像特征表达和图像匹配两个主要部分。下面简要介绍图像特征表达和图像匹配阶段的主要任务、方法以及其他相关技术。

图 1.3 基于内容的图像检索基本框架

1. 图像特征表达

图像检索即要从图像库中检索出与查询图像相似的多幅图像,由于图像中呈现的视觉内容比较复杂,直接通过对比高维的图像原始像素信息不仅需要巨大的计算开销,而且导致图像中的语义概念无法被理解。因此,需要一种图像特征表达方法从图像中提取和抽象出能代表图像本质的图像特征,并使其通过向量化的形式进行表示和分析,最终将图像检索的任务转化成查询图像特征与数据库图像特征之间的相似性比较。这一过程主要包括图像特征提取及特征压缩与聚合。

特征提取:图像特征主要包括通用的图像视觉特征和领域相关的视觉特征。通用的视觉特征包括颜色、纹理、形状、空间关系等传统视觉特征[15-18],以及视觉词包模型 BoVW 特征[19]和基于卷积神经网络提取的深度卷积特征等基于学习的图像特征[20,21]。从另一个角度,这些图像的特征通常还可以被划分为基于全局的特征和基于局部的特征。全局图像特征是通过分析图像像素来描述整个图像所包含的内容信息,局部特征往往用来描述图像的某个部分或者某些关键点,比如尺度不变特征变换(Scale-Invariant Feature Transform,SIFT)等[22],以及一些基于局部模式的图像特征描述子。此外,领域相关的视觉特征则建立在某些先验知识(或假设)的基础上,例如人脸特征或指纹特征等。

特征压缩与聚合:面对大规模图像提取得到的高维的全局特征或数量庞大的局部特征时,如果直接进行查询图像特征与数据库图像特征的相似度比对,则会给检索系统带来极大的存储和计算负担。因此,通常在特征提取后就需要对特征进行必要的特征压缩或聚合技术,如 PCA 降维、BoVW 模型、局部特征聚合描述符(Vector of Locally Aggregated Descriptor,VLAD)[23]和 Fisher 向量(Fisher Vector,FV)等[24],使得高维图像特征或多个局部特征描述子以一种更加紧凑、一致的向量化方式进行表达,从而提升图像特征的表征能力,同时降低图像特征匹配时的计算复杂度以提高图像检索效率。

2. 图像匹配

图像匹配主要是通过相似性度量方法计算查询图像与数据集图像在视觉特征上的相似性程度,并返回与查询图像最为相似的图像序列。通常,在该过程中还可以采用距离学习、扩展查询等方法对初始检索结果进行重排序以提高检索精度。

(1)图像相似性度量:图像相似性度量是通过某种距离度量方法来计算图像在视觉特征上的相似程度,而所提取的图像特征结构决定了在图像匹配阶段所采用的图像相似性(距离)度量方法的类型。在实际应用中,不同的特征采用不同的距离度量函数会得到不同的检索结果,因此,图像匹配中所采用的相似度量(或距离度量)函数是否适合会直接影响检索结果的好坏。不同于基于文本检索方法所采用的精确匹配,基于内容的图像检索只能通过计算查询图像特征与数据库图像特征之间的相似度来近似完成一种非精确的匹配。

(2) 重排序搜索：通过图像相似性度量即可得到一个初始的排序检索结果，为了进一步提升检索结果的满意度，通常有两方面的工作：一是充分利用其初始结果中的图像近邻关系来挖掘图像之间的上下文关系，达到再次优化图像相似度排序的目的。这一类工作主要包括基于距离学习的重排序、基于图结构的重排序、基于扩散过程的距离优化方法等。二是通过增强初始查询条件的鲁棒性，来达到改善检索结果的目的，最为常用的即为扩展查询。扩展查询通过初始查询结果中排名靠前的图像特征的平均特征来代替新的查询图像特征进行再次查询。由于新生成的特征可以使得查询的特征表达更为丰富，从而提高查询准确程度。

3. 其他相关技术

在实际应用中，面临大规模且内容复杂的图像检索任务时，基于内容的图像检索中还会引入特征索引、相关反馈、目标分割、机器学习和跨媒体信息融合等技术，来进一步提升图像检索效率、加强检索的可交互性和提高检索系统的可靠性。

(1) 图像特征索引技术：当基于内容的图像检索面临规模巨大的图像集时，图像特征索引就显得尤为重要，其目的是更快速地在大规模的图像特征上进行匹配和检索。倒排索引和哈希索引是针对大规模的基于内容的图像检索最常用的两种索引方法。其中，倒排索引在大数据集图像检索上应用非常广泛[25]，它更适合于较为稀疏特征矩阵的紧凑表达，可以大幅提高图像检索的时间效率。相比之下，哈希索引更适合于不具备稀疏性的图像特征表达向量，哈希索引通过建立哈希函数对图像特征进行哈希编码，在实际中也得到了广泛的应用[26-28]。

(2) 相关反馈技术：相关反馈是信息检索在线过程的一种人工交互语义信息获取方法，用来学习用户的检索意图。基于内容的图像检索中相关反馈的引入，可以有效建立图像底层特征和高层语义之间的关联，使得系统能够根据用户的意图和实际需求，对图像的表示方法和图像检索策略进行自适应地调整[29]，进而提高检索系统的精度。基于相关反馈技术的图像检索过程中，用户通过对初始查询结果进行正例和反例的反馈，然后系统利用机器学习的方法进行对正负样本的训练和学习[30]，获知用户的实际检索目的，最终获得让用户更满意的检索结果[31,32]。

(3) 基于区域的图像检索技术：在图像检索中，人们往往更关注于图像中的一些包含着目标级内容的感兴趣区域，为此，基于区域的图像检索(Region-based Image Retrieval，RBIR)方法开始受到更多关注[33-37]。RBIR关注于目标级的图像检索，可以更好地表示人们对图像理解的关注点，能够有效地缩减"语义鸿沟"问题，但其性能容易受图像分割的不准确性的影响，近年来，随着深度学习在图像语义分割技术上的研究[38-40]不断深入，基于区域的图像检索技术的研究也取得了一定的进展。

(4)跨媒体信息检索技术：不同类型媒体数据的剧增使得基于单一媒体数据类型、单一检索形式的传统检索模式逐渐不能满足用户在信息检索中的需求。跨媒体检索是近几年发展起来的一个新兴研究课题[41]，即在图像检索中，考虑综合运用多种信息渠道来获取对图像语义信息的理解[42]，可将图像传统视觉特征(如颜色、纹理和形状等)与描述高层语义信息(关键字、Web 网页文字、视频字幕、语音等)相结合，通过信息互补来提高检索精度。尤其随着图像语义自动标注技术的发展，基于文本关键字和图像视觉内容融合的检索技术成为新的研究热点之一。

1.2.3 图像检索性能评价准则

图像检索的性能评价并没有统一的标准，但在很多研究中总结出了一些用于评价图像检索性能的评价指标，最为常用的就是查准率/准确率(Precision)和查全率/召回率(Recall)，分别体现检索系统的检索精度和可靠性。一次查询中，查准率定义为主观相似图像个数占所有返回图像个数的比例，查全率定义为系统返回的查询结果中主观相似图像个数占图像库中所有主观相似图像个数的比例。因此，一个理想的图像检索系统应当将所有与查询图像相关的图像都找回，并且尽量排列在靠前的检索结果中。为了对不同的检索算法的性能进行评估，通常会采用若干带有人工标记的基准图像集进行检索测试，并对计算得到的相应性能评价指标进行比较，包括平均查准率(Average Retrieval Precision，ARP)、平均查全率(Average Retrieval Recall，ARR)。为解决 Precision、Recall 的单点值局限性的，同时考虑检索效果的排名情况，平均查准率均值(mean Average Precision，mAP)经常在图像检索中被用到。另外，查准率-查全率曲线(Precision-Recall curve，P-R curve)也经常被作为一种重要的评价指标，也叫 P-R 空间，其表现为查准率和查全率之间的一种权衡，能更全面地反映检索性能。该曲线在坐标平面上离原点越远，即曲线和两个轴线之间所围起来的区域面积越大，则检索系统的性能越好。此外，在实际应用中，尤其针对大规模图像检索，计算内存和时间消耗也是较为重要的评价因素。

1.3 国内外研究现状及应用前景

基于内容的图像检索系统结构复杂，每个环节都涉及很多相关的理论、方法和技术，针对不同的研究方向和存在的问题，研究者们都各自开展了深入的研究。本书主要围绕基于内容的图像检索中的图像特征表达和图像相似性匹配两个核心问题展开。因此，下面主要从图像检索中的图像视觉特征表达方法和图像检索中的相似性度量及重排序方法两个方面简要阐述国内外的研究现状。

1.3.1 图像视觉特征表达方法研究现状

基于内容的图像检索方法早期的研究主要通过图像像素信息来提取图像的颜色、纹理、形状、空间结构等视觉特征，并在较小的数据集上来完成一些比较简单的查询请求，比如寻找颜色或者形状相似的图像等检索任务。随着图像资源的数量和内容的不断丰富，由于原始像素信息通常无法包含足够的语义信息，基于这些传统视觉信息的表达方法在体现图像高层语义方面的不足越来越突出，因此研究者们提出了更高抽象程度的视觉特征表示方法，以期缩减图像视觉特征和图像高层语义之间的差异[29,41]。从特征表达的抽象程度来看，图像的视觉特征可分为基于手工设计的低层(Low-level)视觉特征、基于视觉码本学习的中层(Mid-level)视觉特征和基于深度学习的深度卷积特征可看作是高层(High-level)特征，也由此出现了多种不同的图像检索方法。

1. 基于多视觉特征融合的图像检索方法

颜色是描述图像内容最基本且最直接的视觉特征。最早 Swain 等人[43]提出以颜色直方图作为图像特征进行检索，由于基于直方图统计的颜色特征缺乏空间位置信息[1]，不同内容的图像有可能具有相同的颜色直方图特征，随后又有很多有效的颜色特征如颜色聚合向量(Color Coherence Vector)[44]、颜色集(Color Sets)[45]、颜色矩(Color Moments)[46]、基颜色相关图(Color Correlogram)[47]、颜色共生矩阵(Color Co-occurrence Matrix)[48]、模糊颜色直方图(Fuzzy Color Histogram)[49]、主颜色描述符(Dominant Color Descriptor)[50,51]等被提出并广泛应用于基于内容的图像检索[52-55]。图像纹理是描述特定对象的固有表面特性及其与周围区域的关系的重要图像特征[56]。由于纹理特征在许多实际图像中都有所呈现，在模式识别和图像检索任务中非常重要。图像分析中最常用的纹理特征主要包括灰度共生矩阵(Gray-level Mo-occurrence Matrix，GLCM)[57]、Tamura 纹理[58]、Wavelet 小波变换[59]、Gabor 滤波[60]、Curvelet 小波[61]、局部二进制模式(Local Binary Pattern，LBP)[62,63]、局部方向模式(Local Directional Pattern，LDP)[64]等，也随之有很多基于纹理的图像检索方法被提出[65-69]。形状特征是描述图像内容的另一种基本视觉特征，常用的形状特征有梯度方向直方图(Histogram of Oriented Gradients，HOG)[70]、边缘直方图(Edge Histogram Descriptor，EHD)[71]、几何不变矩[72]、链码直方图[73]、P 阶边界矩[74]等。从某种意义上讲，形状特征包含有一定的语义信息，当图像中包含物体类对象时，形状特征就能在图像匹配时起到关键作用，更多地被用于形状相似性比较的 2D/3D 形状检索[75-79]，但在一般自然图像中形状信息很难被捕获和准确描述，且容易受到变形、缩放、旋转等因素的影响。尽管这些特征都能较好地体现图像的视觉特性，但随着各领域应用中所面临的图像具有多样性，图像中往往包含丰富的视觉信息和复杂的细节呈现，仅仅利用单一的特征显然不足以表达图像视觉内容，因此很多研究者逐渐关注多特征融合的研究，多种基于多特征融合的图像检索方法被提出。

基于多特征融合的检索方法，即将颜色、纹理、形状等能反映图像不同角度的特征进行有效融合，从而使得融合后的图像特征具有更全面、更鲁棒的图像特征描述能力，最终达到提升检索效率的目的。Jhanwar 等人[80]在颜色共生矩阵特征的基础上融合基元纹理特征，提出一种彩色基元共生矩阵(Color Motif Co-occurrence Matrix，CMCM)的图像检索方法。Subrahmanyam 等人[81]提出一种改进的彩色基元共生矩阵特征(MCMCM)，并通过融合 DBPSP(Difference between the Pixels of a Scan Pattern)特征来改善图像检索效果。严宇等人[82]结合基元过渡矩阵(MEM)和基元平均矩阵(MAM)提出一种融合纹理和颜色的新的基于颜色基元共生矩阵，以避免因图像旋转导致的检索不准确现象。Chun 等人[83]在 HSV 颜色空间提取了颜色自相关图特征，并融合了 BDIP(Block Difference of Inverse Probabilities)和 BVLC(Block Variation of Local Correlation coefficients)特征来进行图像检索。Rao 等人[84]基于纹理和主颜色融合的特征提取方法并用以完成图像检索任务，Youssef 等人[85]提出一种融合 Curvelet 多尺度小波和主颜色特征的图像检索系统。ElAlami 等人[86]利用特征筛选技术提取了一组最相关的图像特征并将其进行融合以达到更好的检索效果。Zhou 等人[87]提出一种基于多层结构的颜色特征和嵌入式压缩感知特征相融合的图像检索框架。文献[88]提出了一种基于 Canny 边缘直方图和离散小波变换特征在 YCbCr 颜色上进行融合的图像检索方法。文献[89]提出了一种基于图像直方图颜色特征和旋转局部二进制模式纹理特征的融合特征的图像检索方法。文献[90]提出一种融合 HSV 空间颜色直方图、Wavelet 和方向直方图特征的图像检索方法。上述这些方法主要通过多种特征的组合方式进行特征级的融合，尽管在提升图像检索精度上具有一定有效性，但在特征的选择上就需要注重特征之间的优势互补，同时避免特征堆积带来的信息冗余而造成存储和时间上的额外负担。

除了以上方法，研究者们还设计了很多新的局部特征描述子，用以捕获和描述图像的多维视觉信息。刘广海等人提出了一系列的图像特征表达方法用来完成图像检索任务。其中，用文献[91]提出的多基元直方图 MTH 特征描述方法来表示共生矩阵属性，有效融合两者的优势。文献[92]基于边缘取向相似性定义了一种微结构描述子 MSD，是基于具有类似边缘取向的微结构中的基础颜色构建的，有效地将颜色、纹理、形状和颜色布局信息融为一体来进行图像检索。文献[93]同时考虑了邻域颜色和边缘方向，并在 MTH 基础上提出了一种新的颜色差异直方图 CDH 特征。在文献[94]中还提出显著结构模型即显著结构直方图特征 SSH，该方法通过引入颜色容量(Color Volume)来检测显著性区域，同时采用灰度共生矩阵的能量特征作为全局抑制图，来模仿图像视觉表达中的方向选择机制。在文献[95]中提出了一种条件概率直方图用来描述图像特征，该特征将关键视觉信息和显著信息融为一体。此外，Vipparthi 等人[96]提出一种基于方向局部基元模式 DLMXoRPs 特征描述子的图像检索方法。文献[97]提出了一种在 HSV 颜色空间提取的基于 2×2 网格上描述双向局部方向变化的图像特征描述子，并用来进行图像检索。Verma 等人[98]提出了一种基于局部极值共现模式(LECoP)描述子的图像检索方法。该方法利用图像在 HSV 色彩空间的色彩、强度和亮度信息，并应用局部极值模式定义图像的局部信息，将颜色特征和纹理特征进行了有效融合。Ahmad 等人[99]提出一种基于 MS-LSP 描述子的图像检索方法，该方法基于多尺度的显著边缘图提取局部结构模式，将颜色、局部边缘结构方向信息以及空间显著性进行有效融合。Wang 等人[100]结合基于统计和结构的纹理特征描述方法的优势，提出了一种体现颜色和纹理空间关系的结构元素描述子 SED。文献[101]提出一种局部彩色纹理描述符(LBPC)，采用局部二进制模式来描述和组织图像的颜色信息并应用于图像检索。相比采用特征级的组合融合策略，上述这些基于局部的多特征描述子对图像的表达更灵活，但这些特征往往需要进行精巧地手工设计，具有一定的难度。

2. 基于视觉码本学习特征的图像检索

相比基于全局的特征表达，局部特征更适合于描述图像的局部显著性特征[102]，而局部特征的鲁棒性和不变性对于图像检索来说非常重要。在图像检索任务中，由于旋转、缩放等操作使得计算得到的图像特征表示与原始特征完全不同，从而对分类和检索算法的精度产生极大的影响。为了解决由于图像旋转和缩放等因素所引起的变化，Schmid 等人在基于局部特征的图像检索方面做出了开创性的研究工作[103]，即基于兴趣点的局部特征匹配。随后很多图像局部特征描述子被提出，其中，SIFT 特征在很多文献研究中被证明具有极强的特征描述和区分能力来捕获多种视觉内容[104]，且具有旋转不变特性(Scale Invariance)和尺度不变性(Rotation Invariance)，并对光照变化具有鲁棒性。SIFT 的提出，在图像处理中具有里程碑式意义，使得 CBIR 研究领域有了新的研究趋势，即在基于兴趣点的局部特征基础上，构建基于视觉码本学习的特征表示方式进行图像检索。

视觉码本学习可理解为一种特征的聚合和映射，是将大量的局部特征量化到一个预先训练好的码本中的视觉单词索引，从而得到具有固定长度且更紧致的图像特征表示。从更抽象的层次来看，这种方式本质上是利用局部特征，自底向上地构建复杂的概念和语义，因此更接近图像的高层语义表达。其中，基于码本学习的视觉词包 BoVW 模型最具代表性，也是图像检索中的研究热点。BoVW 主要思想是通过聚类方法将图像中提取的每个局部特征量化为一个视觉单词，然后以视觉单词的统计直方图作为图像的特征表达。BoVW 模型最早在文献[105]中被提出并用来进行视频图像中的目标匹配，之后在基于局部特征图像检索中有着广泛应用，并且针对如何对局部特征进行聚类、如何实现局部特征到视觉单词的量化等问题开展了若干扩展性研究。BoVW 模型中的聚类过程最常采用的是 K-means 方法。由于局部特征维数较高，当训练样本较大需要构建较大视觉词汇表时，需要极高的计算复杂度。为了解决这个问题，David 等人[106]通过分级迭代的思想提出构建树形结构的视觉码本。Phibin 等人[6]利用近似最近邻的图像样本来改进 K 均值聚类，提高构建大规模视觉码本的效率。文献[107]中，一种基于图密度建立视觉单词表的方法被提出，该方法采用图密度测量视觉单词之间的相似性，并通过标量最大化估计方法生成视觉单词。Wu 等人[108]提出了一种多样本多树结构的视觉码本构建方法，以克服局部特征量化到视觉单词过程中的信息丢失问题。此外，在利用 BoVW 模型表示图像特征时视觉往往缺乏空间信息。由此，文献[109]提出一种基于金字塔多尺度的视觉词包模型。Cao 等人[110]利用线性有序和环状有序两种方式提出了一种有序的词袋模型表示方法。文献[11]中 Zhang 等人将图像中具有特定集合结构的若干视觉单词视为固定长度的视觉词组，并在此基础上构建了一种具有空间信息保持特性的视觉词汇表索引来实现高效检索。在基于 BoVW 模型的图像检索方法中，最常采用的局部特征描述子为 SIFT，随着局部特征不断被改进，如 PCA-SIFT[111]、SURF[112]等也被作为一种更高效的局部特征描述子用于基于 BoVW 模型的图像检索中[113,114]。

3. 基于深度卷积特征的图像检索

近年来，深度学习的提出使得计算机视觉领域产生了巨大的变革，尤其是在图像分类中的出色表现，成为计算机视觉领域相关技术发展的一个重要里程碑。随着深度学习在图像处理方面的研究不断深入，其应用也越来越广泛，包括目标检测、目标分割、图像识别、图像分类及图像检索等。深度学习使用深层网络模型，以模仿人的神经感知系统，对信息进行从低层到高层的逐渐抽象表达[115]，在提取图像的全局特征和上下文信息方面比传统方法具有较大的优势。在现有的主流深度学习模型中，卷积神经网络(CNN)应用最为广泛，常作为一种高层特征提取器被引入到图像检索研究领域[116,117]。通常我们也称通过 CNN 提取的图像特征为深度特征或 CNN 特征，其在许多领域的应用已经超越了视觉词包模型，逐渐在各类计算机视觉问题中广泛使用[118]。

基于深度卷积特征的图像检索早期研究中，多采用现成的预训练深度卷积网络模型，比如 AlexNet[119]、VGGNet[120]、GoogleNet[121]、ResidualNe[122]等，来提取图像在不同层的激活响应值作为图像特征进行检索。由于这些网络模型是通过大规模的图像样本训练而得到的，所以即便当新的输入图像并不属于训练样本中的任何一类时，网络中间层的输出结果仍具有一定的视觉含义[123]，也能很好地对图像视觉内容进行表征，从而在图像检索中取得显著成效。Babenko 等人[124]提出的神经元编码(Neural Codes)方法和 Gong 等人[125]提出的卷积特征多尺度无序池化方法 MOP-CNN 是早期基于深度特征的图像检索中具有代表性的工作。其中，文献[124]

使用卷积神经网络对多个中间层的激活响应作为图像特征表达在图像检索性能上做了评估,并表明采用 PCA 对高维深度特征进行降维可以大大提升检索性能,而且可以取得比基于传统的类似 SIFT 的特征更好的检索效果。为了克服基于全局的深度特征缺乏空间不变性的不足,文献[125]提出在多个尺度空间上的多个位置提取局部区域的 CNN 特征,并通过 VLAD 方法进行特征聚合表示,最后通过特征距离比较来完成图像检索任务。

由于卷积神经网络的特性,不同网络层的输出具有不同抽象程度的图像视觉表征能力。一般来说,越接近输入层的信号其通用性越强,而越接近输出层的信号则更容易被特定的训练数据所拟合[119],相比全连接层特征,卷积层特征具有更强的辨别能力和细节描述能力,在图像检索应用中的表现更出色。但由于卷积层特征通常被看作是一种类似于 SIFT 的局部特征,往往需要通过某种特征聚合方法将其进行有效表征而形成一种更紧凑的向量化特征表达形式。因此,很多基于深度卷积特征的图像检索方法更关注于研究一种有效的深度卷积特征聚合方法,通过增加空间位置信息或激活响应分布信息,采用不同的池化方法,对深度卷积特征进行加权聚合,来增强深度特征的表征能力。其中具有代表性的深度卷积特征聚合方法有 SPoC[126]、SCAD[127]、R-MAC[128]、CroW[129]等。此外,还有一些研究试图通过多个网络或多层特征融合来提升基于深度特征的图像检索性能。Alzu'Bi 等人在文献[130]中提出了一种使用两个并行 CNN 作为特征提取器的基于双线性 CNN 的体系结构。文献[131]提出从深度网络 OxfordNet 和 GoogLeNet 中提取不同尺度不同层的卷积特征,并通过 VLDA 方法进行聚合形成图像的特征描述,从而进行图像检索。Yu 等人[132]提出一种 CNN 多层的融合策略来有效利用和发挥不同层的图像特征描述能力,并针对纹理较丰富的图像检索设计了一种映射函数,来加强低层卷积层特征在进行相似性匹配时的作用以提高检索准确率。

由于深度特征是一种基于数据驱动学习的特征表征,要得到一个特征表征能力强的卷积神经网络模型往往需要大量的训练样本,但面对特定领域的图像检索任务,比如服饰检索[133]、车辆检索[134]、遥感图像检索[135]等,当缺少大量带标记的训练样本,且已有训练好的模型的来源图像又有很大差异时,就需要重新训练或者通过微调等方法实现不同学习任务之间的迁移学习[136],这些处理往往需要更多的存储和时间的消耗。相比在图像分类任务上的卓越表现,尽管基于深度卷积特征的图像检索方法在性能上得到了很大的提升,但仍有很大的提升空间,比如考虑在已有的训练模型下,如何对深度特征进行有效地表征,以提高其在图像检索应用中的鲁棒性。

1.3.2 图像相似度度量及重排序方法研究现状

在基于内容的图像检索中,无论提取图像的低层视觉特征、中层的视觉特征还是高层视觉特征,最终都将以向量的形式来表示,并且通过某种距离度量函数来计算查询图像特征向量与图像库图像特征之间的相似度,从而根据相似度的排序返回相似图像。同时,还可以在初始的图像相似性基础上进行重排序以得到更准确的检索结果。因此,在图像匹配中所采用的相似度量方法和重排序策略对于图像检索性能有着很大的影响。

1. 图像相似性度量方法

由于图像表征时所提取的特征类型不同,特征空间结构也有所差异,因此图像之间的相似性度量的方法有很多种定义。对于一般的以数值类型表示的图像特征向量,较为通用的距离度量方法包括欧氏(Euclidean)距离、曼哈顿(Manhattan)距离、切比雪夫(Chebyshev)距离、堪培拉(Canberra)距离等。针对最为常用的基于直方图表示的图像特征,Swain 等人[43]最早提出了直方图相交(Histogram intersection)距离来度量任意两个直方图向量之间的距离,该距离度量计算简单、快速并且能够较好地抑制图像背景的影响,在图像检索、图像分类中有着广泛的应用[137,138]。文献[139]提出一种陆地移动距离(Earth Mover's Distance, EMD),主要用于求某一特征空间里两个多维分布的相似性,也常被用于直方图特征的相似度量。此外,汉明(Hamming)距离[140]也是一种较为常用的距离度量方法,主要用于度量基于哈希空间的二进制编码图像特征之间的距离。Zhang 等人[141]提出一种加权汉明距离度量方法,通过为不同的哈希二进制位分配不同的权重,来解决传统汉明距离度中不同二进制哈希编码却具有相同汉明距离所引起的模糊性问题。针对基于区域的图像检索中多区域匹配问题,Li 等人[142,143]提出一种综合区域匹配(Integrated Region Matching, IRM)图像相似性度量方式,以避免或减少由于图像分割的不准确性对图像检索结果的干扰。事实上更准确地说,IMR 是一种匹配策略,匹配过程中计算任意两个区域相似性度量的时候,仍采用一些通用的距离度量方式,最后求得加权相加距离。同样,对于一些基于多特征融合的图像检索中,针对所选取的不同特征也可采用不同的距离度量公式,最后通过加权和来完成最终的图像相似性度量[138]。

2. 基于重排序搜索的图像检索

对于一般的基于内容的图像检索算法或系统来说,当计算出查询图像与数据集中其他图像之间的相似度后,即可得到一个初始的相似性排序,从而完成检索任务。但往往由于图像检索过程中所提取的图像特征和所采用的距离度量不够准确,导致初始检索结果并不能令人满意。因此,有很多研究者们聚焦于基于重排序搜索的图像检索方法研究,在初始结果的基础上进行距离学习来优化初始相似性排序,以达到改善图像检索效果、提升图像检索精度的目的。

基于距离学习的重排序搜索方法,打破了传统的基于点对的距离度量存在的局限性,主要通过分析图像上下文关系,挖掘数据集中蕴含的流形信息,更准确地表达图像之间的相似性关系。近年来,很多基于上下文相关的图像匹配和检索方法被提出[144]。其中基于扩散过程的重排序方法的研究是主要的分支之一,其主要思想是将图像库中图像之间的初始相似度形成一个相似度矩阵或称亲密矩阵,并将其构成图结构,图结构中的一个顶点对应一幅图像,顶点与顶点之间的权重值为两者的相似度,然后通过图顶点到周围顶点的相似度在图结构上不断地进行相似度扩散得到图像上下文的关系。基于距离学习的重排序搜索早前主要集中在对形状检索的匹配问题,Bai 等人[145]于 2010 年提出了一种图传递(Graph Transduction,GT)方法,属于比较经典的基于上下文相关的形状匹配方法,该方法通过一个相关的相似度链来代替原始的基于点对点的相似度值。针对 GT 方法中产生较多的冗余上下文信息问题,文献[146]提出一种最短路径传递(Shortest Path Propagation,SPP)方法对 GT 进行了改进。Yang 等人[79]提出局部限制性扩散过程(Locally Constrained Diffusion Process,LDCP)方法,通过在扩散过程中增加了 K 近邻的局部限制约束进一步减少噪声影响。文献[147]在张量积图(Tensor Product Graph,TPG)进行扩散学习的距离学习方法。以上的这类方法中最关键在于扩散集合、转移矩阵和扩散过程的定义,不同的定义组合即可产生不同的方法。Donoser 等人在文献[148]中对基于扩散的距离学习方法进行了回顾和总结,提出了基于扩散过程的距离学习框架,该框架下可产生 72 种不同的扩散过程方法,其中包含已有的和新生成的。随着此类方法性能的不断改进和提升,在很多形状、人脸、自然图像检索任务中均有良好的表现,并被证明是一种提升检索效率不可或缺的手段[148]之一。但这些方法有些需要通过多次迭代达到优化的目的,有些需要进行大矩阵逆运算,为了克服计算复杂这一局限性同时增强对数据流行结构的准确刻画,近几年 Bai 等人还提出了多种改进的扩散过程重排序方法[149-151]。

此外,查询扩展也是一种简单且非常有效的重排序方法,在图像检索中应用广泛[152],其思想借鉴基于文本的检索方法,通过在初始查询的基础上,利用排序靠前的相似图像生成新的查询图像特征进行再次检索,以提高检索精度。文献[9]和文献[153]中介绍了几种常用的查询扩展方式,包括平均查询扩展、传递闭包扩展、递归平均查询扩展、被扩展和外扩展等策略。另外,由于图像检索中可选的图像特征和匹配方法有很多种,因此可以在匹配排序阶段,通过将不同的方法的排序结果进行融合以得到更好的检索结果。文献[154]中采用多种图像特征进行检索,再根据检索结果对不同的特征分配不同的权重,最终两幅图像之间的相似性是通过所采用不同特征的得分加权和计算而得。Zhang 等人[12]用多种检索方法的相似排序结果建立多个无向图结构,通过融合生成一个新的图结构来完成图像的重排序。类似地,Yang 等人在文献[155]中提取多种图像特征,并利用这些图像特征得到的初始相似矩阵构成多个图结构,然后利用混合马尔科夫模型生成不同的权重,最后利用扩散过程完成图像的重排序检索。

综上所述，基于内容的图像检索系统涉及预处理、特征提取与表达、特征索引、相似性度量、重排序等后处理多个模块，为提升图像检索的整体效率，研究者们在每个环节展开了不同分支的研究工作，并提出了各种方法和策略。然而，如何将这些模块组合成一个能有效协作并可取得高效检索性能的系统，仍然需要深入的研究和探索。

1.3.3 基于内容的图像检索系统和工具

互联网时代人们对信息检索的需求越来越高，基于内容的图像检索技术的重要性和优越性越发凸显。许多公司和科研机构也陆续研发了基于内容的图像检索系统，早期具有代表性的包括IBM公司开发的QBIC（Query By Image Content）检索系统[156]、MIT媒体实验室研发的Photobook图像检索系统[157]、哥伦比亚大学提出的VisualSEEK[158]和WebSEEK[159]检索系统，以及斯坦福大学和宾州大学共同开发的SIMPLIcity[160]检索系统等。此外，还有先后推出的一系列的搜索引擎，包括Virgae公司推出的Virgae图像搜索引擎[161]、Excalibur公司开发的Retrieval Ware图像搜索引擎[162]等，还包括Tineye、Virage、RetrievalWare、NETRA、SIMPLIcity、Caliph & Emir、Photobook、imgSeek等。除面向自然图像检索的检索系统或搜索引擎外，还有一系列针对人脸图像、医学图像、建筑物及地标图像、纹身图像、花卉图像、时尚服饰图像、图书/CD/DVD/电影宣传封面等特定领域图像的检索系统。随着智能手机的大众化，很多面向特定服务的基于移动终端的图像检索系统，如Google Googgles、Snaptell、Barne和Noble等，都能让用户随时随地了解到与自己拍摄的图像相似的图像及其相关信息。相比国外在基于内容的图像检索领域的研究和发展进程，国内研究起步较晚，但一些高校及科研院所，如清华大学、中国科学院、浙江大学等在该领域做了大量的研究工作并取得了一定的研究成果。还有一些公司和企业的科研团队也做了不懈的努力，如国内较早推出基于内容图检索服务"百度识图"（image.baidu.com）的百度公司，2010年开始推出第一版以图搜图的相似图像搜索功能，其技术和应用方向也在不断地完善和扩展。目前，基于内容的图像检索技术已广泛应用于电子商务、医疗、教育、社交等与人们日常生活息息相关的方方面面。随着计算机图像视觉领域技术的发展，特别是近年来深度学习技术的普遍应用，出现了很多基于不同语言框架下的图像检索开源项目。

1. LIRE

LIRE（Lucene Image Retrieval）是一款基于Java的图片搜索框架,是一个基于内容的图像检索/视觉信息检索库。其核心也是基于Lucene的，利用该索引就能够构建一个CBIR系统来搜索相似的图像。LIRE是一个基于内容的图像检索的开源库，可以使用 LIRE 来实现搜索相似图像。除了提供多种通用和先进的检索机制外，LIRE 还允许在多个平台上轻松使用(http://www.semanticmetadata.NET/lire/)。LIRE 支持 30 多种图像特征的提取和检索，如 CEDD、FCTH 特征支持从颜色、形状、纹理出发进行图像相似检索，SURF、SIFT 特征以图像所包含对象的位置、形状为主，LBP 是综合性比较强、适应性较好的综合特征检索算法。LIRE 被积极地用于研究、教学和商业应用。由于其模块化的特性，它可以用于处理级别(如索引图像和搜索)以及图像特征级别。开发人员和研究人员可以很容易地扩展和修改 LIRE 以使其适应他们的需要。使用 LIRE 进行图像检索的过程可以概括为两部分：构建索引和查询。首先，LIRE 可以读取一个目录内的图片，并基于多种不同的图像特征提取算法提取出这些图片的特征，然后基于 Lucene 对特征构建索引文件。搜索阶段则通过比较查询图片的特征和索引文件获得相似图片，过程如图 1.4 所示。

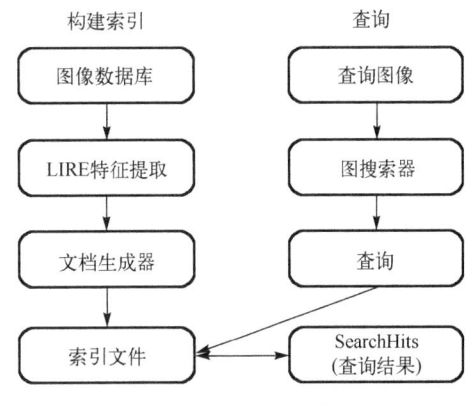

图 1.4 LIRE 机制

2. PyRetri

PyRetri 是由旷视开源的第一个基于深度学习的无监督图像检索库，也可以看作是一个图像检索工具箱，它是基于 PyTorch 进行开发的 Python 库。PyRetri 将基于深度学习的无监督 CBIR 分为了三个重要的部分：特征提取(Feature Extraction)、索引(Indexing)和评估(Evaluation)。其主要的整体框架图 1.5 所示。在特征提取阶段，其包含了数据增强(Data Augmentation，对图像做各种变换)、骨干网选择(Backbone，使用不同的骨干网架构和预训练模型)、特征聚合(Aggregation，将不同网络提取的特征聚合成一个特征向量)。在索引阶段，包含：

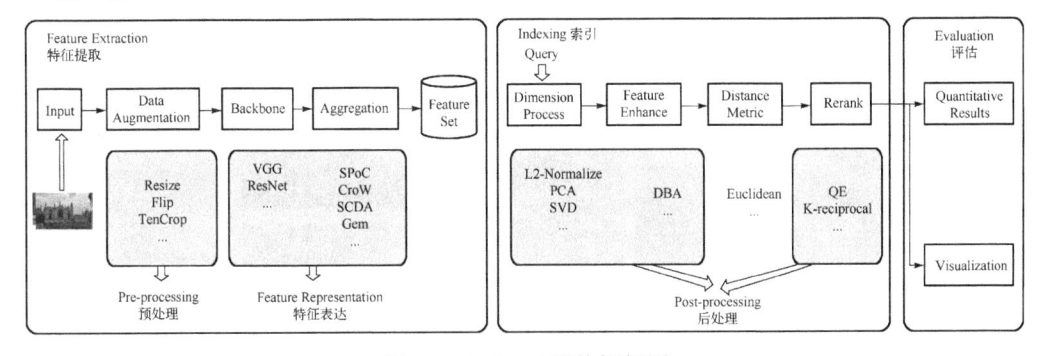

图 1.5 PyRetri 整体框架图

维度处理(Dimension Process，PCA 降维等)、特征增强(Feature Enhance)、距离度量(Distance Metric，衡量样本之间的相似性)、重排序(Rerank，对相似度较高的图像按照再次查询等方法重新排序)。在评估阶段,包含：结果量化(Quantitative Results)和可视化(Visualization)。为了降低用户选择不同算法和超参数配置的难度，PyRetri 提供了自动化的配置搜索工具，可根据用户定义的搜索空间和搜索脚本，自动选择最优的算法流程。

3. 百度图像搜索

百度识图是百度图片搜索推出的一项功能(图 1.6)。常规的图片搜索，是通过输入关键词的形式搜索到互联网上相关的图片资源，而百度识图则能实现用户通过上传图片或输入图片的 URL 地址，从而搜索到互联网上与这张图片相似的其他图片资源，同时也能找到这张图片相关的信息。自 2010 年底推出第一版以来，百度识图从

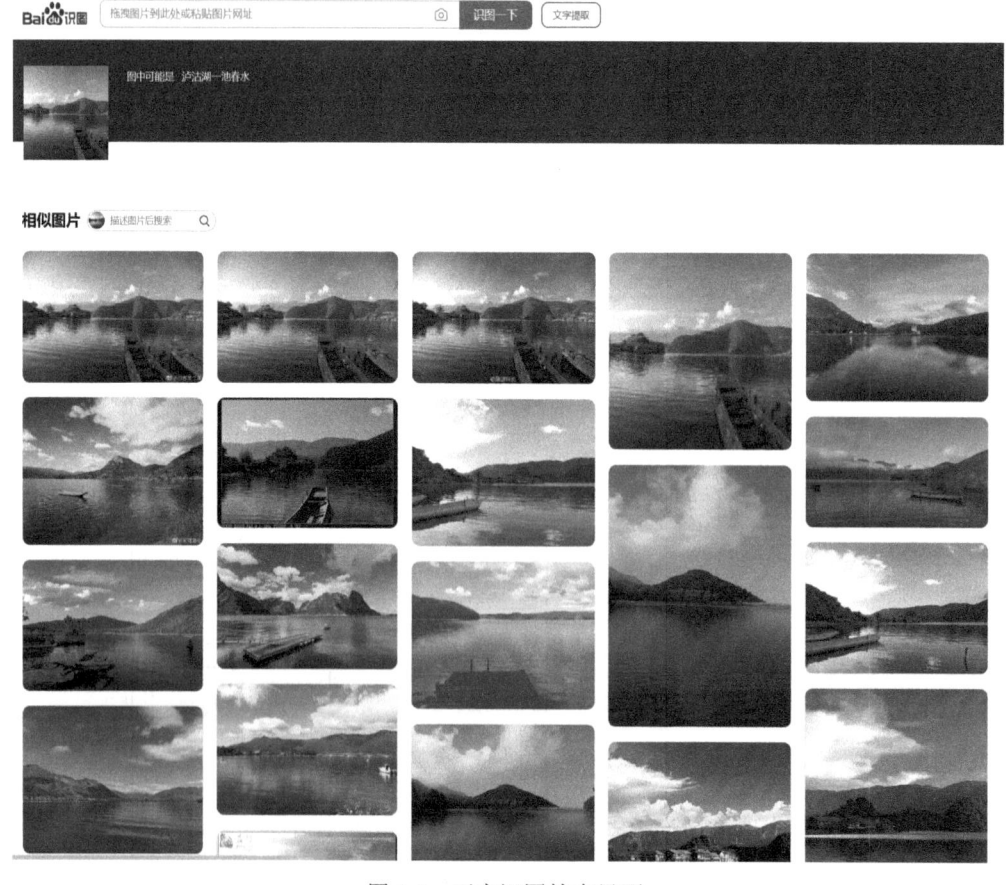

图 1.6 百度识图搜索界面

最初的相同图像搜索这一单一功能，发展到具有以图猜词、相似图像搜索、人脸搜索、垂直类知识图谱等丰富功能的产品平台。基于百度领先的深度学习算法，百度识图拥有超越传统底层特征的图像识别和高层语义特征表达能力。2013 年，百度识图继续加快功能升级，推出了一般图像的相似搜索功能，能够对数十亿图片进行准确识别和高效索引，从而在搜索结果的语义和视觉相似上都得到很好的统一。从相同图像搜索(Near Duplicate Image Search)到相似图像搜索(Similar Image Search)，百度识图突破了长期以来 CBIR 问题的困境，在解决图像的语义鸿沟这个学术界和工业界公认的难题上迈出了一大步。该技术极大优化了识图产品的用户体验。借由相似图像搜索，用户可以轻松找到风格相似的素材、同一场景的套图、类似意境的照片等。

4. Google 图像搜索

Google 图像搜索即 Google Image，是谷歌公司推出的一项允许用户搜索互联网上图片图像的服务。该服务是在 2001 年 7 月首次推出，后续不断进行重大升级，特别是界面优化。Google 的一大优势是图片库非常庞大，包含了数十亿张图片。谷歌图片的尺寸分级比较详细，有中尺寸、大尺寸图标，还有具体的尺寸分级，最大是700 万像素以上，还提供了多种类型(脸部特写、照片、剪贴画、素描画)和颜色(全彩图片、黑白图片、特定颜色可以自己选的，共计 12 种色彩)的选项。同时谷歌图片搜索提供了非常方便的搜索功能，可以通过关键词、颜色、大小等多种方式来过滤结果，还提供了一些非常有用的工具，如反向图像搜索、相似图像搜索等。图 1.7 展示了 Google 查询示例界面。

图 1.7 Google Image 搜索界面

第 2 章 图像特征与表达

2.1 图像全局特征

图像全局特征(Global Features)是指能表示整幅图像上的特征和属性,与图像局部特征(Local Features)是相对而言的,主要用于描述图像或目标的颜色、纹理和形状等整体特征。全局特征多是像素级的低层可视特征,具有良好的不变性、计算简单、表示直观等特点,能够捕捉图像的全局结构、颜色分布、统计特性等信息,在图像分类、图像检索、情感分析等任务中发挥着重要作用。但同时也存在特征维数高、计算量大等致命弱点,特别是当图像存在混叠、遮挡等情况时全局特征并不适用。

2.1.1 颜色特征

颜色特性是图像处理中常用的一种图像特性,也是图像非常重要的视觉特征,能够较好地反映图像中的对象和背景。颜色特征具有较好的稳定性,且不受图像中物体形状、尺寸、视角等特性的影响。利用颜色特性进行图像检索,在计算图像的相似性时应注意选取适当的颜色空间,例如 RGB、HSV 等,同时注意利用适当的量化方法来对颜色特性进行量化表示,并将其表示为向量。在对图像之间的相似性进行估计时,也需要选取适当的相似度计算方法得到各图像间的相似度,进而实现图像的检索。

1. 颜色直方图[43]

一般颜色直方图:颜色直方图是一种基础的颜色特性,它可以通过计算每个色彩的存在比例,也就是每个色彩所代表的像素点数与所有的像素点之比,全面地体现颜色的构成。颜色直方图实例如图 2.1 所示。假定图像的总像素点数目为 N,而颜色为 x_i 的像素点的数目是 $S(x_i)$,则该颜色在图像中出现的概率为:

$$h(x_i) = \frac{S(x_i)}{N} \tag{2.1}$$

全局累加直方图:常见图像并不能保证完全覆盖所有颜色值,其一般颜色直方图在没出现的颜色上就会出现零值的情况。尤其是零值出现较少时会使得直方图特征向量稀疏,从而影响相似性的度量,不能准确地反映图像之间的颜色分布差异。为了避免一般颜色直方图存在的上述局限性,全局累加直方图通过对直方图元素

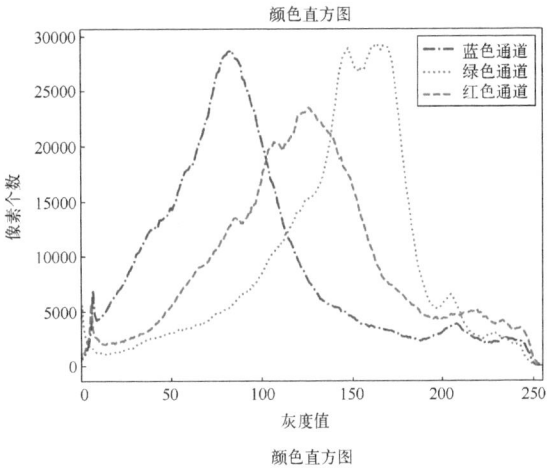

图 2.1 颜色直方图示例

进行累加来消除零值影响,如图 2.2 所示,即对于颜色值 x_i 统计所有小于 x_i 的像素点的个数,公式可表示为:

$$\Lambda(x_i) = \sum_{j \leqslant i} s(x_j) \tag{2.2}$$

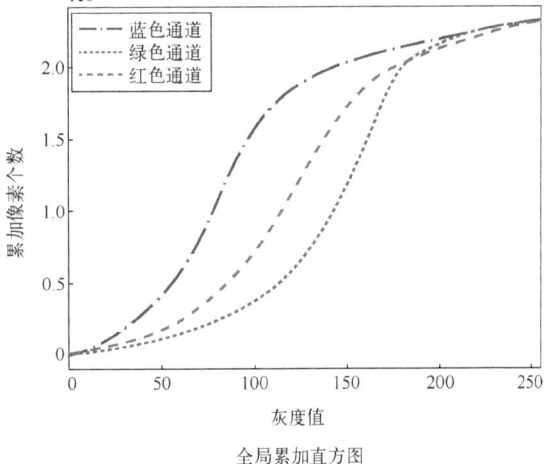

图 2.2 全局累加直方图

图像检索中对颜色直方图特征向量进行相似度计算时常用直方图相交法(Histogram Intersection)。该度量方法是对比较的两个直方图对应 bin 上进行比较并取它们交叠的像素数量并进行累加,从而得到这两个直方图的相似度。假设 M, N 是两个直方图,bin 的数量为 K,i 为颜色 bin 的编号,$i=1,2,3,4,\cdots,K$,第 i 个 bin 对

应的颜色分量分别为 $M(i)$,$N(i)$,则两个直方图的相似度计算公式为:

$$I(M,N) = \sum_{i=1}^{K} \text{MIN}(M(i), N(i)) \tag{2.3}$$

直方图相交法反映的是两幅图像在每一个 bin 上共有的像素点个数,当两个直方图分布完全相同时计算得到的相似度值即为像素点的总数,因此可以通过除以图像中所有的像素总数来实现标准化,使得其相似度在[0,1]范围内。

2. 颜色矩

颜色矩[46](color moments)是 Stricker 和 Orengo 所提出的,它是利用颜色的矩形表示颜色的分布情况。而在颜色的低阶矩中,已含有其基本的颜色分布信息,所以仅利用其一阶矩、二阶矩、三阶矩即可充分地说明颜色的分布情况了。这种方法与前面所提及的色彩直方图比较,具有无需确定色彩空间和较低维度的特征向量的特点。该方法仅要求 9 种分量,即三个颜色通道分别求其对应的三个低阶矩,具有较低的特征维度。在现实应用中,由于其分离能力差,所以搜索效果也不好,通常和其他的颜色特征进行搭配使用,用以缩小需要检索的范围。颜色矩中的三种低阶矩的公式如下,其中 p_{ij} 代表通道 i 的第 j 个像素的值。

$$E_i = \frac{1}{N}\sum_{j=1}^{N} p_{ij}$$

$$\sigma_i = \left(\frac{1}{N}\sum_{j=1}^{N}(p_{ij} - E_i)^2\right)^{\frac{1}{2}}, \quad s_i = \left(\frac{1}{N}\sum_{j=1}^{N}(p_{ij} - E_i)^3\right)^{\frac{1}{3}} \tag{2.4}$$

则对于两张不同的图片 H,I,其相似度可以定义为:

$$d_{\text{mom}}(H,I) = \sum_{i=1}^{r} w_{i1}|E_i - F_i| + w_{i2}|\sigma_i - \varsigma_i| + w_{i3}|s_i - t_i| \tag{2.5}$$

3. 颜色集

颜色集[45]是对颜色直方图的一种近似,用以解决直方图维度数过高、信息冗余度大的问题。由于 RGB 空间在视觉上分布不均匀,因此先要把图片从 RGB 空间转化到一个分布均匀的色彩空间(如 HSV)。之后需要从中选取几个代表颜色,所选择的颜色在图像中的占比要大,并可以把图像分成几个区域,各个区域通过这些色彩来对其进行索引,在查询时通过这种区域特征进行匹配。在图像匹配中,通过对比各个颜色集间的距离以及与颜色区域内的空间关联来进行匹配。颜色集设计同时考虑了颜色空间的选择与颜色空间的划分,因此一般采用 HSV 颜色空间。

4. 颜色聚合向量

颜色聚合向量[44](Color Coherence Vector)的提出主要是为了解决基于全局统计的颜色直方图和颜色矩特征无法表达图像色彩的空间位置信息的问题。该方法在颜色直方图的基础上,增添了对每种颜色所代表的像素点在空间上的连续性的描述。其核心思想是将属于直方图每一个 bin 的像素点集划分成聚合部分和非聚合部分,若一个 bin 中有一部分的像素连在一起且其连起来的面积大于阈值,则这些像素就属于聚合部分,否则就属于非聚合部分。假设一幅图像对应的颜色直方图有 N 个 bin,其中对于第 i 个 bin 而言其聚合部分的像素点的个数为 α,非聚合部分的像素点个数为 β,则该图像可以用 $<(\alpha_1,\beta_1),(\alpha_2,\beta_2),\cdots,(\alpha_N,\beta_N)>$ 这样一个向量来作为其颜色聚合向量。与前面所述的颜色直方图相比,其能够一定程度上体现图像中的颜色的分布情况,因此检索的效果更好。其计算流程如下:

(1) 量化:首先需要对图片中每个像素点的颜色值进行量化,使得所有像素点都能归到 N 个 bin 中的某一个。

(2) 划分连通区域:对量化后的像素矩阵,按照某种联通方法,把量化后相同值的并且联通的像素划为同一区域,直至所有像素被划分到某区域内。

(3) 判断聚合性:设定一个阈值 τ,联通区域内像素个数大于阈值的这些像素即为聚合的,否则为非聚合的。

(4) 得到结果:根据上一步便可以得到每个 bin 里的像素有多少为聚合的、多少为非聚合的,其数量分别记为 α 和 β,其颜色聚合向量便为 $<(\alpha_1,\beta_1),(\alpha_2,\beta_2),\cdots,(\alpha_N,\beta_N)>$。

2.1.2 纹理特征

纹理特征体现的是一种全局的性质,它反映了一幅图像中目标的某些表面特性,是对一个区域内灰度的变化程度的量化,反映的是区域内表面结构的排列属性。该特性对于图像的旋转不敏感,同时也能很好地抵抗图像中的噪声,但是当图片的分辨率发生变化时,纹理特征就会发生较大变化。纹理具有以下三种标志:某种局部序列的连续重复、非随机排列、在纹理特征范围内大致呈现均匀的统一体。纹理特征和灰度、颜色等图像特征有所不同,它反映的是像素和其周围像素的灰度值的分布情况,描绘的是局部的纹理特征。这种局部的纹理特征不断重复就构成了全局的纹理特征。下面介绍几种常用的纹理特征提取算法。

1. LBP 算法

局部二值模式[63](Local Binary Patterns,LBP)是一种用来描绘局部纹理的算子,其对于图像的旋转和灰度的变化都有很好的适应性。LBP 特征值形成的过程中,主要以一个像素点为中心,通过灰度值比较来对邻近像素点进行二值化并编码,从而描绘这一局部的纹理特点。在原始的 LBP 中使用的就是一个大小为 3×3 的窗口，将周围 8 个像素点的灰度值和中心像素点的灰度值进行大小的比对，当其灰度值大于等于中心点时则置为 1 否则为 0，这样其邻域像素点的值通过某种特定的顺序就形成了一串二进制编码，如图 2.3 所示。中心邻域像素的选取方法并不唯一，不同邻域选取策略可以适应不同尺度的纹理特征，如图 2.4 所示为圆形 LBP 算子的示意图。

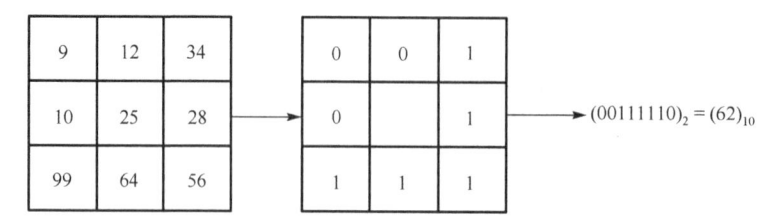

图 2.3　LBP 示意图

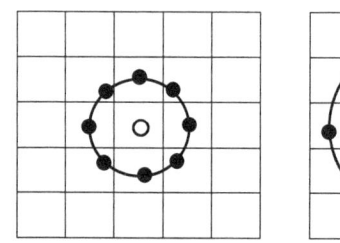

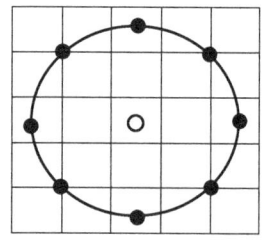

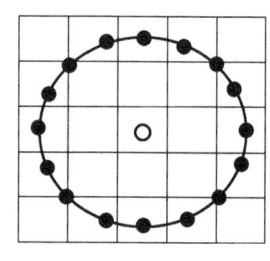

图 2.4　不同半径的圆形 LBP 算子示意图

在确定了邻域像素选取方法后从某个确定的像素点开始，将邻域内的像素值形成一个二进制链 bit chain，再将其转化为十进制，公式如下：

$$LBP_{P,R}(x_c, y_c) = \sum_{p=0}^{P-1} s(g_p - g_c) 2^p, \quad s(x) = \begin{cases} 1, & x \geq 0 \\ 0, & x \geq 0 \end{cases} \quad (2.6)$$

通过上述计算每一个中心元素 (x_c, y_c) 都会得到一个 LBP 特征值，最后通过对特征值进行统计即可得到一幅图像的 LBP 特征向量。但实际在计算图像的 LBP 特征向量时往往会先把图像分成若干块，然后对每个块进行直方图的统计再经过归一化后拼接得到最终的图像纹理特征。因此，随着图像被划分的块数增多，整个图像的纹理特征的 LBP 特征向量维度就增高。为了减少特征向量的维度，一种新的"等价模式 (Uniform Pattern)"编号方法被提出[63]，其假设在某个二进制编码中 0，1 之间变换的次数不超过两次，则将该编码定义为 Uniform Pattern，例如 11111110 变化频次为 1，所以属于 Uniform Pattern，而 01010101 变化次数为 7 则不属于 Uniform Pattern。事实上，大多数情况下图像得到的都是 Uniform Pattern，因此便可以把这种编码归为同一类，从而达到降维的效果。

2. 灰度共生矩阵

灰度共生矩阵法[57](Gray-Level Co-occurrence Matrix,GLCM),是在图像的二阶组合条件概率密度函数上建立的一种重要的纹理特征描述方法。共生矩阵中的每个位置都代表了一种灰度组合,该位置上的元素表示该组合在图像中出现的次数,最后通过一些数学计算得到的结果来反映图像中的某些特征。灰度共生矩阵能反映的是图像中某方向上关于灰度值相邻的距离、变化的程度等各种信息,反映的还是图像局部的纹理特征和灰度排列的方式。其算法流程如下:

(1)提取灰度图像:首先需要将多通道的图像(一般指 RGB 图像)转换为灰度图像,分别提取出各通道的灰度图像。由于纹理特征是一种结构特征,在不同通道的灰度图上得到的纹理特征相似,因此任选其中一个的通道的灰度图进行计算即可。

(2)灰度量级化:一般在一幅图像中的灰度级有 256 级。灰度共生矩阵统计的是灰度组合出现的次数,因此若直接在有 256 级的灰度图上进行计算,最后就会得到一个 256×256 的灰度共生矩阵,这样就会导致计算量很大。因此计算时一般会将灰度进行量化,通过减少灰度的级数从而减少后续的计算量,比如采用 8 个或者 16 个灰度级。

(3)计算当前窗口的灰度共生矩阵:在图像中任何一个点 (x, y) 及远离它的一个点 $(x+a, y+b)$,并假定它们的灰度值组合如下 (α, β),之后统计当前窗口灰度值组合为 (α, β) 出现的次数,则其灰度特征矩阵的 (α, β) 位置的值就为其出现的次数。

(4)单个窗口的灰度共生矩阵特征值的计算:为了进一步分析图像的纹理信息,需要对灰度共生矩阵计算不同的特征值,从而使用这些特征值来反映图像的各种纹理特征,那么怎么去定义以及计算这些特征值便是一个重点。Haralick 等人就提出了 14 种不同的灰度共生矩阵的特征值,从多个方面来描绘了图像的纹理信息及特点,包括能量(角二阶矩)、熵、对比度、均匀性、相关性、方差、和平均、和方差、和熵、差方差、差平均、差熵、相关信息测度以及最大相关系数。其中较为常用的为前三个:能量(Angular Second Moment, ASM)反映了图像灰度分布均匀程度和纹理粗细度;熵(Entropy, Ent)反映了图像灰度分布的复杂程度,熵越大图像越复杂;对比度(Constrast, Con)反映了图像的清晰度和纹理的沟纹深浅,纹理越清晰反差越大,对比度也就越大。具体计算公式分别如下:

$$\text{Asm} = \sum_i \sum_j G(i,j)^2 \qquad (2.7)$$

$$\text{Con} = \sum_i \sum_j (i-j)^2 P(i,j) \qquad (2.8)$$

$$\text{Ent} = -\sum_i \sum_j P(i,j) \log P(i,j) \tag{2.9}$$

3. Tamura 纹理特征

Tamura 等人[58]在心理学研究的基础上把人类视觉认识的过程与之联系起来,从而提出一种纹理特征的表示,把人类视觉上对纹理的反应同心理反应结合起来[17],以人的主观心理度量为标准,提出了六个基本特征,分别是:粗糙度(Coarseness)、对比度(Contrast)、方向度(Directionality)、线性度(Linelikeness)、规整度(Regularity)和粗略度(Roughness)。对于图像检索而言前三个分量更为重要。

4. Gabor 纹理特征

Gabor 变换也被认为是一种短时加窗的傅里叶变换[60],是指傅里叶变化中的窗函数为高斯函数时的一种特殊形式。Gabor 特征是一种适合用来描述图像纹理信息的特征,由于其频率和方向与人类视觉系统相类似,对于光照强度的变化,以及图像的旋转和变形都有一定的容忍度,鲁棒性较强。Gabor 滤波器对图片边缘部分较为敏感,通过在频率域上对不同尺度和不同方向上进行纹理特征的提取。Gabor 特征通过在频率域上加窗进行变换,描述图片局部的频率信息。先使用 Gabor 滤波器对图像进行变换,为了方便后续的计算降低最终的特征维度,一般将变换后的图像进行分块,再对每一块求其能量。假设每一块的大小为 16×16,一共有 64 个块,则其对应的能量公式为:

$$e(k) = \sum_{i=1}^{16}\sum_{j=1}^{16}|a(k)|^2, \quad k=1,2,\cdots,64 \tag{2.10}$$

通过上式便可以求得每一个空间部分的能量大小,在此基础上构建能量矩阵,并将其降维成一个 1×64 的行向量,作为图像最终的特征向量。

2.1.3 形状特征

常见的形状特征可以分为两类:一类是描述物体边界形状的轮廓特征,一类是描述物体内部形状的区域特征。图像的轮廓特征即针对物体的外边界,而图像的区域特征则关系到整个形状区域。下面分别介绍几种典型的形状特征描述方法。

1. 边界特征法

边界特征法通过对边缘进行检测获得图中各种形状的信息。其中 Hough 变换[163]是检测平行直线的经典方法。Hough 变换利用了点线间的对应关系,即在原始图片坐标系下的某一点对应了参数坐标系下的一条直线,过该点的所有直线都对应了参数坐标系下直线上的某一点。则在参数坐标系下有多条直线相交,说明这几条直线在原坐标系下对应的点在同一直线上,其斜率和截距为参数坐标系下交点的坐标,从而实现直线的检测。

2. 傅里叶形状描述子

傅里叶形状描述子可以把物体的外形认为是一个闭合的曲线,称为边界曲线,这段边界曲线可以看作是动点 $P(n)$ 在以边界曲线周长进行的循环运动,$x(n)+iy(n)$ 被认为是在 P 点位置的变动的周期函数,该函数可以由傅里叶级数展开,展开的傅里叶系数可以表示一些与边界相关的信息,以这些数据可以作为其傅里叶描述子。

假设图形轮廓由一条封闭的曲线构成,这个曲线可用 N 个离散的点的序列来表示 $\{x(n),y(n)|n=0,1,\cdots,N-1\}$,则复数的形式为:

$$z(n) = x(n) + jy(n), \quad n = 0,1,2,\cdots,N-1 \tag{2.11}$$

则 $z(n)$ 是一个周期为 N 的周期函数,则其傅里叶变换式为:

$$z(k) = \sum_{n=0}^{N-1} z(n) \exp\left(-\frac{J2\pi kn}{N}\right), \quad n = 0,1,2,\cdots,N-1 \tag{2.12}$$

则其形状描述子为:

$$d(k) = \frac{\|z(k)\|}{\|z(1)\|}, \quad k = 0,1,2,\cdots,N-1 \tag{2.13}$$

2.1.4 空域和频域特征

在基于频率域特征的图像检索技术中,DFT、KLT、DCT 计算量较大,实际应用中很难达到用户要求,而小波(Wavelet)具有良好的时频局部性及与人眼视觉特性相符的多分辨率分析能力,被广泛用于图像压缩领域,同时在 JPEG2000 和 MPEG 中也获得广泛应用,基于小波域的图像检索技术得到深入研究。

第一类方法被统称为小波直方图法,是离散小波变换(Discrete Wavelet Transform,DWT)典型算法之一[59],不但对纹理图像具有较好的检索效果,而且对于自然图像也很有效。在基于小波系数的纹理识别算法中,首先对图像进行三级小波分解,得到 9 个高频子带小波系数的幅度值,再通过上采样操作可将幅度系数值恢复到与原图像相同的尺寸,其中位置相同的点组合起来,可组成一个 9 维向量,对于 $M \times N$ 大小的图像,将得到 $M \times N$ 个 9 维向量,最终形成一个 512 级统计直方图作为纹理特征来进行图像检索,可达到 90%的准确率。

第二类方法是子带能量法,其基本思路是通过对原始图像做小波分解,计算分解后每个子带的能量形成多维特征向量作为图像特征进行检索。Chang 等人提出的基于非规则树分解的纹理分析方法,通过计算子带系数的能量形成特征匹配的特征向量，对于纹理图像分类结果较好。实际应用中，为了降低计算复杂度的同时取得很好的分类结果，可以选择部分分解子带中能量较大的子带形成特征向量从而降低特征维数。很多研究者通过选取不同的小波基(正交基、双正交基)、不同的小波分解方法(塔式小波分解、小波包分解等)以及不同的子带能量计算法等对图像空域和频域特征进行了研究，在图像特征分析领域中起到了积极的推动作用。

2.2 局部不变性特征

图像局部不变性特征是指在图像中，某些特定的视觉特征在局部区域内保持不变的属性，特别是在光照、旋转、放射、尺度等发生变化时，仍能保持一定的不变性。局部特征提取方法可以检测关键点，并计算这些关键点周围的局部描述符，如SIFT、SURF等，这些特征能够对图像局部的物体形状、纹理和结构进行精准描述，在图像匹配、目标检测、三维重建、图像配准、物体跟踪和图像识别等图像处理和计算机视觉任务中被广泛应用。

2.2.1 SIFT 特征

尺度不变特征转换，即 SIFT(Scale-Invariant Feature Transform)是一个对局部兴趣点特征的提取方法，由加拿大教授 David G.Lowe 在 1999 年提出[104]。SIFT 是一种非常平稳的局部特征，具有旋转不变性、尺度不变性、亮度变化保持不变性、抗噪声能力强等特点。其通过高斯卷积核建立高斯差分金字塔寻求关键点，并对关键点邻域内像素求灰度梯度提取局部特征。

(1)建立高斯差分金字塔：为了提取图像所有尺度的信息，SIFT 算子使用不同尺度的高斯卷积进行不同尺度的模糊操作，尺度越大的卷积核其生成的图片的模糊程度越大，通过图像的模糊程度来模拟人在距离物体由远到近时的成像过程。其中 G 是高斯卷积核函数，I 是原图，L 是卷积后的高斯尺度，具体公式如下：

$$L(x,y,\sigma) = G(x,y,\sigma) * I(x,y) \quad (2.14)$$

其中，σ 称为尺度空间因子，是高斯正态分布的标准差，反映了图像被模糊的程度。将图片用不同尺寸的高斯卷积核进行卷积，同一组内每一层的尺度为前一层的 $k(k=2^{\frac{1}{n}}$，n 为层数)倍。开始下一组卷积时，其第一个图是直接由前一组倒数第三个高斯图降采样得到，同组内的其余图在这组第一张基础上卷积得到。同一组的高斯图，两两做差得到差分图，最终构建得到高斯差分金字塔(图 2.5)。其目的是检测出在不同尺度下都存在的特征点。

(2)确定关键点：关键点为高斯差分图上的极值点，因此若一个点与其相邻的 26 个点相比是最小或最大，便认为这是一个极值点(图 2.6)。

高斯金字塔　　　　　　　　　　高斯差分金字塔

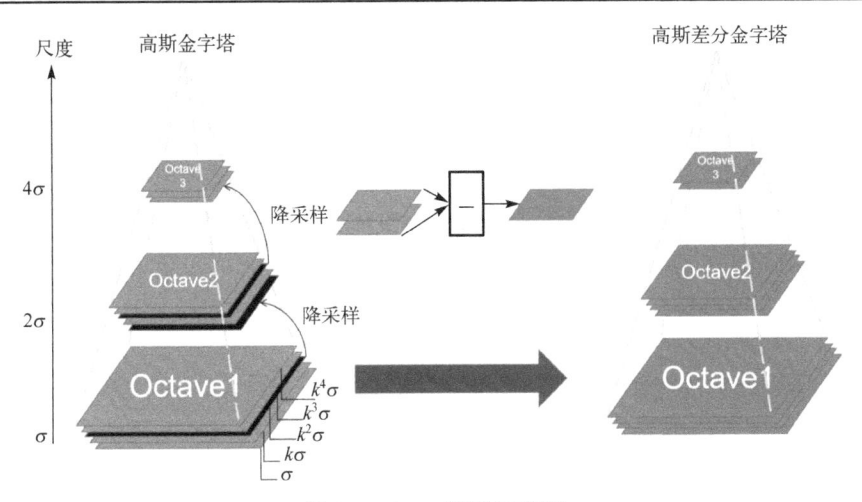

图 2.5　SIFT 算子示意图

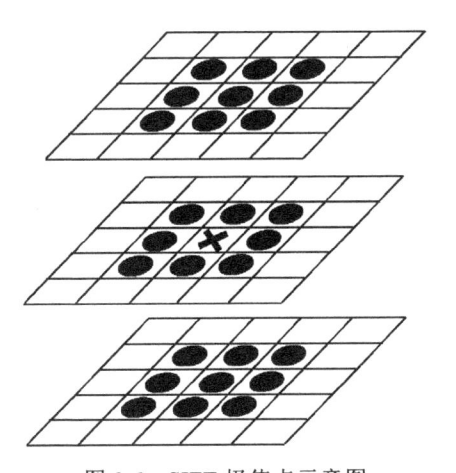

图 2.6　SIFT 极值点示意图

但这样找到的点是离散空间的极值点，因此需要去估计连续空间的极值点。其做法为：在上一步求得的离散空间的极值点经行三元二阶泰勒展开，用这个连续二次函数代表在这个离散极值点附近空间的分布，求导令其等于零，便可以求出连续空间的极值点，其偏移量为：

$$\hat{x} = -\frac{\partial^2 D^{-1}}{\partial x^2}\frac{\partial D}{\partial x} \tag{2.15}$$

(3)去除边缘效应：根据上一步在这个极值点得到的 Hessian 矩阵，计算其迹和行列式。若其行列式小于零，或者迹的平方与行列式的比值小于阈值则舍去该点。这样就可以过滤掉一些低对比度的特征点和不稳定的边缘响应点。

(4)确定主方向：为了实现图像旋转不变性，利用特征点邻域像素的梯度分布特征来确定其方向的参数，再利用图像的梯度直方图求取关键点局部结构的稳定方向。选择与关键点尺度最接近的高斯图，以关键点位置为圆心画圆，统计圆内所有像素的梯度方向和幅值，并根据方向统计其加权的幅值的直方图，幅值最高的方向即设为其主方向。

（5）特征点描述符：将关键点附近划分为 $d×d$ 个区域，旋转坐标轴校正旋转主方向，确保旋转不变性。计算每个区域内的像素的梯度，按方向统计其直方图，最后统计所有区域内的梯度信息，形成一个 128 维的特征向量作为该关键点的特征描述子。

2.2.2 SURF 特征

SIFT 算法对旋转、尺度缩放、亮度变化等保持不变性，对视角变换、仿射变化、噪声也保持一定程度的稳定性，是一种非常优秀的局部特征描述算法。但其实时性相对不高。SURF(Speeded Up Robust Features)算法[164,112]改进了特征提取和描述方式，用一种更为高效的方式完成特征点的提取和描述。

（1）构建 Hessian 矩阵：构建 Hessian 矩阵的目的是生成图像稳定的边缘点(突变点)，类似于 Canny、拉普拉斯边缘检测的作用为特征提取做准备。对于一个图像上一点 $x=(x,y)$，在对其进行尺度为 σ 滤波后，其 Hessian 矩阵定义如下：

$$H(x,\sigma)=\begin{bmatrix}L_{xx}(x,\sigma) & L_{xy}(x,\sigma)\\ L_{xy}(x,\sigma) & L_{yy}(x,\sigma)\end{bmatrix} \tag{2.16}$$

通过这种方法可以为图像中每个像素计算出其 Hessian 值，并用这个值来判别图像局部特征点。

（2）构造尺度空间：SURF 算子同 SIFT 类似，也需要构造尺度空间来寻求特征点。区别之处在于，在 SIFT 算子中，同一组中的图像的尺寸一样，但高斯卷积核的尺度却不相同，依次增大 k 倍，下一组的图像的长宽在上一组的基础上缩小一半，所以图像金字塔的运算量就会因为金字塔组数和层数的增大而增大；在 SURF 算子中图像的尺寸是始终不变的，而改变的也只是盒形滤波器的尺寸和尺度，但同时也由于使用盒子滤波器和积分图像，使得整个滤波过程中并没有因为滤波模块尺寸的增大而使运算量增大。盒式滤波器的尺寸(Scale)和组数(Octave)关系如图 2.7 所示。

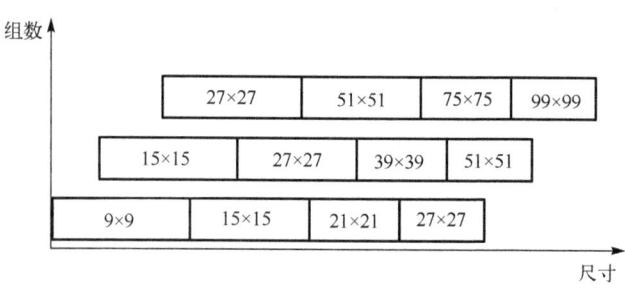

图 2.7　盒式滤波器尺寸与组数关系图

(3)特征点的过滤和定位：该步骤与 SIFT 算法相似，即在尺度空间中将每个像素点和相邻的像素点进行比较，找出所有局部最大的像素点。不同于 SIFT 的是，这里比较的并非灰度值而是各个像素点相应的 Hessian 矩阵的判别式值。通过这种方式初步筛选出局部最大值，再剔除一些能量比较弱和有错误的点，从而最终得到比较稳定的特征点。

(4)确定特征点主方向：SIFT 算法特征点的主方向是采用在特征点邻域内统计其梯度直方图，横轴是梯度方向的角度，纵轴是梯度方向对应梯度幅值的累加，取直方图 bin 最大的以及超过最大 80%的那些方向作为特征点的主方向。而 SURF 算法是统计特征点圆形邻域内的 Harr 小波特征，即在特征点的圆形邻域内，统计 60 度扇形内所有点的水平、垂直 Harr 小波特征总和，然后扇形以 0.2 弧度大小的间隔进行旋转并再次统计该区域内 Harr 小波特征值之后，最后将值最大的那个扇形的方向作为该特征点的主方向。

(5)生成特征描述：在 SURF 算法中同样是抽取特征点附近的 4×4 个正方形区块，但与 SIFT 不同的是，SURF 所取矩形区块的方向都是沿着特征点的主方位，并不需要转动角度，然后对每个区块统计所有特征点在相对于主方向的竖直和水平方向上的 Haar 小波特征。

2.2.3 视觉码本特征

词袋(Bag of Word, BoW)模式是信息检索中一种很常用的文档描述方法，BoW 中由若干单词所构成的文档省略了词汇之间的顺序和语法，而只是将整个文本看成单词的一个集合体，即各个词汇都是单独出现的，不和其他单词之间存在依赖关系。通过统计文档中单词出现的频率形成文档表征向量，也可看作是一种直方图表示。将 BoW 的思想引入到计算机视觉中，将一幅图像看成一组图像特征的集合，统计各种图像特征在图像中出现的频次，便可将图片表征为一个向量，我们称这种图像特征表示的方法为视觉码本特征(Bag of Visual Word, BoVW)。要使用 BoVW 将图片表征成一组图像特征的集合，需要事先构建一组视觉特征。通常需要对图像库中所有图像提取局部特征(例如 SIFT 特征)，然后使用聚类的方法将在特征空间中相类似的所有特征使用一个聚类的中心来代表，这些聚类中心便可看作是一种视觉词汇(Visual World)，从而构成一个视觉词典(Visual Dictionary)。在构建了视觉词典的基础上，对于新输入的图片，便可统计其局部特征从而表征成一个特征向量。

(1)图像特征提取和描述：①规则网格(Regular Grid)方法是特征提取的最简单且有效的方法之一，其先把图像分割为固定的若干个网格，以便获得图像的局部特性。②兴趣点检测方法，这种技术主要通过一定的特征提取步骤来获得图片上的特征点，这样提取到的特征点就能有一些很好的数学特性，比较常见的特征检测子有 edge-laplace、harris-laplace、hessian-laplace、harris-affine、hessian-affine、MSER、 salient regions。

（2）构建视觉词典：使用聚类的方法构建视觉词典，即通过聚类算法找到聚类中心，这样每个聚类中心可代表一种典型的特征。常用的聚类算法有 K-Means 算法等，以 K-Means 为例其过程如下：

①提取图像库中所有图像的局部特征，例如 SIFT，得到特征集合 F。

②从 F 中选择 K 个初始聚类中心 $a = a_1, a_2, \cdots, a_k$。

③针对每个类别 a_i，重新计算聚类中心（计算其质心）。

④重复②、③步，直到达到某条件结束迭代。

（3）从每幅图像中提取很多个特征点，这些特征点都可以用词典中的视觉单词近似代替，通过统计每个单词在图像中出现的次数，可以将图像表示成为一个 K 维数值向量。

2.3　图像深度卷积特征

过去几年，深度学习技术不断成熟，并在图像目标识别、语音识别和自然语言处理等多个应用领域都具有出色的表现[165]。近年来，在各种类型的神经网络中，卷积神经网络（Convolutional Neural Networks，CNN）得到了广泛关注。CNN 是一种前馈神经网络（Feedforward Neural Networks），主要通过卷积操作和堆叠来对输入的图片进行特征提取，主要特征为局部感知和卷积核间的参数共享。随着大规模标记数据的出现和 GPU 计算性能的快速提高，CNN 研究得到了迅速发展（图 2.8）。针对不同机器学习任务的各种卷积神经网络被陆续提出，包括最早用于数字体识别的 LeNet 网络，以及后续提出的 AlexNet[119]、ZF Net[166]、GoogLeNet[120]、VGGNet[121]、ResNet[122]等。在图像识别的早期阶段，CNN 主要解决的是如何对图像的特征进行

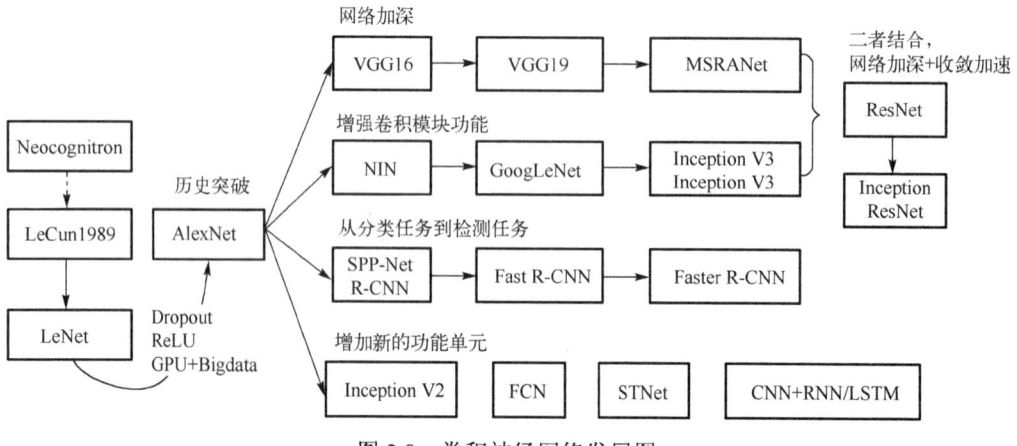

图 2.8　卷积神经网络发展图

描述和提取，和传统的机器学习算法相比较，卷积神经网络完全自动化地在训练中对输入的特征进行了抽取，并实现了对图像模式的分析，从而大大降低了图像识别的难度。同时与其他一般网络相比，CNN在结构上和图片空间结构更为相似，其卷积连接方式和人类视觉神经处理光信号的方式也有很多相似之处，因此非常适合用来提取图片的特征。本节简要介绍卷积神经网络结构，包括卷积神经网络总体结构和几种经典卷积神经网络结构，以及基于卷积神经网络的深度特征提取和表达。

2.3.1 卷积神经网络结构

卷积神经网络是一种常见的深度学习网络架构，也可以理解为一种特殊的多层神经网络[167]，通过将图像信号向前(正向)传递，来修正网络的权值，以达到适应和学习的目的[168]。卷积神经网络通过将多层感知器模型中的全连接层替换为卷积层，从而达到减少参数数量的目的。当网络的层数以及每层的神经元足够多时，卷积神经网络就可以来拟合一些复杂的视觉概念[118]。但随着网络层数的增多网络结构也会变得更复杂，所需要的参数也会增多，从而导致网络训练的难度也随之增加。因此，卷积神经网络通过局部感视野(Receptive Field)来获取图像的细节信息；通过参数共享机制来减少神经元的个数以降低网络的复杂度；并通过池化操作来降低特征维度、去除冗余信息，并保持特征的平移、旋转和缩放不变性[169]。

在卷积神经网络结构中，层是一个最基础的重要单元，每一层都由若干类型的神经元组成，如卷积神经元、池化神经元、归一化神经元、激励神经元等，来对输入信号进行不同的处理，从而完成对信号的编码和组合等操作。在卷积神经网络中，以图像信号作为输入层，图像上的一个像素点与神经元相对应；以任务信息的某种编码作为输出层；而处于输入和输出的中间层网络均称为隐藏层，常见的隐藏层主要包括：

1) 卷积层

卷积层(Convolution Layer)主要通过卷积核(Convolution Kernel)对输入图像进行卷积操作，来获取某一局部的信息，从而完成对图像的特征表示。卷积层的表达能力由该层所具有的卷积核的个数和大小而决定，因此，不同的卷积层可得到具有不同描述能力的特征图(Map)，而每一个卷积核的输出可称为不同的通道(Channel)。卷积过程的计算公式如下：

$$x_j^{\ell} = f \sum_{j \in M_J} x_i^{\ell-1} * \omega_{i,j}^{\ell} + b_j^{\ell} \tag{2.17}$$

其中，在第 ℓ 层中 x_j^{ℓ} 为第 j 个通道的卷积特征图，M_J 为第 $\ell-1$ 层特征图 $x_j^{\ell-1}$ 的集合，$\omega_{i,j}^{\ell}$ 为特征图 x_j^{ℓ} 对 $x_j^{\ell-1}$ 的权值矩阵，b_j^{ℓ} 为对 x_j^{ℓ} 特征图的偏置，f 为激活函数。

2) 池化层

池化层(Pooling Layer)也常称为下采样层，其作用主要是通过池化操作对图像的局部信息进行特征聚合,达到减少卷积层之间的连接单元数量,从而达到减轻网络计算负担并提高模型容错性的目的。常用的池化操作有很多种类型,包括最大池化(Max-Pooling)、平均池化(Average-Pooling)、随机池化(Stochastic Pooling)[170]和空间金字塔池化(Spatial Pyramid Pooling)等[171]。池化公式表示为:

$$x_j^\ell = f(\beta_j^\ell \text{down}(x_j^{\ell-1} + b_j^\ell)) \qquad (2.18)$$

其中,在第 ℓ 层中 x_j^ℓ 为第 j 个通道的下采样特征图,b_j^ℓ 为对 x_j^ℓ 特征图的偏置,f 为激活函数,β_j^ℓ 为乘性因子,down() 为下采样函数。不同的采样函数 down() 可进行不同的池化操作,以最常见的最大池化(Max-pooling)和平均池化(Average-pooling)为例,下采样时选取池化区域的最大值或平均值作为子采样的特征值。图 2.9 所示为最大池化的示例。

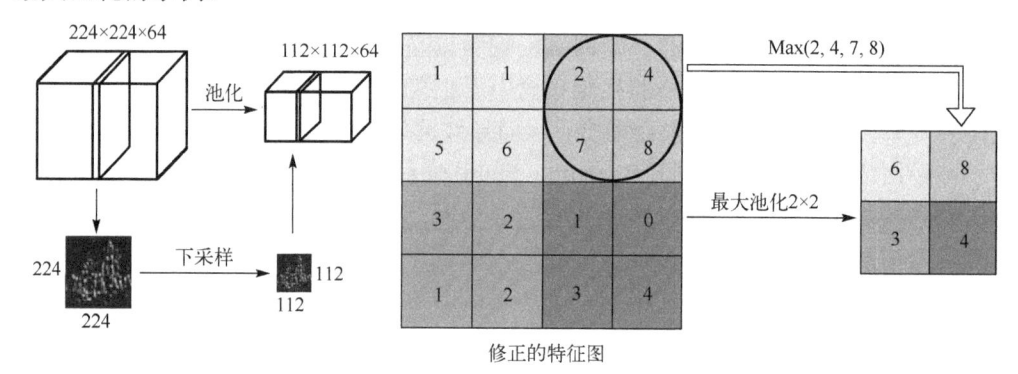

图 2.9 最大池化示例

3) 激励函数层

激励函数层(Activation Layer)通过引入激励函数对卷积层的输出信号进行一次非线性映射,建立类似人脑处理的复杂模型,从而提高模型的表征能力和泛化性[172]。常用的激励函数包括 Sigmoid 函数(式(2.19))、Tanh 函数(式(2.20))以及修正线性单位 ReLU 函数(式(2.21))。其中,ReLU 函数由于其仅需要进行简单对的比较运算,相比其他需要进行复杂运算的函数而言,采用 ReLU 函数训练的深度卷积神经网络收敛速度更快,同时使得训练后的网络具备一定的稀疏性,因此在大多数网络结构中被采用。

$$\text{Sigmoid}(x) = \frac{1}{1+e^{-x}} \qquad (2.19)$$

$$\text{Tanh}(x) = \frac{e^x - e^{-x}}{e^x + e^{-x}} \qquad (2.20)$$

$$\text{ReLu}(x) = \max(0, x) \qquad (2.21)$$

4) 损失函数层

在进行机器学习任务如分类或回归中，需要对设定的目标函数进行优化，通常将损失函数(Loss Function)作为其目标函数，也称为代价函数(Cost Function)，用来估量模型的预测值 $f(x)$ 与真实值 Y 的不一致程度，是一个非负实值函数。在卷积神经网络中，损失函数层(Loss layer)通过计算当前输出信号与监督信号之间的差值，产生错误信号并向后传递。常用的损失函数有铰链损失(Hinge Loss)函数、互熵损失(Softmax Loss)函数、指数损失(Exponential Loss)函数、平方损失(Square Loss)函数、0-1损失函数，以及绝对值损失函数等。

5) 全连接层

通常全连接层(Fully-connected Layer)在卷积神经网络的尾部，该层上每一个结点都与上一层的所有结点相连，往往是将前面卷积层输出的多个特征图转化成一个一维的高维向量，其目的是将网络学习到的特征映射到已标记的样本空间，实现高阶的推理能力。本质上讲，全连接层的主要目的是最大可能地利用现在经过窗口滑动和池化后保留下的少量信息还原原始的输入信息，在整个卷积神经网络中起到"分类器"的作用[173]。

2.3.2 经典卷积神经网络

1. LeNet 网络模型

LeNet[174]是最先被提出的深度卷积的网络之一。自提出以来不断被人们进行修改和完善，最终由 Yann LeCun 完成开拓性进展，并将它被定名为 LeNet5。这也是第一个在手写数字识别问题上进行使用的神经网络，其在 MNIST 数据集中的正确率已经达到了 99.2%。

LeNet-5 网络输入的对象是单通道的灰度图片，大小为 32×32 像素，整个网络有卷积层、下采样层和全连接层一共 7 层，如图 2.10 所示。

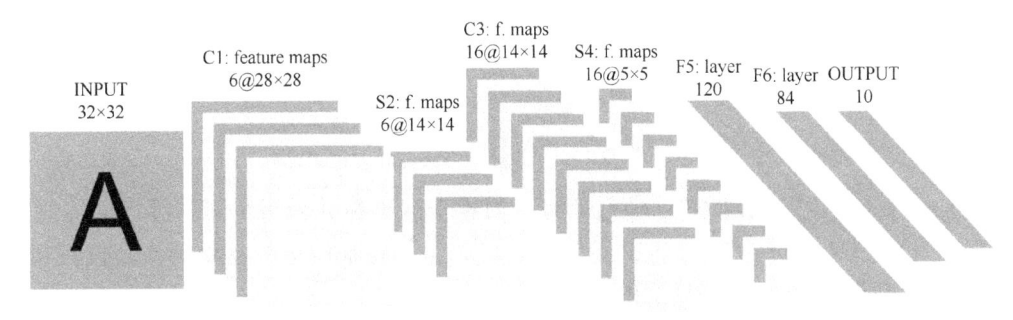

图 2.10 LeNet-5 网络结构图

C1 层是一个卷积层，通过卷积提取图片的特征，抑制噪声。在第一层卷积层中一共使用了 6 个卷积核,卷积核的大小为 5×5,步长为 1,padding 为 0,因此得到的输出为 28×28×6。这一层中可训练的参数量为 156 个,即 6 个大小为 5×5 的卷积和加上偏置的情况下为(5×5+1)×6=156,一共有 156×(28×28)=122304 个连接操作。

S2 层是一个下采样层,利用图片的局部信息进行抽样操作,主要目的在于减小特张图的尺寸从而减小后续的计算量,同时也能防止模型出现过拟合的情况,减少模型的参数加快训练和推理速度。在 S2 层中使用的是平均池化,其大小为 2×2,步长为 2,padding 为 0,在经过池化操作过后的特征图的长宽都变为原来的一半。

C3 层是一个卷积层。在这一层卷积层中一共使用了 12 个卷积核,它们的大小为 5×5,步长为 1,padding 为 0,因此输出得到的特征图大小为 10×10×16。

S4 层是一个下采样层。第四层使用 2×2 大小的平均池化,步长为 2,padding 为 0,输出得到的特征图大小为 5×5×16。

F5 层是一个全连接层,有 120 个单元。有 120×(400+1)=48120 个可训练参数。
F6 层是一个全连接层,有 84 个单元,有 84×(120+1)=10164 个可训练参数。
Output 为输出层,即输出十个数字的概率分布。

2. AlexNet

AlexNet[119]是深度 CNN 领域一个里程碑式的工作(图 2.11)。AlexNet 在 ILSVRC 2012 比赛上以非常明显的优势获得第一,其 top-5 的错误率为 16.4%,相比第二名的成绩 26.2%错误率有着非常明显的优势,使得深度卷积网络在计算机视觉中占据了主导地位,同时也推动了深度学习在其他的很多领域上的拓展。

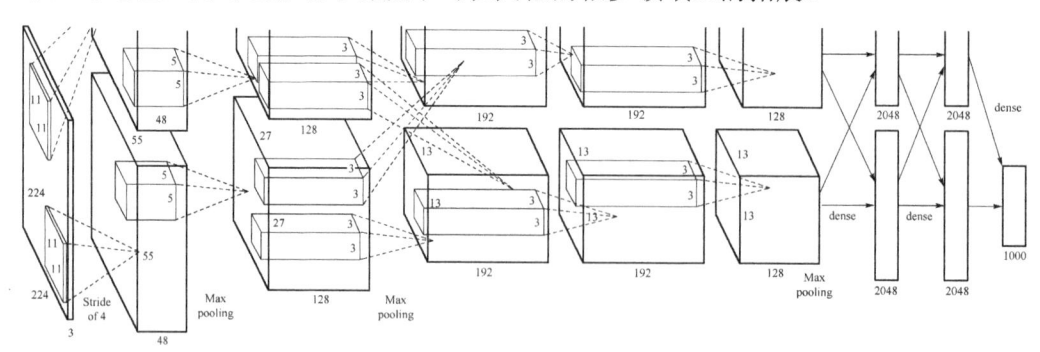

图 2.11 AlexNet 结构图

AlexNet 使用了两块 GPU 进行训练,而整个网络是分为两组同步进行训练的。同时在 C2、C4、C5 上每一组的卷积核只对该组的特征图进行卷积操作,仅在 C3 卷积的时候会连接两个 GPU 上的特征图。

3. ResNet

ResNet(Residual Neural Network)由美国微软研究所的 Kaiming He 等人提出

的[122]，其主要通过残差连接来在一定程度上规避随着网络加深效果变差的问题，并在 ILSVRC2015 比赛中以 3.57%的 top-5 的错误率获得了冠军，并且在卷积计算中使用了 bottleneck 的方式降低了特征图的通道数，所以其参数量也比 VGG 要小，而效果更好。其主要提出一种残差模块，很好地解决了随着网络深度增加，性能反而下降的问题。表 2.1 给出了不同深度的 ResNet 模型。

表 2.1 ResNet 结构表

layer name	output size	18-layer	34-layer	50-layer	101-layer	152-layer
conv1	112×112	7×7, 64, stride 2				
conv2_x	56×56	3×3 max pool, stride 2				
		$\begin{bmatrix}3\times3,64\\3\times3,64\end{bmatrix}\times2$	$\begin{bmatrix}3\times3,64\\3\times3,64\end{bmatrix}\times3$	$\begin{bmatrix}1\times1,64\\3\times3,64\\1\times1,256\end{bmatrix}\times3$	$\begin{bmatrix}1\times1,64\\3\times3,64\\1\times1,256\end{bmatrix}\times3$	$\begin{bmatrix}1\times1,64\\3\times3,64\\1\times1,256\end{bmatrix}\times3$
conv3_x	28×28	$\begin{bmatrix}3\times3,128\\3\times3,128\end{bmatrix}\times2$	$\begin{bmatrix}3\times3,128\\3\times3,128\end{bmatrix}\times4$	$\begin{bmatrix}1\times1,128\\3\times3,128\\1\times1,512\end{bmatrix}\times4$	$\begin{bmatrix}1\times1,128\\3\times3,128\\1\times1,512\end{bmatrix}\times4$	$\begin{bmatrix}1\times1,128\\3\times3,128\\1\times1,512\end{bmatrix}\times8$
conv4_x	14×14	$\begin{bmatrix}3\times3,256\\3\times3,256\end{bmatrix}\times2$	$\begin{bmatrix}3\times3,256\\3\times3,256\end{bmatrix}\times6$	$\begin{bmatrix}1\times1,256\\3\times3,256\\1\times1,1024\end{bmatrix}\times6$	$\begin{bmatrix}1\times1,256\\3\times3,256\\1\times1,1024\end{bmatrix}\times23$	$\begin{bmatrix}1\times1,256\\3\times3,256\\1\times1,1024\end{bmatrix}\times36$
conv5_x	7×7	$\begin{bmatrix}3\times3,512\\3\times3,512\end{bmatrix}\times2$	$\begin{bmatrix}3\times3,512\\3\times3,512\end{bmatrix}\times3$	$\begin{bmatrix}1\times1,512\\3\times3,512\\1\times1,2048\end{bmatrix}\times3$	$\begin{bmatrix}1\times1,512\\3\times3,512\\1\times1,2048\end{bmatrix}\times3$	$\begin{bmatrix}1\times1,512\\3\times3,512\\1\times1,2048\end{bmatrix}\times3$
	1×1	average pool, 1000-d fc, softmax				
FLOPs		1.8×10^9	3.6×10^9	3.8×10^9	7.6×10^9	11.3×10^9

4. VGG-16 网络模型

从结构看，CNN 发展主要通过增加深度（层数）来利用其非线性特点得出目标函数的近似结构，同时得出更好的特性表征。比如 ResNet 的层数是 AlexNet 的 20 多倍，是 VGGNet 的 8 倍多。然而，随着网络层数的增加网络的整体复杂程度也在增加，使得网络变得难以优化且很容易过拟合。因此，相对来说，VGGNet 网络能到达到对精度和复杂度要求的一种折中，在一般的图像识别和检索任务中使用较多，通常可作为一个良好的特征提取器。

VGGNet 网络是牛津大学计算机视觉组和 Google DeepMind 公司一起研发的深度卷积神经网络[120]，并取得了 2014 年 Imagenet 比赛定位项目第一名和分类项目第二名。该网络泛化性较好，容易迁移到其他机器学习任务中，很多卷积神经网络都是以该网络为基础。常用的 VGGNet 网络有 VGG16 和 VGG19 网络，图 2.12 所示为 VGG16 网络结构。网络的输入是 224×224 大小的图像，输出是图像分类结果（针对图像分类任务)。该网络共有 16 层,共有五段卷积,每段卷积之后紧接着最大池化层。

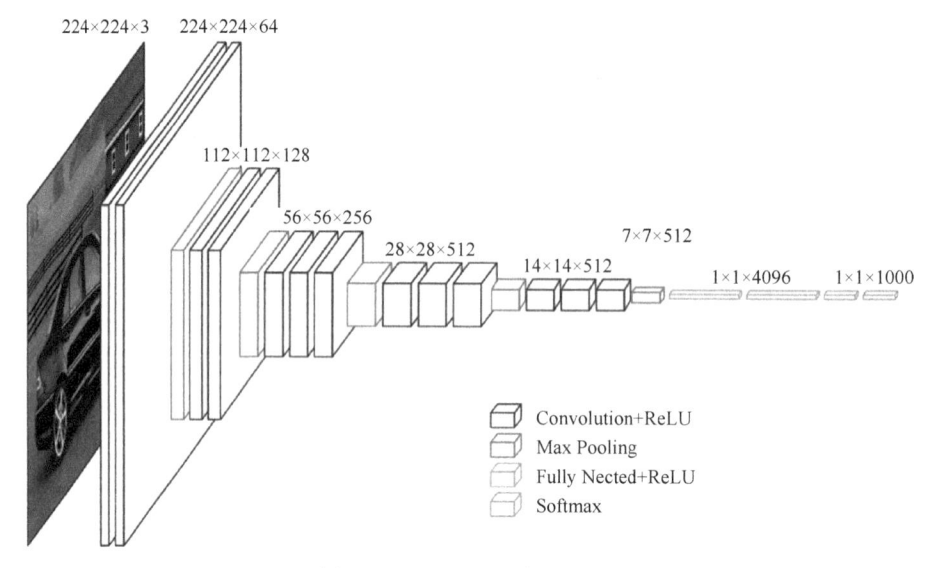

图 2.12 VGG16 网络结构图

2.3.3 深度特征及表达

通常,基于监督信息的分类任务的卷积神经网络需要经过大量数据来进行训练,通过不断调整和更新权值以胜任相应的分类任务。由此,训练得到的卷积神经网络的中间层的输出具有一定的视觉含义[123],即使新的输入图像并不属于训练数据的任何一类,也可以用于对图像进行刻画和描述。事实上,卷积神经网络也可以理解为一种基于局部特征的图像表示模型或者一种特征提取器[118],而将这种利用事先训练好的卷积神经网络来提取的图像特征称为深度特征。相比传统的基于颜色、纹理等低层视觉特征,深度特征是一种高效的图像特征,具有极强的图像特征描述能力。事实上,深度特征的提取也可以被理解为迁移学习(Transfer Learning,TL)的一种简单有效的解决方案[175]。因此,深度特征可以应用于很多计算机视觉任务中,如图像检索、目标检测和定位等,并取得突出的表现。

由于卷积神经网络层次的不同,其输出信号也具有不同的特性,因此从不同层提取的深度特征对图像特征的描述也具有不同的特点。一般来讲,较低的网络层上的每个神经元获得的输入图像范围较小,往往用于描述图像纹理、边缘等细节信息,因此越接近底层(输入)所提取的深度特征具有更强的通用性。通过多次的卷积和池化等操作后,网络层不断深入,其神经元的控制区域也不断增加,直到最后一层覆盖整张输入图像,从而对全局特征进行描述。根据深度特征提取的网络层的不同,通常也可将深度特征分为卷积层特征(Convolutional Features)和全连接层特征(Full-connected Features)。

1)卷积层特征

当一幅图像 I 通过一个卷积神经网络,从卷积层输出的信号为若干个特征图。假设某一特定的卷积层具有 L 个通道,而每一个通道上的特征图大小为 $W×H$,那么该层所表示的图像特征可以理解为 L 个 $W×H$ 维的特征向量,其中 L 的大小由网络结构本身来决定,而特征图的空间尺度 $W×H$ 取决于网络结构、所在的层以及输入图像 I 的大小。

卷积层特征是一种局部特征,不能直接作为图像的描述子,往往需要通过某种聚合(Aggregation)方法将其变为一种更加紧凑的全局特征。常用的特征向量聚合方法分为编码(Encoding)和池化(Pooling)两种。可用于对深度卷积特征聚合的编码方法包括传统的 BoW、VLAD、VF 等,同样也可用于对 SIFT 特征的聚合;由于深度卷积特征的特性,研究者们提出了很多有效的池化方法,最具代表性的包括 Max-pooling[176]、Sum-pooling、SPoC[21]、CroW[129]、R-MAC[128]和 NetVLAD[177]等。相比传统的编码聚合方法,池化聚合方法对于深度卷积特征具有更好的聚合效果。

当采用传统的编码方法进行聚合时,可将卷积特征看作个 L 维的特征(类似若干 128 维的 SIFT 特征),最终生成的图像特征向量维数与视觉单词(聚类数量)有关;而当采用池化方式进行特征聚合时,可将卷积特征看作是 L 个二维($W×H$)的矩阵特征,最终生成 L 维的特征向量。通常,对卷积特征进行聚合之前和之后都需要对特征图进行 L_2 归一化处理,以减少噪声和尺度对特征表达能力的影响。

2)全连接层特征

一般在神经网络结构中,除 Softmax 层以外剩下的部分都可以被当作一种特征提取器。由于全连接层的权重矩阵是固定的,和卷积层相比,卷积层可处理任意尺度和比例的图像,而全连接层只能处理固定尺度(如 224×224)的图像。因此,对于一个缩放或裁剪后的具有固定大小的输入图像 I,根据 CNN 网络的内在结构,全连接层特征可直接作为特定维度的单一特征向量(如 VGG-16 网络中,最后三段均为全连接层,其维数为 4096)。通常,由于全连接层特征的维数较高,在使用时往往需要进行 PCA 降维并配合 L_2 归一化处理,以获得更好的特征描述效果。

2.4 图像特征降维

2.4.1 主成分分析法降维

主成分分析法(PCA)是一种被广泛使用的线性降维方法,其通过某种线性投影在高维空间找到一组正交基,将高维的数据映射到低维的空间实现降维,同时还要保证在所投影的维度上数据的信息量最大(方差最大)，尽可能保留较多的原数据点的特性。

PCA 降维的目的就是为了在尽量保证"信息量不丢失"的情况下实现对原始特征的降维处理，最大方差理论认为，方差越大所含的信息量就越多。将数据投射到协方差矩阵的特征向量上后得到的数据的方差就是其对应的特征值，也就是尽可能将原始特征往具有最大投影信息量的维度上进行投影。假设有 M 个样本，每个样本有 N 维，现将其降维到 K 维，PAC 具体处理流程如下：

(1) 计算每个特征维度的平均值，再将所有样本减去平均值，对所有特征进行中心化。

(2) 求协方差矩阵 C，其中 C 的第 i 行第 j 列的元素值是原始 N 维空间中第 i 和第 j 个维度特征的协方差值。具体公式如下：

$$\text{cov}(x_1, x_2) = \frac{\sum_{i=1}^{M}(x_1^i - \overline{x}_1)(x_2^i - \overline{x}_2)}{M-1} \tag{2.22}$$

(3) 由上述公式可知，协方差矩阵 C 是一个实对称矩阵，则其必可以相似对角化。计算协方差矩阵的特征值和特征向量。将所有的特征值进行排序，选择最大的 K 个特征值，以及其对应的特征向量。

(4) 将原始的 N 维数据映射到选择的 K 维特征向量上，实现从 N 维降维到 K 维。

PCA 算法的优点在于：①降低了数据的维度，使其更易于使用。②由于选择的是相互正交的特征向量，主成分之间线性无关，可以消除数据之间的影响。③可以消除原始数据的一些噪声。④计算过程非常简单，易于实现。其缺点在于：①如果对数据有一些先验知识，但无法通过参数化和一些方法进行干预，效果可能不佳。②在计算过程中只选择了特征值大的特征向量，对于特征值小的特征向量而言可能含有对数据类别划分的重要信息却被舍弃。③特征值矩阵的正交向量空间是否唯一有待讨论。

2.4.2 深度自动编码器降维

AutoEncoder 是一个自动编码器，是一种半监督学习或非监督学习的神经网络，其特点是编码器会创建一个隐藏层(或多个隐藏层)包含了输入数据含义的低维向量。AutoEncoder 通过一个编码器对输入的数据进行编码降维，通过一个解码器来对降维后的数据进行恢复，整个训练流程可以视为对输入数据的重建。从某种角度而言如果能通过解码器重建输入，那么就能说明中间得到的低维特征向量很好地保留原始输入的信息[178]。通过训练好的 AE 就能实现对数据的分类、可视化、存储等功能。整个学习模式是一种非监督的模式，即不需要大量的标注，只需要输入数据即可。自编码网络 AutoEncoder 学习流程如图 2.13 所示，通过编码器对输入的数据 x 进行压缩，得到低维的中间特征向量 z，然后通过解码器把 z 解压成 x'，与数据 x 进行对比来实现非监督的学习。

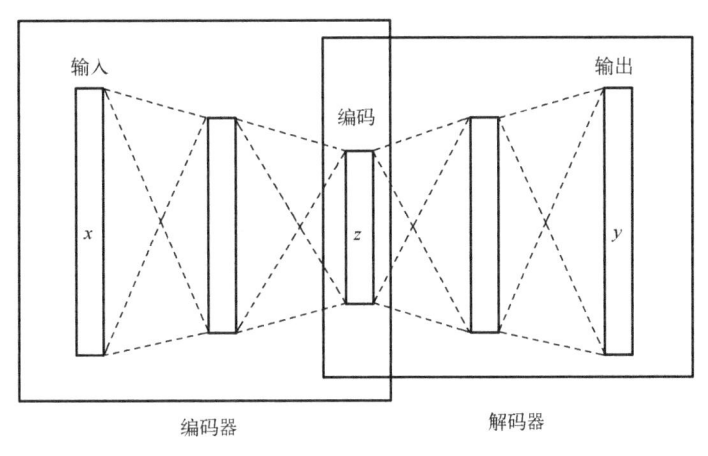

图 2.13　AutoEncoder 示例图

AutoEncoder 的训练流程是 end-to-end 的方式,通过对输入数据压缩重建的方式实现在确保中间低维特征保留原始数据信息的前提下降低数据的维度,是一种无监督学习过程。其与前面所述的 PCA 类似,其中间低维特征类似于 PCA 的输出,在低维的情况下能较好地体现原始数据的信息。

2.5　图像特征归一化和标准化

在基于多指标综合评价的任务中,由于不同指标具有不同的量纲和数量级,如果直接使用原始指标值,就会突出数值较大的指标在分析中的作用、削弱数值较小的指标对分析结果的影响。为消除各评价指标间量纲和数量级的差异、保证结果的可靠性,就需要对原始数据进行特征缩放(Feature Scaling)。特征缩放是一种将数据的不同变量或者特征的方位进行标准化的方法,其作用是实现数据同趋化处理和无量纲化处理,在很多任务中可以显著提升算法的性能,比如基于梯度下降的算法、基于距离的算法、基于树的算法、线性判别分析和朴素贝叶斯算法等。

图像检索或分类任务中往往需要对图像特征进行距离比对,特别在融合不同特征提取方法结果时,特征缩放非常有必要,较为常用的方法是特征标准化和归一化处理。归一化是将样本的特征值转换到同一量纲下(把数据映射到固定的区间内),该方法仅由变量的极值决定。而标准化是按照特征矩阵的列处理数据,通过 Z-score 方法,将样本特征值转换为标准正态分布。该方法和整体样本的分布相关,每一个样本点都能对标准化产生影响。两者的相同点在于都能取消由于量纲不同引起的误差,都是一种线性变化,都是对着向量 x 按照比例压缩再进行平移,即达到特征缩放的效果。

2.5.1 特征归一化

归一化(Normalization)是一种数理统计中常用的数据预处理手段,在机器学习中归一化通常将数据向量每个维度的数据映射到(0,1)或(-1,1)区间或者将数据向量的某个范数映射为 1,归一化好处有两个:①消除数据单位的影响,可以将有单位的数据转为无单位的标准数据。②可提高深度学习模型收敛速度。当不知道数据分布或者没有假设数据的分布类型时就可以使用归一化,比如 k 近邻算法和人工神经网络。

1) Min-Max 归一化(Min-Max Normalization)

对向量 $X = [x_1, x_2, \cdots, x_n]$ 做 min-max 标准化,公式如下:

$$\overline{x}_i = \frac{x_i - \max}{\max - \min} \tag{2.23}$$

其中,max 是向量 x 中的最大值,min 是向量 x 中的最小值。经过标准化后的向量 $\overline{X} = [\overline{x}_1, \overline{x}_2, \cdots, \overline{x}_n]$。

2) 平均值归一化(Mean Normalization)

如果要将该值映射到[-1,1]区间内,则需要计算向量 X 均值 mean,使用平均值归一化方法公式为:

$$\overline{x}_i = \frac{x_i - \text{mean}}{\max - \min} \tag{2.24}$$

3) L2 范数一化

L2 范数归一化可以将向量的模长缩放到相同的大小,即转换为在单位球面上的向量,这样每个向量在距离度量中的作用是相等的,使得不同向量更具可比性。 L2 范数归一化处理操作是对向量 X 个维度数据都除以 $\|x\|_2$ 一个新向量,即:

$$X_2 = \left(\frac{x_1}{\|x\|_2}, \frac{x_2}{\|x\|_2}, \cdots, \frac{x_n}{\|x\|_2} \right) \tag{2.25}$$

经过 L2 范数归一化后,一组向量的欧氏距离和它们的余弦相似度可以等价。即如有一组向量 X 和 Y 表示经过 L2 范数归一化后的向量,则欧氏距离 $D(X_2, Y_2)$ 与余弦相似度 $\text{Sim}(X_2, Y_2)$ 有如下关系:

$$D(X_2, Y_2) = \sqrt{2 - 2\text{Sim}(X_2, Y_2)} \tag{2.26}$$

2.5.2 特征标准化

特征标准化(Standardization)是将数据通过去均值实现中心化的处理,根据凸优化理论与数据概率分布相关知识,数据中心化符合数据分布规律,更容易取得训练之后的泛化效果,数据标准化是数据预处理的常见方法之一。在机器学习中通常会处理不同种类的数据(如声信号、图像的像素值),这些数据具有不同的维度。特征标准化能够将数据中每种特征的值的平均归为 0,标准差为 1。许多的机器学习算法都使用了这种标准化方法,如线性回归、逻辑回归、支持向量机和人工神经网络等。

Z-score 标准化方法(Z-score Normalization)是一种较为常用的标准化方法,对序列 $x_1, x_2, \cdots, x_n$ 做 Z-score 标准化,公式如下:

$$y_i = \frac{x_i - \bar{x}}{s} \tag{2.27}$$

其中,$\bar{x}$ 的平均值,s 是 x 的标准差。这种方法基于原始数据的均值(Mean)和标准差(Standard Deviation)进行数据的标准化。将原始值 x 使用 Z-score 标准化后,新序列 y 的期望为 0,方差为 1。Z-score 标准化方法适用于特征属性的最大值和最小值未知的情况,或有超出取值范围的离群数据的情况。

第3章 图像相似度度量与排序

3.1 图像相似性度量

相似性度量是机器学习领域的重要基础之一，在很多模式识别与计算机视觉的研究中都需要度量样本之间的相似性，比如对于建立在"特征空间"概念上的很多聚类和分类问题，每一个样本都通过一个数值化的属性向量来描述，对应了特征空间中的一个点，而两点的距离就反映了两个样本之间的相似性[179,180]。同样的，在图像检索研究中，图像的相似性度量是图像特征提取之后的重要步骤。在计算查询图像特征与数据集图像特征时，采用不同的相似性度量方法可以得到不同的相似性排序，从而得到不同的检索结果。因此，在已知的特征空间上，定义和使用合适的相似性度量方法对于有效完成图像检索任务显得尤为重要。本节主要介绍相似性度量中常用的几种距离度量函数。

定义 3.1[181]：假设数据集 $X \in R^n$ 中有两个样本 $x_1 = \{x_{11} x_{12} \cdots x_{1n}\}$ 和 $x_2 = \{x_{21} x_{22} \cdots x_{2n}\}$，定义 $d(x_1, x_2)$ 为距离度量函数，如果 $d(x_1, x_2)$ 满足以下四个条件：

(1) 对称性：$d(x_1, x_2) = d(x_2, x_1)$；
(2) 自相似性：$d(x_1, x_1) = 0$；
(3) 非负性：$d(x_1, x_2) \geq 0$；
(4) 三角不等式：$d(x_1, x_2) \leq d(x_1, x_3) + d(x_2, x_3)$。

基于上述定义，针对不同类型的数据特征在实际应用中产生了很多距离度量函数，常见的距离包括闵氏距离(Minkowski Distance)、马氏距离(Mahalanobis Distance)[180]、余弦距离(Cosine Distance)、汉明距离(Hamming Distance)、杰卡德距离(Jaccard Distance)、相关距离(Correlation Distance)等。其中，闵氏距离在多维数据的距离度量中较为常用，它是一组距离函数的统称，可以表示为：

$$d(x_1, x_2) = \left(\sum_{i=1}^{n} |x_{1i} - x_{2i}|^p \right)^{1/p} \tag{3.1}$$

其中，当参数 p 的取值不同时即可表示不同的距离度量函数。下面介绍几种：

当 $p = 1$ 时，Minkowski 距离即为曼哈顿距离(Manhattan Distance)，或称 L_1 距离、街区距离(CityBlock Distance)。

当 $p = 2$ 时，Minkowski 距离即为最为经典的欧氏距离(Euclidean Distance)，或

称 L_2 距离。

当 $p=\infty$ 时，Minkowski 距离又可称为切比雪夫距离（Chebyshev Distance）。

为了增强距离度量的合理性、准确性和可判别性，还有一些改进的距离度量函数较为常用，比如 D1 距离和堪培拉距离（Canberra Distance）[97]，均可看作是一种加权的曼哈顿距离，它们分别定义如下：

$$d(x_1,x_2)=\sum_{i=1}^{n}\left|\frac{x_{1i}-x_{2i}}{1+x_{1i}+x_{2i}}\right| \tag{3.2}$$

$$d(x_1,x_2)=\sum_{i=1}^{n}\left|\frac{x_{1i}-x_{2i}}{x_{1i}+x_{2i}}\right| \tag{3.3}$$

闵氏距离较容易理解而且比较直观，在图像检索的图像相似性度量中较为常用，但值得注意的是，这类距离函数没有考虑不同特征属性的量纲差异，尤其当图像的多维特征提取自不同类型的特征描述子时，会使得最终的距离度量结果不准确。同时，这类距离度量函数也没有考虑特征属性之间的关联性，因此，在实际应用中往往需要在距离度量前对图像特征进行归一化、PCA 特征压缩等预处理。

3.1.1 直方图相交距离

设 M,N 是两个含有 K 个 BIN 的直方图，它们的分量分别为 $M(i),N(i)$，其中，$i=1,2,3,4,\cdots,k$，则它们相交的距离为：

$$D(M,N)=\sum_{i=1}^{K}\text{MIN}(M(i),N(i)) \tag{3.4}$$

直方图相交是指两个直方图在每个 BIN 中共有的像素数目，有时候该值还可以通过除以其中一个直方图中所有的像素数目来实现标准化，从而使其值属于[0,1]范围内，即：

$$D(M,N)=\frac{\sum_{i=1}^{k}\text{MIN}(M(i),N(i))}{\sum_{i=1}^{K}M(i)} \tag{3.5}$$

3.1.2 马氏距离/二次式距离

马氏距离（Mahalanobis Distance）是由印度统计学家马哈拉诺比斯（P. C. Mahalanobis）提出的[180]，表示点与一个分布之间的距离。它是一种有效的计算两个未知样本集的相似度的方法。与欧氏距离不同的是，它考虑到各种特性之间的联系，并且是尺度无关的（Scale-invariant），即独立于测量尺度，广泛用于分类和聚类分析。

假设有 N 个向量,每个向量为 M 维,μ 为均值向量长为 M,Σ 为 $M \times M$ 的协方差矩阵。则单个数据点的马氏距离为:

$$D_M(x) = \sqrt{(x-\mu)^\top \Sigma^{-1}(x-\mu)} \tag{3.6}$$

数据点 x, y 之间的马氏距离为:

$$D_M(x,y) = \sqrt{(x-y)^\top \Sigma^{-1}(x-y)} \tag{3.7}$$

3.1.3 余弦距离

余弦相似性通过测量两个向量的夹角的余弦值来度量它们之间的相似性。0 度角的余弦值是 1,而其他任何角度的余弦值都不大于 1;并且其最小值是–1。从而两个向量之间的角度的余弦值确定两个向量是否大致指向相同的方向。两个向量有相同的指向时,余弦相似度的值为 1;两个向量夹角为 90 度时,余弦相似度的值为 0;两个向量指向完全相反的方向时,余弦相似度的值为–1。其结果是与向量的长度无关的,仅仅与向量的指向方向相关。余弦相似度通常用于正空间,因此给出的值为–1 到 1 之间。余弦值的范围在[-1,1]之间,值越趋近于 1,代表两个向量的方向越接近;越趋近于–1,它们的方向越相反;接近于 0,表示两个向量近乎于正交。两个向量间的余弦值可以通过使用欧几里得点积公式求出:

$$\text{similarity} = \cos\theta = \frac{\sum_{i=0}^{n} A_i \times B_i}{\sqrt{\sum_{i=1}^{n}(A_i)^2} \times \sqrt{\sum_{i=1}^{n}(B_i)^2}} \tag{3.8}$$

3.1.4 陆地移动距离

陆地移动距离(Earth Mover's Distance,EMD)[139]即是一种图像相似度度量方法。最初 EMD 的概念是用于图像检索的,后来由于其各种优点,逐渐用到其他领域的相似度度量。EMD 本身就是一个线性规划问题,假设存在两张图 P 和 Q,其中 p_i 和 q_j 分别是它们的第 i 个和第 j 个特征向量,w_{pi}, w_{qj} 分别是这两个特征的权重:

$$P = \{(p_1, w_{p_1}), \cdots, (p_m, w_{p_m})\}$$
$$Q = \{(q_1, w_{q_1}), \cdots, (q_n, w_{q_n})\} \tag{3.9}$$

定义它们之间的特征集合的距离矩阵为 D,其中第 i 行第 j 列元素 d_{ij} 为 p_i 和 q_j 之间的距离(比如 L_1, L_2 距离),因此 D 矩阵是一个 $m \times n$ 的矩阵,且可以直接求出。希望找到一个矩阵 F,使得以下代价函数达到最小:

$$\text{WORK}(P,Q,F) = \sum_{i=1}^{m}\sum_{j=1}^{n} d_{ij} f_{ij} \tag{3.10}$$

约束条件为：

$$\sum_{j=1}^{n} f_{ij} \leqslant w_{p_i}, \quad \sum_{i=1}^{m} f_{ij} \leqslant w_{q_j}, \quad f_{ij} \geqslant 0$$

$$\sum_{i=1}^{m}\sum_{j=1}^{n} d_{ij} f_{ij} = \min\left(\sum_{i=1}^{m} w_{p_i}, \sum_{j=1}^{n} w_{q_j}\right) \tag{3.11}$$

当求出矩阵 F 过后便，图像 P 和图像 Q 的 EMD 距离定义如下：

$$\text{EMD}(P,Q) = \frac{\sum_{i=1}^{m}\sum_{j=1}^{n} d_{ij} f_{ij}}{\sum_{i=1}^{m}\sum_{j=1}^{n} f_{ij}} \tag{3.12}$$

EMD 的本质即指把 P 位置的 m 个坑的土，用最小的代价搬到 Q 位置的 n 个坑中，d_{ij} 是 p_i 到 q_j 两个坑的距离，f_{ij} 是从 p_i 搬到 q_j 的土量，则 WORK 工作量就是要最小化的目标。线性规划求解出 f_{ij} 后，再用 f_{ij} 对 WORK 作个归一化，就得到了 EMD。

3.1.5 汉明距离

汉明距离为两个二进制数，通过位数改变，变成另一个数的变化次数。所以使用汉明距离计算相似度，需要将图片变成一个二进制数，使用感知哈希算法便可以将一张图片变成一个二进制数。其流程如下：

(1) 缩放图片：计算一张图的 Hash 值，第一步是把它缩放到足够小，用以隐藏它的细节。一般缩放为 9×8。

(2) 灰度化：直接使用 RGB 值对比颜色强度差异，相当复杂，因此我们转化为灰度值只由一个 0 到 255 的整数表示灰度。这样的话就将三维比较简化为一维比较。

(3) 差异计算：差异值是通过计算每行相邻像素的强度对比得出的。图片为 9×8 的分辨率，那么就有 8 行，每行 9 个像素。差异值是每行分别计算的，也就是第二行的第一个像素不会与第一行的任何像素比较。每一行有 9 个像素，那么就会产生 8 个差异值，这也是为何选择 9 作为宽度，因为 8bit 刚好可以组成一个 byte，方便转换为 16 进制值。如果前一个像素的颜色强度大于第二个像素，那么差异值就设置为 True（也就是 1），如果不大于第二个像素，就设置为 False（也就是 0）。

(4) 转换为 Hash 值：将差异值数组中每一个值看作一个 bit，每 8 个 bit 组成一个 16 进制值，将 16 进制值连接起来转换为字符串，就得出最后的 Hash 值，再计算汉明距离，便可判断两幅图的相似程度。

3.2 图像索引技术

3.2.1 局部敏感哈希技术

在很多应用领域中,需要处理的数据往往是海量并且具有很高的维度,怎样快速地从海量的高维数据集合中找到与某个数据最相似(距离最近)的一个数据或多个数据成为一个难点。如果是低维的小数据集,通过线性查找(Linear Search)就很容易解决,但如果是对一个海量的高维数据集采用线性查找匹配的话,会非常耗时,因此,为了解决该问题,需要采用一些类似索引的技术来加快查找过程。通过建立哈希表的方式我们能够得到 $O(1)$ 的查找时间性能,其中关键在于选取一个合适的哈希函数,将原始数据映射到相对应的桶(Hash Bin)内。局部敏感哈希(Locality-Sensetive Hashing,LSH)的基本思想是:将原始数据空间中的两个相邻数据点通过相同的映射或投影(Projection)变换后,这两个数据点在新的数据空间中仍然相邻的概率很大,而不相邻的数据点被映射到同一个桶的概率很小。要满足 Locality-sensitive 的哈希函数需要满足以下条件:

(1) 若 $d(x,y) \leq d_1$,则 $P(h(x)=h(y)) \geq p_1$。

(2) 若 $d(x,y) \geq d_2$,则 $P(h(x)=h(y)) \leq p_2$。

其中,$d(x,y)$ 表示向量 x,y 之间的距离,$d_1 < d_2$;h 代表哈希函数。满足以上两个条件的哈希函数称为 (d_1,d_2,p_1,p_2)-sensitive。由此可见满足 Locality-sensitive 的哈希函数的选择策略,和 x,y 距离的度量方式有关。常用的距离度量方式和其对应的哈希函数如表 3.1 所示。

表 3.1 常用的距离度量方式和其对应的哈希函数

距离度量方式	哈希函数
杰卡德距离(Jaccard Distance)	Minhash
汉明距离(Hamming Distance)	$H(V)$ = 向量 V 的第 i 位上的值
余弦距离(Cosine Distance)	$H(V) = \text{sign}(V \cdot R)$,$R$ 是一个随机向量
欧氏距离(Euclidean Distance)	$H(V) = \lvert V \cdot R + b \rvert / a$,$R$ 是一个随机向量,a 是桶宽,b 是一个在 $[0,a]$ 之间均匀分布的随机变量

3.2.2 多维图像特征的索引技术

多维索引方法(Multidimensional Indexing Method, MIM)通过划分数据空间,根据划分对数据进行聚类并利用划分对搜索空间进行剪枝以提高查询效率。这类方法在处理低维数据时效果很好,但在高维时其性能甚至差于顺序扫描。最为成功的 MIM 方法是基于树结构的索引方法。这些方法用某种策略把数据集里的数据点分成不同的簇，然后用某种覆盖对象(Bounding Object)来近似表示每个簇，所有的覆盖对象通过树结构的方式进行组织。在检索的时候这些覆盖对象能够提供簇内数据点到查询向量距离的下界(就是用覆盖对象到查询向量的最小距离作为簇内数据点到查询向量距离的下界，因此覆盖对象是簇的"近似"表示)，并利用这些距离下界对树结构(也就是数据空间)进行剪枝，使得用户在不访问所有簇的情况下就能得到相似度检索的结果。

3.2.3 近邻搜索算法

1. 最近邻搜索

最近邻搜索就是根据数据的相似性，从数据库中寻找与目标数据最相似的项目，而这种相似性通常会被量化到空间上数据之间的距离，可以认为数据在空间中的距离越近，则数据之间的相似性越高。当需要查找离目标数据最近的前 K 个数据项时，就是 K 最近邻(K-NN)检索。比如精确查找，即暴力搜索空间内的所有样本，计算每个样本与查询数据之间的距离，选取距离最小的样本作为查找结果。但是当数据量非常大的时候，搜索效率急剧下降。由于数据会呈现出簇状的聚类形态，所以可以考虑对数据库中的样本数据构建数据索引，通过利用树形结构来提升检索结构性能，其中索引树就是最常见的方法。其基本思想是对搜索空间进行层次划分，再进行快速匹配。经典算法有 KD 树算法、R 树、M 树等。KD-Tree 是对二叉搜索树的推广，利用 KD 树我们可以对一个由 K 维数据组成的数据集合进行划分，划分时将样本与根节点数据在某一维度上进行比较，根据比较结果，将样本划分到左子树，或右子树内。在做最近邻检索时，虽然从根节点到叶子节点自上而下的检索较线性查找节省了时间，但为了找到"最近邻"还需要进行回溯查找比较那些不在已访问分支中的节点，所以当 K 很大即数据维度很高时算法复杂度将大大提高。

2. 近似最邻近搜索

近似最近邻(ANN)搜索利用了数据量增大后数据之间会形成簇状聚集分布的特性，通过对数据分析聚类的方法对数据库中的数据进行分类或编码，对于目标数据根据其数据特征预测其所属的数据类别，返回类别中的部分或全部作为检索结果，在牺牲可接受范围内的精度的情况下提高检索效率。主要分为两种办法：一种是采用哈希散列的办法，另一种则是矢量量化。

矢量量化的代表就是乘积量化(Product Quantization，PQ)，PQ 的主要思想是将特征向量进行正交分解，在分解后的低维正交子空间上进行量化，由于低维空间可以采用较小的码本进行编码，因此可以降低数据存储空间。PQ 方法采用基于查找表的非对称距离计算(Asymmetric Distance Computation，ADC)快速求取特征向量之间的距离,在压缩比相同的情况下,与采用汉明距离的二值编码方法相比,采用 ADC 的 PQ 方法的检索精度更高。

3.2.4 查找优化

在 SIFT 结合 BoVW 模型中,如果聚类时聚类中心数量选择过大或过小,都会造成一定的问题。如果 K 选择过大,则会对特征分得过细,导致噪声特征分到不同的聚类中心中,如果过小,则降低了 BoVW 的描述能力,使得很多本来不是同一类的特征也被分到了一个聚类空间中。汉明嵌入解决了这个问题,在聚类的时候,选择较少的聚类中心数量,形成粗糙的字典,匹配时,对同一个聚类内的点用一个二值的 64 维的向量表示,两两间求汉明距离,小于阈值则认为是同一类。具体过程分为 off-line 学习过程和 online-line 匹配过程。

1) off-line 学习过程

(1) 产生正交 P 矩阵,用以降维。先随机产生一个 128×128 维高斯矩阵,再进行 QR 分解,并取前 db(一般 db=64)行,作为降维的正交 P 矩阵 64×128 维。

(2) 提取数据集图片的 SIFT 特征点,并进行聚类,这里可以采用 k-means 方法进行聚类。

(3) 用 P 矩阵对特征进行降维,对降维后属于同一个聚类中心的特征向量计算中值向量,再和中值向量逐位相比较,得到所有特征向量的二值汉明编码。

2) on-line 匹配过程

(1) 提取查询图片的所有 SIFT 特征点,用 P 矩阵降维。

(2) 找到其每个特征点对应的聚类中心,与这个聚类中心的中值向量比较得到二值化的汉明编码。

(3) 和同一个聚类中心的特征向量计算汉明距离,当查询的特征向量和某个向量的汉明距离小于阈值时,则进行匹配。

3.2.5 倒排多索引

正向索引(Forward Index),指文档-关键词的结构,当检索某个关键词时,要遍历所有文档,找出包含关键词的文档,根据打分模型进行打分排序。这样无疑会计算量巨大,不能实时返回查找结果。

倒排索引(Inverted Index)是实现"单词-文档矩阵"的一种具体存储形式,通过倒排索引,可以根据单词快速获取包含这个单词的文档列表。倒排索引主要由两个部分组成:"单词词典"和"倒排文件"。单词词典是由文档集合中出现过的所有单词构成的字符串集合,单词词典内每条索引项记载单词本身的一些信息以及指向"倒排列表"的指针。倒排列表记载了出现过某个单词的所有文档的文档列表及单词在该文档中出现的位置信息,每条记录称为一个倒排项。根据倒排列表,即可获知哪些文档包含某个单词。所有单词的倒排列表往往顺序地存储在磁盘的某个文件里，这个文件即被称为倒排文件，倒排文件是存储倒排索引的物理文件。这样当要查找某个关键词时，便可以直接获得包含该关键词的文档。

3.3 图像重排序

在 CBIR 系统中排序算法直接决定了检索结果，排序算法的性能对于 CBIR 的性能起着至关重要的作用。随着 Google、Yahoo、Bing 等商业搜索引擎技术发展突飞猛进，基于概率模型、向量空间模型、布尔模型、自学习模型、超链接模型等早期发展起来的排序模型，出现了各类计算信息和查询相关性的排序优化算法。图像检索任务中的重排序方法大体上可分为两类：基于链接分析的重排序算法，如 PageRank 算法[182]和 HITS 算法[183]等；基于机器学习的重排序算法，如 AdaRank 算法[184]和 RankBoost 算法[185]等。这些方法源于基于文本网页检索的常用方法，在早期的商用图像检索引擎中依然沿用。随着深度学习技术的兴起，基于深度特征的方法已经成为图像检索的主流方法，许多基于视觉特征的重排序方法通过与深度特征结合，从而进一步提升检索的精度。本节重点介绍基于扩散过程的距离学习和查询扩展这两类重排序方法。

3.3.1 基于扩散过程的距离学习

从一个规模较大的图像数据集中检索出与查询图像最为相似的图像序列，就需要通过某种距离函数来计算图像之间的相似性，距离越小表示图像越相似。一般的图像检索方法在图像相似性度量时主要采用上述一些传统的距离度量函数，其主要基于分析图像点对的亲密关系，即计算查询图像与数据集图像之间的两两相似度关系，然后再通过相似程度的排序来返回查询结果。显然，基于图像点对的相似性度量的方法存在一定的局限性，即图像潜在的数据流形结构完全被忽略了。因此，越来越多的研究者们关注于挖掘图像数据集中所有图像之间的上下文关系，从而改善图像检索的性能。这类方法最早多用于形状匹配任务中，近年来在图像检索应用中的研究越来越多。

一般而言，这类方法的共同之处在于都是捕获图像潜在流形的几何结构，大多遵循如下原则：首先，将所得到初始的图像点对亲密矩阵（相似度矩阵）构成一个图结构，即每一个节点代表一幅图像，节点和节点连接的边权值代表亲密矩阵中对应的亲密值（相似值）。然后，根据所有图像上下文关系，通过在图结构上不断地进行相似度扩散来重新评估图像点对的亲密度。最常用的扩散过程是基于随机游走，即定义一个转移矩阵，来表示一个节点到相邻节点游走的概率（两节点之间的权值越大，将这两点之间的路径作为转移路径的概率越大），然后通过在该图结构上不断地随机游走来进行相似性扩散，从而在初始的图像相似度矩阵基础上嵌入了图像上下文关系，达到改善图像检索性能的目的。由于这类方法的关键在于进行图结构上的相似性扩散，从而对初始相似性关系进行学习和优化，因此我们也称这类方法为基于扩散过程的相似性学习方法。图 3.1 所示为一个扩散过程的示例[148]，用来说明基于扩散过程的距离优化在图像检索任务中所发挥的作用，通过扩散过程可以从数据集中返回最为相似的图像样本。该图中定义了两个查询点，其他的点元素根据其与查询点的亲密度（相似度）关系分别标记为与自己最相似的查询点。从图中我们可以看出，当没有采用扩散过程优化时（图 3.1(a)），潜在数据流形结构并没有被考虑到，而且所得到的结果也不令人满意。相反，采用扩散过程之后（图 3.1(b)）固有的全局的流形结构被捕获，从而更合理地反映了点元素之间的相似性关系，以至图像检索性能得到了显著的提升。

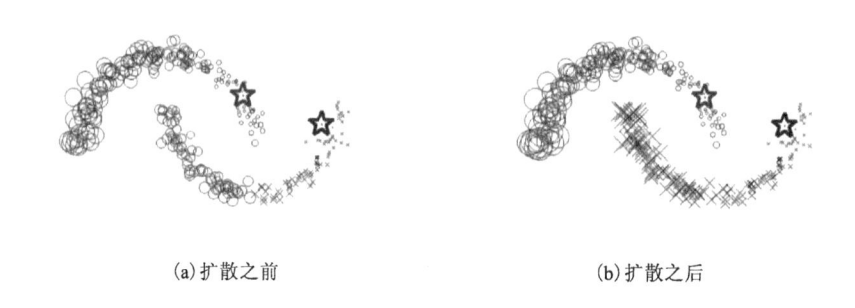

(a)扩散之前　　　　　　　　　　　(b)扩散之后

图 3.1　扩散过程在图像检索中的作用示意图

假设图像集 $X=\{x_1,x_2,\cdots,x_N\}$ 中有 N 幅图像，$a_{i,j}$ 是图像点对的相似度。定义相似度最常用的方法是采用高斯核函数：

$$a_{i,j}=\exp\left(-\frac{\|x_i-x_j\|^2}{2\sigma^2}\right) \quad (3.13)$$

其中，σ 是一个需要固定的参数。那么通过计算所有图像点对的相似度即可构成 $N\times N$ 的相似度矩阵 A，即矩阵 A 代表了图像之间的相似性关系。首先，将矩阵 A 理解为一个图结构 $G=(V,E)$，由 N 个节点 $v_i\in V$ 构成，且通过边 $e_{i,j}\in E$ 将节点两两连接，其中边的权值可定义为相似度值 $a_{i,j}$。

下面可根据所定义的边权重在整个图结构上进行相似度的扩散。具体地，也可以理解为图结构上的随机游走，这一过程需要定义一个转移矩阵，用来给定一个节点到其邻域节点之间的路径游走的概率。最终通过多次迭代更新相似度矩阵，直到收敛完成，得到扩散优化后的相似度矩阵 A^*。其实很多基于扩散的方法可以不需要迭代过程而直接计算出结果,但由于需要进行大矩阵的逆等运算,使得其在大规模的图像检索应用中缺乏可行性。因此,在扩散过程中更多是通过迭代来实现,并且将扩散过程约束到一个类似稀疏 K 近邻图结构的固定拓扑上,从而大大提升扩散过程的收敛速度。下面通过图结构 $G=(V, E)$ 上的随机游走简单迭代更新步骤来解释单步执行的扩散过程。

定义随机游走转移矩阵 $P = D^{-1}A$,其中,D 是一个 $N×N$ 的方阵,定义如下:

$$D_{i,j} = \begin{cases} \deg(i), & \text{if } i = j \\ 0, & \text{otherwise} \end{cases} \tag{3.14}$$

其中,$\deg(i)$ 表示节点(顶点)的度,即连接该节点的所有边权重之和。

因此,转移矩阵 P 的每一行总和为 1,代表图结构上随机游走的转移概率,那么即可定义 $f_t = f_0 P^t$ 为某一结点经过 t 步随机游走后的概率向量,其中,P^t 是矩阵 P 的幂次,t 为正整数。f_0 是一个 $1×N$ 的初始分布向量。至此,通过简单迭代更新 $f_{t+1} = f_t P$ 即可完成单步扩散过程。

在很多图像检索应用中,基于扩散过程的相似性学习(距离优化)被证明为提升检索性能非常必要的手段之一。近年来研究者们提出了一系列的方法,包括图传递(Graph Transduction,GT)[145]、最短路径传递(Shortest Path Propagation,SPP)[146]、局部限制性扩散过程(Locally Constrained Diffusion Process,LCDP)[79]、张量积图扩散(Tensor Graph Diffusion,TGD)[147]等。通常来讲,扩散过程包括三个关键步骤:初始化、转移矩阵的定义和扩散过程的定义。根据每一个环节所采用的方法不同,就可以得到不同的扩散过程。Donoser 等人在文献[148]中对基于扩散的距离学习方法进行了总结,并提出了基于扩散过程的距离学习通用框架,该框架包括 4 种不同的初始化矩阵 W_0 定义方式(A1~A4)、6 种不同的转移矩阵 P 的定义方式(B1~B6)、3 种不同的扩散过程(更新模式)定义方式(C1~C3),即通过组合可产生 72 种不同的扩散过程方法,其中涵盖了以上提及的一些现有方法以及更多新生成的方法。所有的扩散过程方法都以相似度矩阵 A 作为输入,从定义的初始化矩阵 W_0 开始,通过采用定义的转移矩阵 P,以及定义的更新模式,在潜在的流行结构上对相似度进行迭代扩散,直到更新后的相似度排序的位置变化小于一定的阈值后停止迭代,从而得到优化后的相似度矩阵 A^*,最终基于此来提升检索性能。

表 3.2 不同的初始化、转移矩阵及更新模式的定义方式及对应的相关的扩散过程方法

序号	定义方式	相关的扩散过程方法
(A1)	A(相似度矩阵)	SSO[186],SD[187],TGD[147],LCDP[79]
(A2)	I(单位矩阵)	GT[145],SPP[146]
(A3)	P(随机游走转移矩阵)	ASC[188]

续表

序号	定义方式	相关的扩散过程方法
(A4)	P_{kNN}(k-近邻约束随机游走转移矩阵)	ASC[188]
(B1)	P	SSO[186], SD[187], GT[145]
(B2)	PPPR(个性化 PageRank 转移矩阵)	ASC[188]
(B3)	PNC(对称 Normalized Cut 转移矩阵)	ROM[189]
(B4)	PkNN	LCDP[79]
(B5)	PDS(邻域集合转移矩阵)	TGD[147]
(B6)	A	RD[190]
(C1)	$W_{t+1}\alpha = W + (1-\alpha)$	SSO[186], SD[187], ROM[189], ASC[188]
(C2)	$W_{t+1} = TW_t T^\top$	LCDP[79], TGD[147]
(C3)	$W_{t+1} = W_t \otimes W_t$ and $W_{t+1} = D^{-1} W_{t+1}$	RD[190]

3.3.2 查询扩展

查询扩展是最常用的视觉重排序方法之一。查询扩展方法在图像检索中的应用通常包括以下几个步骤：给定一个查询图像，提取查询图像与数据库图像的特征并计算相似性，从而得到初次检索结果；然后计算查询图像以及初排结果中排序靠前图像特征的均值，从而得到查询图像的扩展特征；最后使用该扩展特征在数据库中再次进行检索，获得重排序结果。常见的查询扩展方法主要包括：AQE(Average Query Expansion)[9]、AQEwD(Average Query Expansion with Decay)[191]以及aQE(aQueryExpansion)[192]。

假设数据库图像表示为 $D=\{I_1, I_1, \cdots, I_N\}$，其中 I_i 代表数据库中的第 i 个图像，N 代表数据库中图像的数量。图像库中图像的特征表示为 $f_i = \phi(I_i) \in R^d, i=1,2,\cdots,N$。查询图像表示为 q，对应的视觉特征为 f_q。通过计算查询图像与数据库图像的相似性得到初排结果，将初排结果的 top-k 个图像记为 $R=[r_1, r_2, \cdots, r_k]$，$r_i$ 代表第 i 个图像的标识，对应的特征表示为 $F_k = [f_{r_1}, f_{r_2}, \cdots, f_{r_k}] \in R^{d \times k}$。设查询图像最先被检索系统返回，否则直接将其插入到初排结果的第一个位置。查询图像的扩展特征由查询图像原始特征以及这 k 个图像共同生成。

在 AQE 中，查询图像的扩展特征按照下式计算：

$$f_q' = \text{Norm}\left(\frac{1}{k}\sum_{i=0}^{k} f_{r_i}\right), \quad i=1,2,\cdots,k \tag{3.15}$$

其中，f_q' 查询图像的扩展特征，该过程实际上是对 top-k 图像进行了权值为 1 的加权操作。

由于初排结果中排序靠前的图像与查询图像的图像相关的可能性越大，因此加权求和时,排序靠前的图像应该有更大的权值。因此,AQEwD 中提出随着图像的排名下降,逐渐降低图像特征加权平均过程中的权值。

$$f'_q = \text{Norm}\left(\sum_{i=0}^{k} \frac{k-i}{k} f_{r_i}\right), \quad i=1,2,\cdots,k \tag{3.16}$$

AQE 认为应该将查询图像与 top-k 图像的相似性作为设计权值函数的依据:

$$f'_q = \text{Norm}\left(\sum_{i=0}^{k} \text{sim}(f_q, f_{r_i})^{\alpha} f_{r_i}\right), \quad i=1,2,\cdots,k \tag{3.17}$$

根据上述方法得到查询图像的扩展特征后,即可再次计算查询图像与数据库图像之间的相似性,然后按照相似性降序排序从而得到重排序结果。

第4章　基于多特征融合与距离学习的图像检索

特征提取是基于内容的图像检索系统中至关重要的步骤之一，多年来很多研究者致力于设计一种有效的图像特征描述方法，并提出了一系列优秀的图像特征提取和表达方法，从不同的角度来呈现图像的视觉特点，比如颜色直方图[43]、颜色共生矩阵[15]、Wavelet小波[16]、LBP[63]、HOG[70]、SIFT[104]等。然而，在基于内容的图像检索中，仅仅依赖某种单一的图像特征来取得令人满意的检索结果却是一件具有挑战性的工作，实际中很难实现。为了通过增强图像特征表达能力来提升图像检索性能，多特征融合的研究获得了越来越多的研究者们关注，很多新颖的特征描述方法被提出并在图像检索应用中取得了良好的效果，如CMCM[80]、MCMCM[81]、MTH[91]、MSD[92]、CDH[93]、SSH[94]、SED[100]、MS-LSP[99]、DLMXoRPs[96]、LECoP[98]、LBPC[101]等[81,83-85,88,89]。毋庸置疑，通过融合描述颜色、纹理、形状等不同方面的多种图像特征来增强图像特征的表达能力，的确是一种有效的途径。

除特征提取以外，图像检索的另一个重要环节就是图像匹配。一般来说，在图像匹配过程中通过计算查询图像和数据集图像之间的点对特征距离，然后排序来完成图像的检索任务。但由于图像特征表征和距离度量方法可能存在的不精准性使得初始检索结果或许不能令人满意。因此，有很多研究者们聚焦于基于重排序搜索的图像检索方法的研究，即在初始结果的基础上对图像之间的距离进行学习来优化初始相似性排序，以达到改善图像检索效果、提升图像检索精度的目的。近年来，很多基于上下文相关的图像匹配和检索方法被提出，如基于图传递的GT方法[146]、基于最短路径传递的SPP方法[146]、基于张量积图TPG方法[146]、基于局部限制性扩散过程的LDCP方法[79]等。其中基于扩散过程的重排序方法的研究是主要的分支，在图像检索任务中有很多应用，并被证明是提升图像检索性能必不可少的有效方法之一[79,147,148]。

显然，通过有效的图像融合特征提取和必要的距离优化两方面的努力定会提升图像检索的性能。然而在基于特征融合的图像检索方法中我们发现，大多数的研究工作更关注于如何提取一种更好的图像特征，在匹配过程中仍采用传统的距离度量方法，比如欧氏距离等。同样地，在基于距离优化的图像检索方法中，很多研究者们更关注于对形状的匹配和形状图像检索问题，大多采用了描述形状的图像特征，如形状上下文(Shape Context, SC)[193]和内部距离形状上下文(Inner Distance Shape Context, IDSC)[194]等，而针对自然图像集上将多特征融合和距离优化相结合的图像检索研究并不多。

考虑以上两个方面，本章提出一种基于多特征融合和扩散过程重排序的图像检索方法，算法流程框架如图 4.1 所示。该方法通过将 CH、LDP 和 BoVW 三种特征有效融合，从图像的全局和局部角度，通过融合低层和中层的特征来有效增强特征对高层语义的表达能力；在此基础上，在图像匹配过程中采用基于扩散过程的距离优化，对通过传统距离度量方法计算所得的初始距离矩阵进行了优化。不同于文献[155]采用的通过多特征实现查询融合的重排序策略，本章在所提出的融合特征基础上对基于扩散过程的距离优化在提升图像检索性能上的表现进行了分析，并针对基于扩散过程在距离优化的实际应用中当图像返回数量较少时所存在表现的不足，提出了一种重排序搜索策略，从整体上提升了图像检索的准确率。

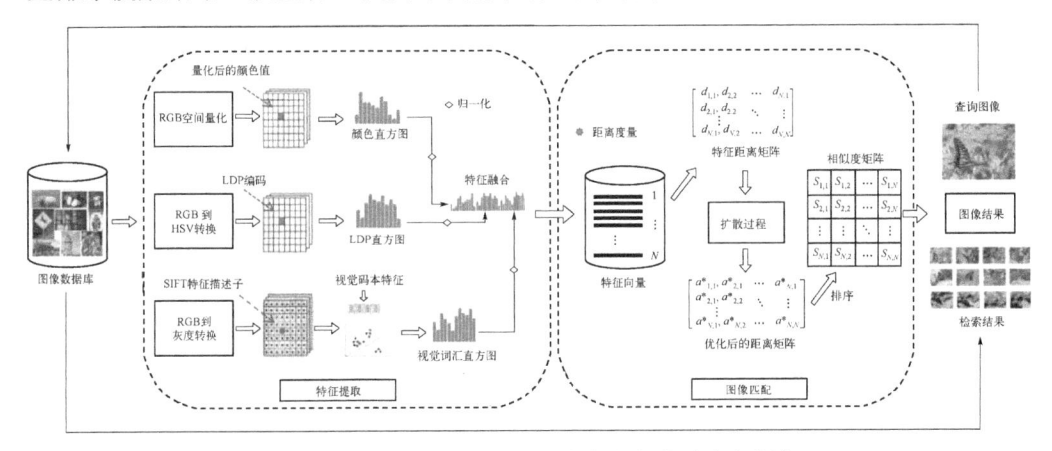

图 4.1 基于多特征融合和距离优化的算法流程框架

4.1 特征提取与多特征表达

首先，在多特征融合时，我们更注重的是各种单一特征的优势互补，而非越多越好，避免无意义的特征堆积和信息冗余。因此，本方法中选择颜色直方图（Color Histogram，CH）、局部方向模式（Local Directional Pattern，LDP）[64]和基于 SIFT 特征的视觉词包模型 BoVW，通过将颜色、纹理和梯度方向信息有效融合来形成一种优势互补、表达能力强的融合特征。具体原因缘于两个方面：一方面，颜色直方图在图像检索中是最为常用且有效的基于全局的图像特征表达[195]，LDP 作为局部二进制模式 LBP 特征的一种改进特征描述子，具有较强的特征描述能力，可以很好地体现图像的局部纹理和几何特征[64,196,197]，对噪声不敏感且具有旋转不变的特性[198]。另一方面，尽管 CH 和 LDP 的结合具有极好的优势互补特性，但两者仍然属于低层的图像视觉特征，很难体现图像的高层语义。而基于 BoVW 模型的特征表征作为一种基于码本学习的图像特征，从特征抽象的程度来看可视为一种中层的特征，相比低层特征它更接近高层语义[199]，近年来在图像分类和检索中具有出色的表现[19,109,199-201]。同时，BoVW 特征本质上是对局部 SIFT 特征的一种组织方式，而 SIFT 特征是基于灰度图像的，缺乏颜色和纹理特征的呈现。因此，本章将 CH、LDP 和 BoVW 三种特征有效结合，从图像的全局和局部角度，通过融合低层和中层的特征来有效增强特征对高层语义的表达能力，从而达到减少图像表达时产生的特征语义差异的目的。

4.1.1 颜色直方图特征提取

颜色特征作为一种重要的视觉特征在图像检索中被频繁使用，其中颜色直方图是一种最为直接且有效的颜色特征表达方式。通常颜色直方图特征的提取是在 RGB 空间，颜色量化是颜色直方图提取过程中的关键步骤，最常用的方法就是均匀量化。假设将图像的 R、G、B 颜色通道分别量化为 Q_R、Q_G 和 Q_B，那么整个颜色空间被量化为 $Q_R \times Q_G \times Q_B$ 个分量，记为 C_{bin}，通过式(4.1)即可将一幅三通道 RGB 图像转化成另一个的新的一维颜色量化图 I_C：

$$I_C(i,j) = Q_G Q_B R_{i,j} + Q_G G_{i,j} + B_{i,j} \tag{4.1}$$

其中，对于图像中的任一像素 (i,j)，$R_{i,j}$，$G_{i,j}$，$B_{i,j}$ 分别对应 R、G、B 三个颜色通道的量化值，$I_C(i,j)$ 即为像素 (i,j) 上的最终颜色量化值。其中，$R=0,1,\cdots,Q_R-1$，$G=0,1,\cdots,Q_G-1$，$B=0,1,\cdots,Q_B-1$。由此，对于一幅大小为 $m \times n$ 的图像，则可通过式(4.2)遍历颜色量化图 I_C 得到其颜色直方图特征。其中，a 代表当前像素的颜色量化值 $I_C(i,j)$，$c=0,1,2,\cdots,C_{\text{bin}}-1$，$F_{\text{color}}$ 则为图像最终得到的颜色直方图特征向量：

$$F_{\text{color}}(c) = \sum_{i=1}^{m} \sum_{j=1}^{n} f(I_C(i,j),c), \quad f(a,c) = \begin{cases} 0, & a \neq c \\ 1, & a = c \end{cases} \tag{4.2}$$

4.1.2 局部方向模式特征提取

局部方向模式 LDP 作为局部二进制模式 LBP 的改进算法，是一种应用广泛的基于外观的图像特征描述子。LDP 通过对不同方向的边缘响应值进行编码，很好地刻画了图像的纹理和形状特征，具有较强的特征辨别能力。

对于一幅图像，以图像每个 (i,j) 位置的像素为中心，对其 8 邻域分别采用 3×3 的 Kirsch 算子的模板(图 4.2)进行卷积操作，并生成 8 个方向反映值 m_p，$p=0,1,\cdots,7$。然后，选择前 k 个最大方向响应值的对应位置，并将其设置为 1，否则为 0，由此生成一个 8 位的二进制编码，并将其转化为十进制值作为当前中心像素的 LDP 值。计算过程如式(4.3)，其中 m_p 为当前第 p 位置的方向响应值，m_k 为第 k 个最大方向响应值，b_p 为第 p 个位置对应的二进制值。图 4.3 和图 4.4 分别给出了 LDP 编码过程示意图，以及当 $k=3$ 时 LDP 编码计算示例。

$$\text{LDP}_k = \sum_{i=0}^{7} b_p f(m_p - m_k) \times 2^p, \quad f(a) = \begin{cases} 1, & a \geq 0 \\ 0, & a < 0 \end{cases} \quad (4.3)$$

$$\begin{bmatrix} -3 & -3 & 5 \\ -3 & 0 & 5 \\ -3 & -3 & 5 \end{bmatrix} \begin{bmatrix} -3 & 5 & 5 \\ -3 & 0 & 5 \\ -3 & -3 & -3 \end{bmatrix} \begin{bmatrix} 5 & 5 & 5 \\ -3 & 0 & -3 \\ -3 & -3 & -3 \end{bmatrix} \begin{bmatrix} 5 & 5 & -3 \\ 5 & 0 & -3 \\ -3 & -3 & -3 \end{bmatrix}$$

East M_0　　　　Northeast M_1　　　North M_2　　　Northwest M_3

$$\begin{bmatrix} 5 & -3 & -3 \\ 5 & 0 & -3 \\ 5 & -3 & -3 \end{bmatrix} \begin{bmatrix} -3 & -3 & -3 \\ 5 & 0 & -3 \\ 5 & 5 & -3 \end{bmatrix} \begin{bmatrix} -3 & -3 & -3 \\ -3 & 0 & -3 \\ 5 & 5 & 5 \end{bmatrix} \begin{bmatrix} -3 & -3 & -3 \\ -3 & 0 & 5 \\ -3 & 5 & 5 \end{bmatrix}$$

West M_4　　　　Southwest M_5　　　South M_6　　　Southeast M_7

图 4.2　Kirsch 模板示图

m_3	m_2	m_1
m_4	x	m_0
m_5	m_6	m_7

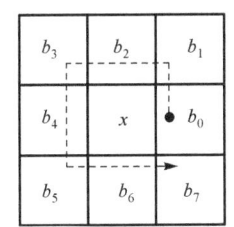

b_3	b_2	b_1
b_4	x	b_0
b_5	b_6	b_7

(a) 8 个方向响应值位置　　(b) LDP 二进制编码的位置

图 4.3　LDP 编码过程示意图

85	32	26
53	50	10
60	38	46

$\xrightarrow{M}$

313	97	503
537	x	393
161	97	161

$\xrightarrow{m_k}$

0	0	1
1	x	1
0	0	0

图 4.4　LDP 编码示例 ($k=3$)

在得到每个 (i, j) 位置像素对应的 LDP 值之后，再通过式 (4.4) 对所有的 LDP 值进行统计，即可形成 LDP 直方图特征向量 F_{LDP}：

$$F_{\text{LDP}}(h) = \sum_{i=1}^{m}\sum_{j=1}^{n} f(\text{LDP}_k(i,j), h), \quad f(a,h) = \begin{cases} 1, & a = h \\ 0, & a \neq h \end{cases} \quad (4.4)$$

通过上述过程可看出，LDP 直方图特征 F_{LDP} 的维数取决于 k 的取值，对于某个特定的 k，LDP 值有 C_8^k 种不同的取值，那么最终形成的LDP特征向量维数就是 C_8^k 维，我们用 L_{bin} 记为 LDP 特征向量的维数。由于 LDP 编码的对称性，因此当 $k=5,6,7$ 时所形成的编码分别和 $k=3,2,1$ 时相同。此外，考虑到 LDP 提出时是基于图像灰度值的，本章是在 HSV 颜色空间的 value 通道进行 LDP 特征提取。一方面，相比 RGB 颜色通道，HSV 颜色空间更接近于人类对颜色的理解，对色彩差异更具区分度。另一方面，由于在提取颜色直方图特征已采用 RGB 颜色空间，所以对于 LDP 特征提取我们希望利用不同的颜色空间达到信息互补的目的。

4.1.3 视觉词包特征提取

相比基于全局的图像特征，基于局部的图像特征往往更能捕获图像的细节信息。在众多的局部特征中，SIFT 是最为常用的基于关键点的图像特征描述子，尤其对不同视角下图像中的目标或场景进行匹配时表现出色[104]。由于一幅图像往往会被检测出很多关键点，因此一幅图通常可以提取大量的局部 SIFT 特征。在很多图像分析和处理应用中，通常通过视觉词包模型 BoVW 提取的局部 SIFT 特征进行聚合来得到最终的图像特征。在基于 BoVW 模型中，SIFT 描述子通常被用来提取局部特征，然后通过聚类方法如 K-means 将局部特征映射到一个视觉单词码本[19]，最终即可用一个视觉单词统计直方图来表示图像特征，如图 4.5 所示。

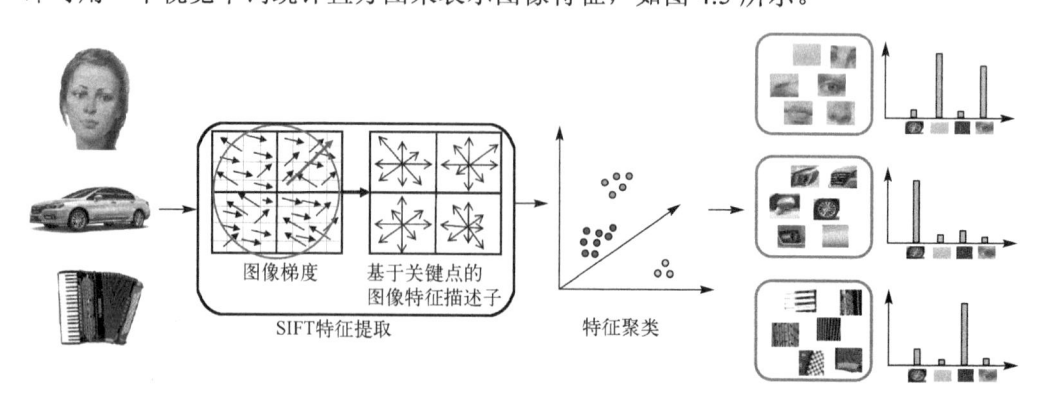

图 4.5 BoVW 模型示意图

基于 BoVW 模型的图像特征表征方式可以看作是一种基于学习的中层特征，在图像分类和检索任务中经常被用到，并且取得了里程碑式的显著表现[109,200-202]。通常，一幅图像的 SIFT 特征是通过基于检测到的图像关键点，但由于不同大小和内容的图像检测到的关键点的数量不同，那么每一幅图像得到的 SIFT 特征的维数也不同。因此,在基于 BoVW 模型的图像检索中,往往提取稠密的 SIFT 特征,即将图像均匀划分为网格,用网格的中心像素点来代替关键点。这样的提取方法可以很好地在图像特征信息和计算复杂度之间进行平衡。由于基于稠密的 SIFT 特征提取方法不需要进行关键点检测,因此持有的尺度和旋转不变性下降,但其特征表达的效果并未因此减弱,在很多应用中都有更出色的表现[109,203]。基于视觉词包模型 BoVW 的特征提取步骤如下:

Step1:将 RGB 图像 I 转化为灰度图像;

Step2:以 8 个像素为步长,将图像分成 16×16 的均匀的网格分块。并提取每个分块中心元素的 SIFT 特征。

Step3:然后利用 K-means 聚类方法对所有的图像块进行聚类,并生成 N_v 个聚类中心,每个聚类中心即对应一个视觉单词。

Step4:计算图像的每个分块到各聚类中心的距离,对其分配一个离它最近的聚类中心的视觉单词索引编码。

Step5:遍历每幅图像上所有的分块,通过式(4.5)统计每个视觉单词出现的次数,形成 N_v 维的 SIFT 视觉词包特征 F_{BoVW}。

$$F_{\text{BoVW}}(v) = \sum_{i=1}^{M_{\text{patch}}} \sum_{j=1}^{N_{\text{patch}}} f(I(i,j),v), \quad f(a,v) = \begin{cases} 1, & a = v \\ 0, & a \neq v \end{cases} \quad (4.5)$$

其中,M_{patch} 和 N_{patch} 分别为图像行和列的分块数,v 为图像块被分配的索引编码。

4.1.4 多特征的融合表达

通过上述的特征提取方法,便得到每一幅图像的颜色直方图特征 F_{color}、局部方向模式特征 F_{LDP} 和视觉词包特征 F_{BoVW},然后我们就可以通过特征融合表达来增强特征的表征能力。为了避免将检索复杂化,本章对三种特征进行了"特征级"的简单融合,即通过拼接来形成单一特征向量作为图像的最终特征表达。然而,由于不同的特征向量在高维空间中具有不同的分布范围,从而导致在特征距离度量时的不可比性,同时对于基于直方图形式的单一的特征表征,也可能存在特征共生(co-occurrence)的问题。因此,在特征融合时,分别对特征进行相应的归一化处理[204],使得在最终的特征描述中让每一种特征分量的贡献更规则化[205],最后再通过连接形成最终的融合特征向量 F_{fusion},如式(4.6)所示:

$$F_{\text{fusion}} = \left[\frac{\sqrt{F_{\text{color}}}}{\sum_{i=1}^{C_{\text{bin}}} \sqrt{F_{\text{color}}(i)}}, \frac{\sqrt{F_{\text{LDP}}}}{\sum_{j=1}^{L_{\text{bin}}} \sqrt{F_{\text{LDP}}(j)}}, \frac{\sqrt{F_{\text{BoVW}}}}{\sum_{k=1}^{N_v} \sqrt{F_{\text{BoVW}}(k)}} \right] \quad (4.6)$$

4.2 基于扩散过程的距离优化和重排序

通常来讲，数据集图像的特征提取完后，即通过某种距离度量方法来计算查询图像特征与数据集中其他图像特征之间的距离，最后根据距离的排序来完成图像检索。式(4.7)所示为常用的 Manhattan(L1)距离公式：

$$d(T,Q) = \sum_{i=1}^{N_{bin}} |T_i - Q_i| \tag{4.7}$$

其中，T_i 和 Q_i 是查询图像 Q 和数据集图像 T 在第 i 维上的特征分量，N_{bin} 是最终的融合特征总维数。如果数据集中所有的图像都分别用作查询图像，那么通过距离公式即可计算得到图像两两之间的距离，并形成一个距离矩阵 D，如式(4.8)所示：

$$D = \begin{bmatrix} d_{1,1} & d_{2,1} & \cdots & d_{N,1} \\ d_{2,1} & d_{2,2} & \cdots & d_{N,2} \\ \vdots & \vdots & \ddots & \vdots \\ d_{N,1} & d_{N,2} & \cdots & d_{N,N} \end{bmatrix} \tag{4.8}$$

其中，$d_{i,j}$ 代表第 i 幅查询图像与数据集中第 j 幅图像之间的距离，显然，D 是一个对称矩阵，其主对角线上的元素值均为 0。

4.2.1 基于扩散过程的距离优化

通常，在距离度量后根据距离矩阵 D 的某行或某列进行排序(距离越小图像越相似)即可完成检索任务。然而这种匹配方法仅依赖于两两图像之间的距离 $d_{i,j}$，换言之，其匹配过程是定义在点对的相似关系上。显然，这样的方法没有考虑图像相似的上下文关系，不能体现图像之间相似性的内在数据流形结构。为了克服这一缺点，一些基于扩散过程的距离学习方法被提出，用以改善和提升图像检索效率。这类方法的目的在于捕获点对的亲密度矩阵(由距离矩阵转化而得)所蕴含的图像之间内在的流形结构。事实上，也可以将这样的流形结构理解为一个加权图，在这个图中每一个顶点就是一幅图像，顶点和顶点之间的边连接就是两个图像之间的相似权重。扩散过程即根据图像上下文的关系使得图顶点到周围顶点的相似度，在图结构上不断地扩散从而对权值进行重置。在很多图像检索应用中，基于扩散过程的方法被证明是提升图像检索不可或缺的方法之一。

基于扩散过程的方法通常包括初始化、转移矩阵的定义和扩散过程的定义三个步骤，不同的步骤采用不同的定义方式即可得到不同的扩散过程方法。文献[148]根据每个步骤的不同方法组合，提出了包括 72 种不同扩散过程的框架(详见 3.3.1 节)，本章采用其中表现较好的(A4+B4+C2)组合，在得到的初始距离矩阵 D 之后，

首先将其转化为亲密度矩阵,然后再进行扩散过程的距离优化,具体步骤如下:

Step 1:采用式(4.9)将原始距离矩阵 D 归一化为值在 $0\sim 1$ 之间的亲密度矩阵 A。

$$A = \exp((-D \cdot D)/\sigma^2), \quad \sigma = \sum_{i=1}^{N}(D_i^{\max}(k_n))^2 \tag{4.9}$$

其中,$D_i^{\max}(k_n)$ 代表矩阵 D 第 i 行中的第 k_n 个最大值,亲密度矩阵 A 可记为式(4.10):

$$A = \begin{bmatrix} a_{1,1} & a_{2,1} & \cdots & a_{N,1} \\ a_{2,1} & a_{2,2} & \cdots & a_{N,2} \\ \vdots & \vdots & \ddots & \vdots \\ a_{N,1} & a_{N,2} & \cdots & a_{N,N} \end{bmatrix} \tag{4.10}$$

Step2:初始化扩散过程 $W_0 = P_{\text{kNN}}$ 矩阵。这里的 P_{kNN} 是一个马尔科夫链转移矩阵,其矩阵大小与亲密矩阵 A 相同,可以通过式(4.11)计算而得,即对亲密矩阵中的每个元素,除了 k_n 近邻位置以外的位置均置为 0。然后再对得到的 P_{kNN} 矩阵进行归一化,确保其每一行的和为 1;

$$P_{\text{kNN}} = [p_{i,j}], \quad p_{i,j} = \begin{cases} a_{i,j}, & \text{if } a_{i,j} \geqslant A_i^{\max}(k_n) \\ 0, & \text{others} \end{cases} \tag{4.11}$$

Step3:定义转移矩阵 $T = P_{\text{kNN}}$;

Step4:通过 $W_{t+1} = TW_tT^{\top}$ 来更新扩散过程 W 矩阵;

Step5:比较更新前后 W_{t+1} 和 W_t 矩阵每一行的元素排序顺序,记录每一行顺序变化的个数 r_i,然后计算平均变化数 $\bar{r} = \left(\sum_{i=1}^{N} r_i\right)/N$;

Step6:当满足条件 $\bar{r} < \varepsilon$ 时,停止 Step 4 的迭代更新过程,得到最终的扩散过程矩阵 W,记为 A^*,如式(4.12):

$$A^* = \begin{bmatrix} a_{1,1}^* & a_{2,1}^* & \cdots & a_{N,1}^* \\ a_{2,1}^* & a_{2,2}^* & \cdots & a_{N,2}^* \\ \vdots & \vdots & \ddots & \vdots \\ a_{N,1}^* & a_{N,2}^* & \cdots & a_{N,N}^* \end{bmatrix} \tag{4.12}$$

上述步骤可通过算法 4.1 进行总结。值得强调的是,经过扩散过程后得到的亲密矩阵 A^* 不再是对称的,其中 $a_{i,j}^*$ 代表第 i 幅查询图像和第 j 幅数据集图像之间的亲密度,$a_{i,j}^*$ 值越大两幅图像越相似。那么,最终通过对亲密矩阵 A^* 按行进行排序即可完成图像检索任务。综上,传统的图像检索是基于对矩阵 D 按行排序来完成检索任务，其中距离越小代表两幅图越相似。而通过扩散过程之后，图像检索则是基于对矩阵 A^* 按行排序，其中通过流形结构学习后的亲密度值越大代表两幅图像越相似。

算法 4.1　基于扩散过程的距离优化算法

输入：距离矩阵 D，最近邻数 k_n，迭代停止条件参数 ε。

输出：扩散过程优化后的亲密度矩阵 A^*。

1. 将原始距离矩阵 D 转化为亲密度矩阵 A
2. 初始化扩散过程 $W_0=P_{kNN}$
3. 定义转移矩阵 $T=P_{kNN}$
4. 定义扩散过程 $W_{t+1}=TW_tT^\top$
5. 计算扩散前后的相似度排序的平均变化数 $\bar{r}$
6. 当迭代条件满足 $\bar{r}<\varepsilon$ 时返回扩散过程优化后的亲密度矩阵 A^*

4.2.2　基于扩散过程的重排序搜索策略

经过上述基于扩散过程学习到的潜在流形结构，能够更好地反映出数据集中所有图像之间的相似关系，因此往往在完成图像检索任务时有出色的表现。该过程是将扩散集合定义成两个目标节点的 K-NN 最近邻集合的交集，使其限制在局部最近邻进行扩散，相比其他基于全数据集上进行的扩散过程，可以有效的减少扩散过程中噪声的影响，同时其性能会受到最近邻数 k_n 值的影响（在实验部分将详细阐述）。在实际应用中我们发现，当检索返回的数量 N_L 较少时，也就是返回与查询图像最为相似的少量图像时，扩散过程呈现出了不足，其表现反而较扩散之前更差，而随着检索返回数量的增加，扩散过程的优势才渐渐突出（见后实验部分）。对于这种现象，我们推断最为直观的原因为：在同时满足两点 K-NN 近邻集合之间的路径最短且两点之间具有更高的亲密度值的原则上，多次的迭代扩散过程使得查询图像与其最近邻之间的亲密关系有所折中；从图结构的角度看，每个节点的流形结构是通过它的邻域节点通过扩散学习来刻画的，如果当局部近邻的范围足够大时，所捕获到的流形结构就能比较稳定和准确地描述图像之间的亲密关系，而当这样的局部邻域范围较小时，由于受一些噪声样本干扰的影响，则表现出了不稳定性和不准确性。

为此，利用扩散过程在对亲密关系整体描述更为稳定的优势和基于传统距离在对最近邻关系描述上更为准确的特点，本章给出一种非常简单且有效的重排序搜索策略来避免上述存在的问题。该策略具体过程如下：

Step1：对亲密矩阵 A^* 的每一行进行降序排序，并记录对应的列下标；

Step2：将前 N_p 个位置上的值替换为距离矩阵 D 中对应的值；

Step3：重新对前 N_p 个位置上的值进行升序排序，得到一个新的排序。

具体地，在每一次查询时我们首先利用扩散过程进行距离优化，在这一结果基础上我们选择前 $N_p \geq N_L$（即其中 N_p 值可设置为不小于用户检索需要返回的图像数量 N_L）个检索返回的图像，然后再根据这些图像在扩散之前的初始距离关系进行重排序，得到最终的检索结果。由于本章采用的数据集中除 GHIM10k 以外每一幅图像的相关图像个数均为 100，在实验中检索返回的图像数量 N_L 设置为 1 到 100，因此，在后面的实验中 N_p 统一设置为 100，即可获得较好的结果。该策略的初衷是，假设 N_p 足以描述亲密矩阵 A^* 所隐含的流形，当 N_L 较小时，从扩散过程学习而来的流形并不足够好。这种情况下，我们使用学习而得的流形中的最相似的前 N_p 个样本，然后再对这些样本原始距离矩阵 D 中的相似关系重新排序。事实上，也可以理解为在一个更大的结构上通过扩散过程学习之后再使用原始的相似性关系。

4.3 实验结果及讨论

4.3.1 数据集介绍

为了验证基于多特征融合与距离学习的图像检索方法的性能表现，在实验中我们使用了四个基准图像数据集，包括 Wang1k、Corel5k、Corel10k 和 GHIM10k。其中，前三个数据集均来自于 Corel 数据库，GHIM10k 数据集是由刘广海等人通过网络和相机拍摄而构建的。这些数据集包含了各种各样的丰富内容，涉及动物、户外运动、自然景象等，满足基于内容的图像检索评价的要求，均可从相关的链接地址[206,207]中下载获取。四个数据集的具体描述如下：

(1) Wang1k：该数据集包含 1000 幅图像，图像大小为 384×256 或 256×384，共 10 类，每类 100 幅，包括非洲人物、海滨风景、建筑、公交车、恐龙、大象、花卉、马、山川、美食等主题。

(2) Corel5k：该数据集包含 5000 幅图像，图像大小为 126×187、187×126 或 192×128、128×192，共 50 类，每类 100 幅，内容涉及人物、动物、静物、风景、室内、户外等 50 个场景和主题。

(3) Corel10k：该数据集是基于 Corel5k 数据集的一个扩展，包含 10000 幅图像，共 100 类，每类 100 幅，图像内容更为丰富。

(4) GHIM10k：该图像集包含 10000 幅图像，图像大小为 400×300 或 300×400，分辨率较高，共 20 类，每类 500 幅，图像内容涉及烟花、地标、建筑、长城、汽车、动物、帆船等 20 个主题。

4.3.2 实验设置及说明

在所提的特征融合算法中，颜色直方图提取时采用了均匀量化的方法，最终的

颜色量化数 C_{bin} 为 64（4×4×4）；LDP 特征提取中设置参数 $k=3$，即得到的 LDP 特征维数 L_{bin} 为 56；BoVW 特征提取时设置码本长度 N_v 为 100，因此，最终形成的融合特征维数 N_{bin} 为 220。在扩散过程中，对于 Wang1k 数据集实验设置最近邻数 $k_n=7$，其他三个数据集设置 $k_n=5$，迭代停止条件中的参数 $\varepsilon=0.3$。

此外，实验中参与比较的方法均属于基于多视觉特征融合的图像检索方法，均采用了相应的参考文献中所描述的最好的参数设置，包括其采用的距离公式。由于各方面原因的限制，有一些用于比较的图像检索方法我们直接参考了其文献中所给出的结果。为了便于描述和比较，实验中"OUR"表示基于文本所提融合特征但并未使用基于扩散过程的距离优化的检索方法，"OUR+DP"表示在融合特征的基础上使用基于扩散过程的距离优化的检索方法。

4.3.3 扩散过程和特征融合对检索性能的影响分析

在 Wang1k 数据集上对所提方法的检索性能进行了实验验证和分析。首先，我们将所提的基于多特征融合特征和一些单特征在进行图像检索时的效果进行了比较来验证融合特征的有效性，同时，还验证了扩散过程在结合这些不同的特征进行检索时的性能表现。图 4.6 所示为在 Wang1k 数据集上当检索返回图像 $N_L=100$ 时使用不同的图像特征在有无扩散过程优化时各自的 ARP 指标比较。

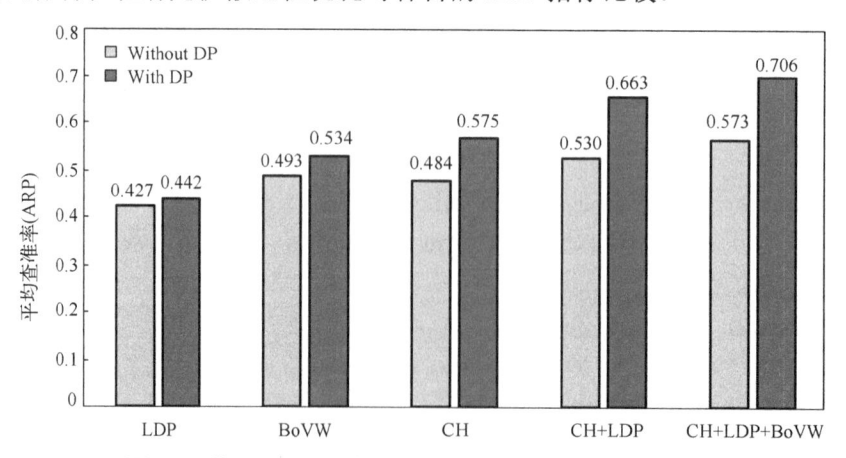

图 4.6 特征融合和扩散过程对检索性能的影响（$N_L=100$）

从图中的结果可以看到，相比单一特征，多特征的融合使得特征的描述能力和可辨别能力得到了提升，从而显著地提升了图像检索准确率；此外，基于扩散过程的距离优化能有效地提升检索性能，尤其与多特征融合结合时显现出更优越的表现。事实上这一点并不难理解，以单特征 LDP 为例，由于其特征描述能力较弱仅能得到 42.7%的平均检索准确率，导致其得到的初始距离矩阵中表现出的相似性关系极不准确，使得在此基础上进行的扩散过程对距离优化的空间就很小。而随着特征表达能力的逐步提升，得到的初始相似性关系也逐渐变得准确，因此在较为准确的最近邻关系基础上扩散过程可以很好地发挥出其优势和作用。

其次，我们将提出的基于多特征融合的方法与其他同类图像检索方法的检索性能进行了比较，表 4.1 列出了当返回 20 幅图像时各种方法的平均检索准确率，图 4.7 所示为当图像返回数量 N_L 从 10 到 100 的检索性能指标 ARP 和 ARR 的变化情况比较。从表 4.1 中的结果可看出，除了"Youssef2012"[85]方法外，仅使用本章所提出的融合特征，就几乎可以获得最高的平均检索准确率。值得强调的是，文献[85]所提的检索模型，不仅采用了基于区域的多尺度 Curvelet 纹理特征和主颜色特征的融合，而且在图像匹配过程中使用了一种基于最相似最优先(Most Similar Highest Priority，MSHP)的融合匹配模式。即便如此，我们提出的融合特征与基于扩散过程进行有效结合时所获得的 ARP 比该方法高出近 4%。

表 4.1　Wang1k 数据集上的性能比较(N_L=20)

Methods	African	Beach	Build.	Buse	Dinos.	Eleph.	Flower	Horse	Mount.	Food	Average
Rao2012[84]	0.562	0.536	0.610	0.893	0.984	0.578	0.899	0.780	0.512	0.694	0.705
Vimina2013[208]	0.715	0.436	0.536	0.853	0.996	0.591	0.910	0.924	0.384	0.724	0.707
Subrahmanyam 2013[81]	0.698	0.543	0.640	0.897	0.987	0.488	0.923	0.895	0.473	0.709	0.725
Elalami2011[86]	0.703	0.561	0.571	0.876	0.987	0.675	0.914	0.834	0.536	0.741	0.740
Elalami2014[209]	0.726	0.593	0.587	0.890	0.993	0.702	0.928	0.856	0.562	0.772	0.761
Zhou2018[210]	0.779	0.601	0.691	0.876	0.994	0.593	0.958	0.919	0.640	0.781	0.783
ZhouYan2016[87]	0.855	0.534	0.728	0.851	1.000	0.687	0.942	0.996	0.557	0.865	0.801
Shrivastava2015[211]	0.748	0.582	0.621	0.802	1.000	0.751	0.923	0.896	0.561	0.803	0.769
Youssef2012[85]	0.635	0.642	0.698	0.915	0.992	0.781	0.948	0.952	0.738	0.806	0.811
OUR	0.802	0.582	0.673	0.949	1.000	0.701	0.905	0.947	0.641	0.836	0.803
OUR+DP	0.826	0.568	0.771	0.989	1.000	0.755	0.973	0.959	0.778	0.895	0.851

事实上，表 4.1 所列的方法中，除"Youssef2012"方法以外，还有一些方法在图像匹配过程中采用的其他技术来提升图像的检索性能，其中"Vimina2013"[208]方法采用了基于综合区域匹配策略；"Elalami2011"[86]方法采用遗传算法和特征选择算法对所提特征进行筛选和排序；"Elalami2014"[208]方法采用人工神经网络 ANN 进行初分类，并在备选的类别中采用了一种基于最小面积思想的匹配策略；"Shrivastava2015"[211]方法采用了分级的匹配策略，并结合了相关反馈技术进行图像检索。然而，与本章方法相比，在仅采用所提的融合特征进行检索时，本章方法"OUR"就能得到比上述这些方法更好的检索结果，这更能证明本章所提融合特征的有效性。当采用基于扩散过程的距离优化方法时，本章方法"OUR+DP"得到的平均检索准确率比上述四种方法中表现最好的"Shrivastava2015"方法高出 8%。此外，本章方法还与刘广海等人提出的一系列基于融合特征图像描述子的检索方法

进行了比较。图 4.7(a) 和图 4.7(b) 给出了图像返回数量 N_L 从 10 到 100 变化情况下各种方法所取得检索性能 ARP 和 ARR 的比较情况。从图中显示的结果对比来看，本章所提方法"OUR"和"OUR+DP"在 APR 和 ARR 上均高于其他四种方法，尤其是随着检索返回图像的数量增加时，尽管检索的难度越来越大，但本章方法"OUR+DP"对检索性能的提升幅度却越来越明显，这也验证了基于扩散过程的距离优化在对图像检索性能的提升上具有显著的效果。当 N_L=100 时，结合本章提出的融合特征，基于扩散过程的距离优化使得性能指标 ARP 和 ARR 提高的幅度超过 13%，和其他方法中表现较好的"Zhou2018"方法相比，高出的幅度高达 17%。

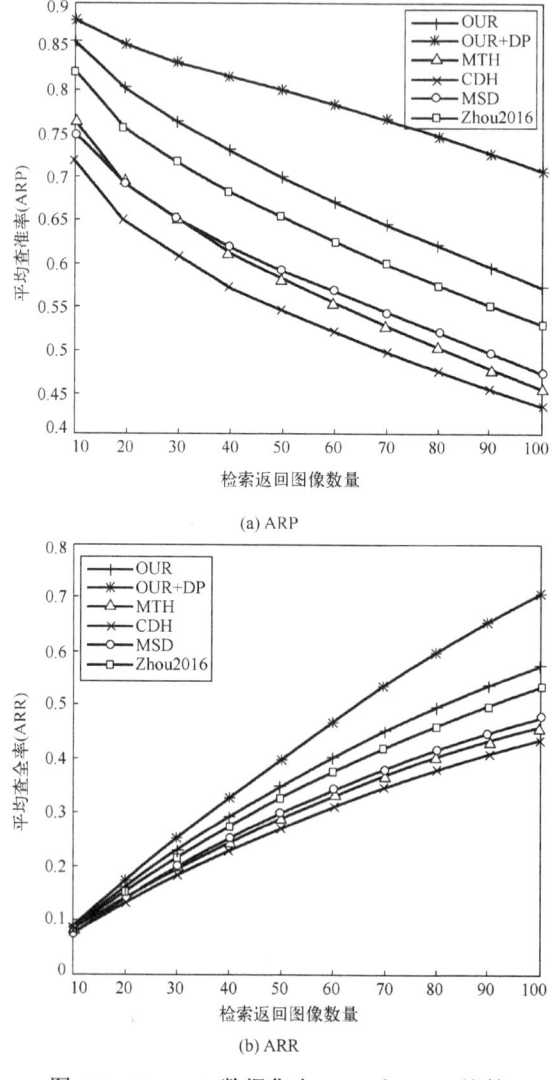

(a) ARP

(b) ARR

图 4.7　Wang1k 数据集上 ARP 和 ARR 比较

4.3.4 检索性能对比实验

通常来讲，图像数量的增多将给图像检索任务带来更大的困难和挑战。在本实验中，我们在 Corel5k、Corel10k 和 GHIM10k 三个数据集上，对本章方法的检索性能表现进行了实验分析。

首先，在 Corel5k 和 Corel10k 数据集上与其他 9 种基于特征融合的图像检索方法，用 ARP 和 ARR 两个评价指标进行了比较和分析，结果见表 4.2。并且对比了各种方法随着返回图像变化时在 ARP 和 ARR 两个性能指标的变化情况，以及 P-R 曲线的比较，结果见图 4.8～图 4.11。从表 4.2 所列的结果来看，在 Corel5k 和 Corel10k 两个数据集上，当 N_L=10 和 N_L=100 时本章所提方法均能取得最高的平均查准率和查全率，在两种情况下，"OUR"和"OUR+DP"分别都比其他 9 种方法中取得的最高值超出约 2%和 5%。图 4.8、图 4.9 所示为本章方法与其他 4 种方法的性能比较，显然，本章方法在 N_L 从 10 到 100 变化情况下的表现一直优于其他方法，尽管在一开始差距比较小，但随着检索返回图像数量 N_L 的增大，差距越来越明显。另外，图 4.10 和图 4.11 所示为本章方法与刘广海等人提出的系列方法以及"Zhou2018"方法[210]的检索性能比较。同样地，本章方法在 ARP、ARR 和 P-R 曲线三个指标上都能取得较好的表现。

表 4.2 Corel5k 和 Corel10k 数据集上的性能比较

Methods	Corel5k		Corel10k	
	Precision (N_L=10)	Recall (N_L=100)	Precision (N_L=10)	Recall (N_L=100)
MTH[91]	0.529	0.244	0.442	0.183
MSD[91]	0.582	0.283	0.488	0.211
SED[100]	0.564	0.214	0.465	0.184
CDH[93]	0.600	0.293	0.487	0.213
Vipparthi2014[96]	0.495	0.218	0.409	0.163
Vipparthi2015[97]	0.594	0.283	0.492	0.213
Verma2015[96]	0.630	0.312	0.525	0.233
MS-LSP[99]	0.568	0.235	0.471	0.202
Zhou2018[210]	0.604	0.296	0.522	0.230
OUR	0.657	0.333	0.560	0.255
OUR+DP	0.659	0.369	0.570	0.288

(a) ARP

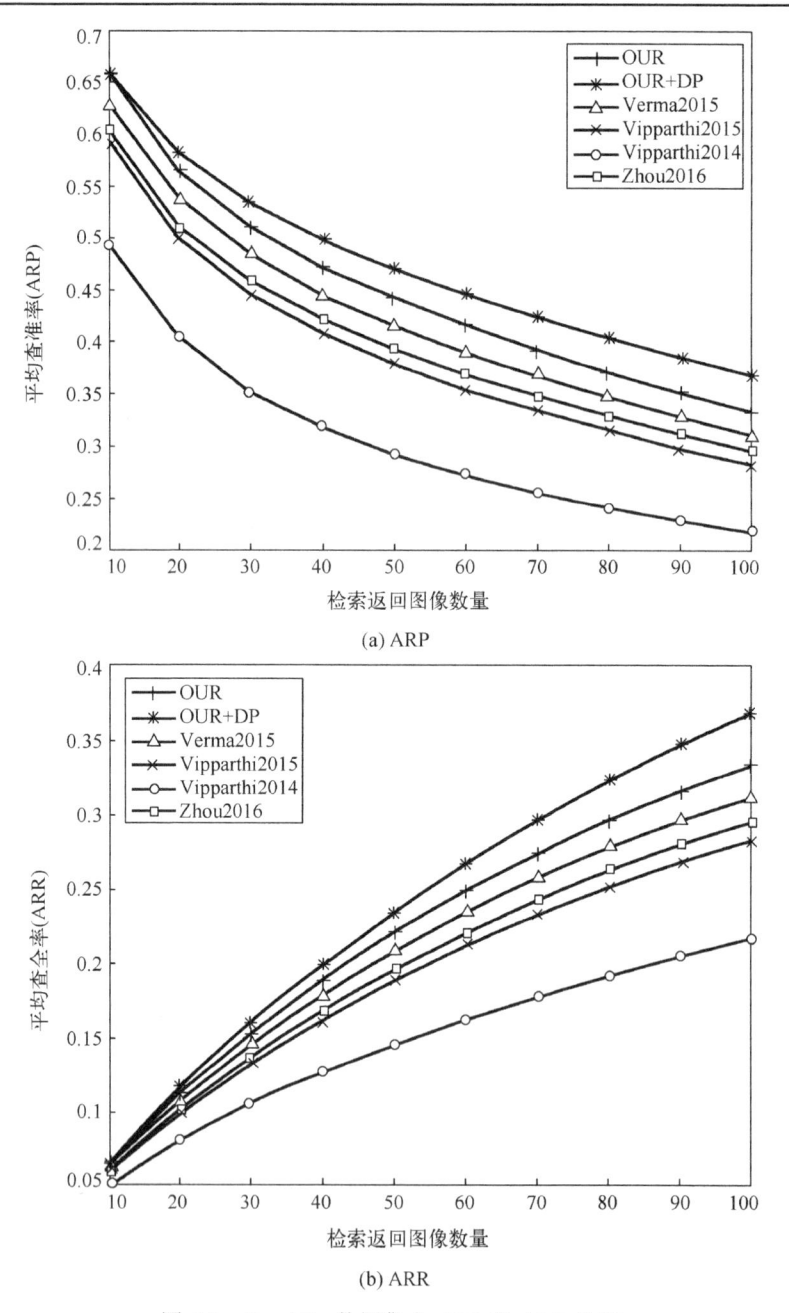

(b) ARR

图 4.8　Corel5k 数据集上 ARP 和 ARR 比较

(a) ARP

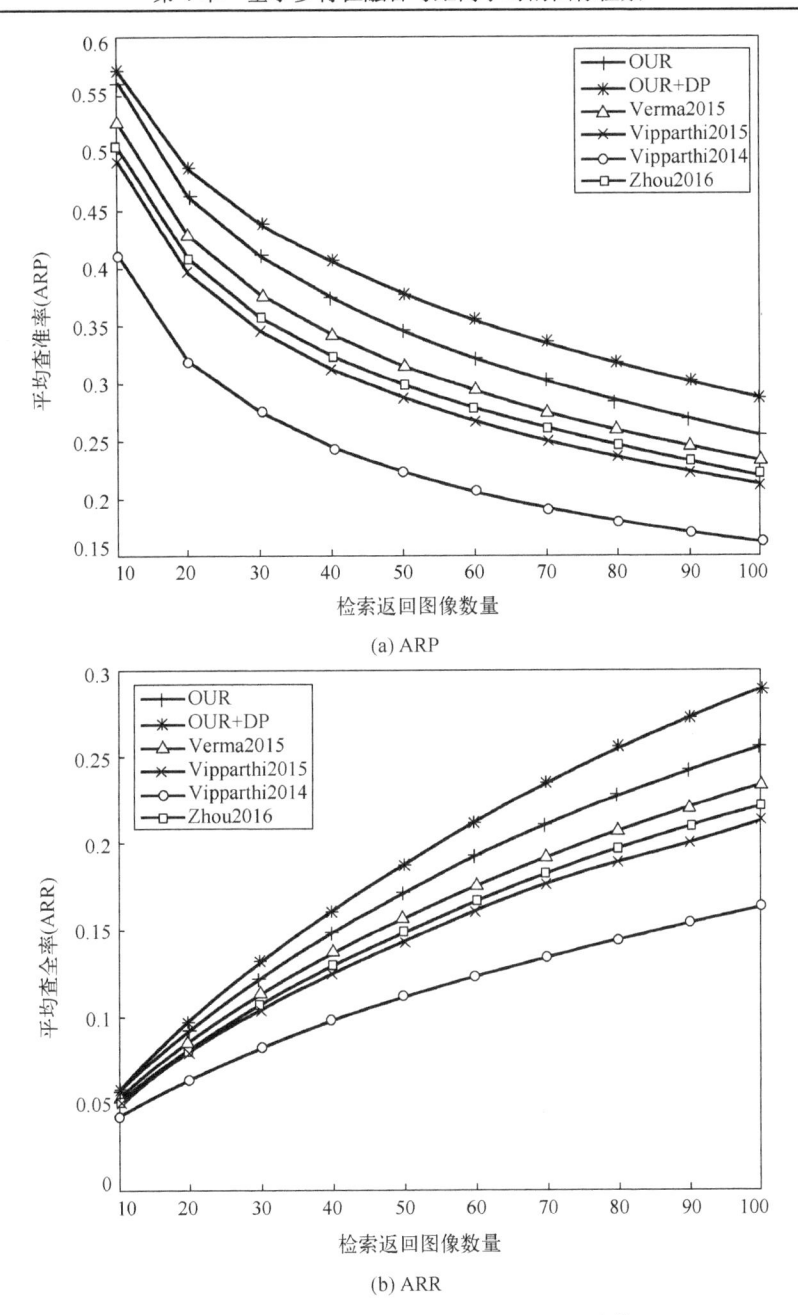

(b) ARR

图 4.9 Corel10k 数据集上 ARP 和 ARR 比较

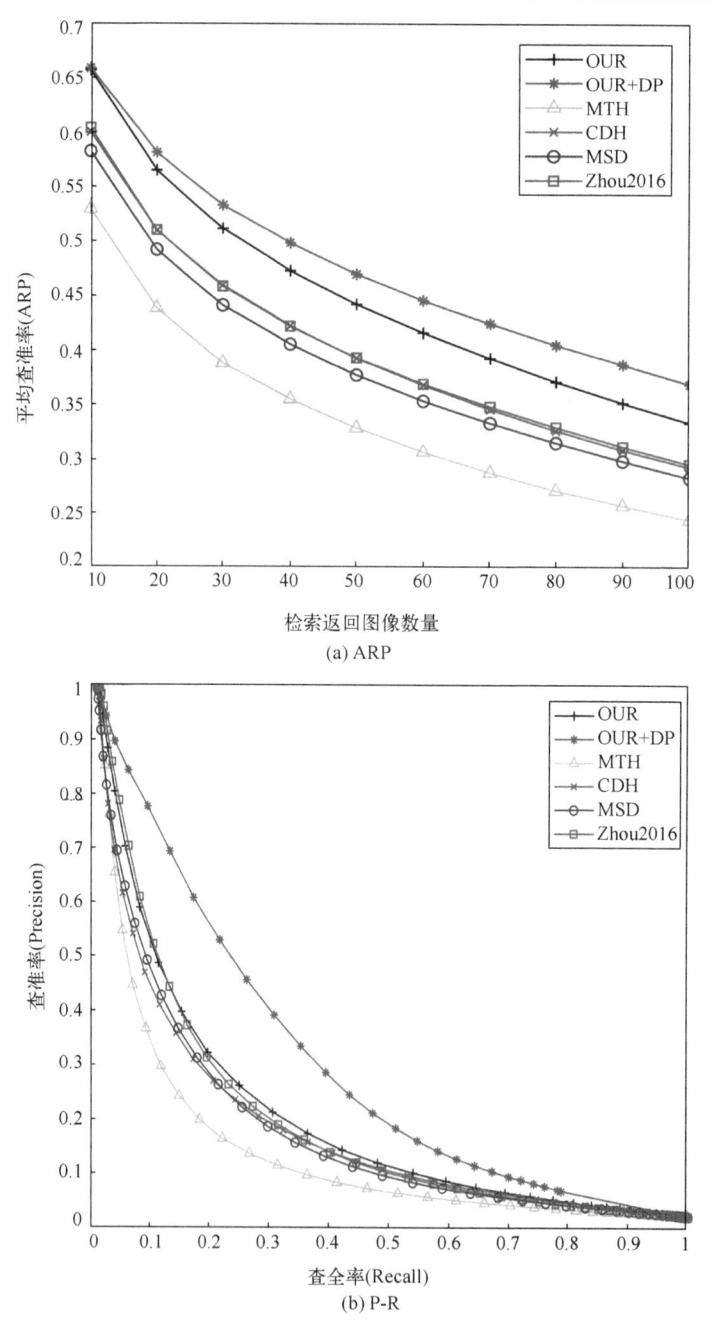

图 4.10 Corel5k 数据集上 ARP 和 P-R 曲线比较

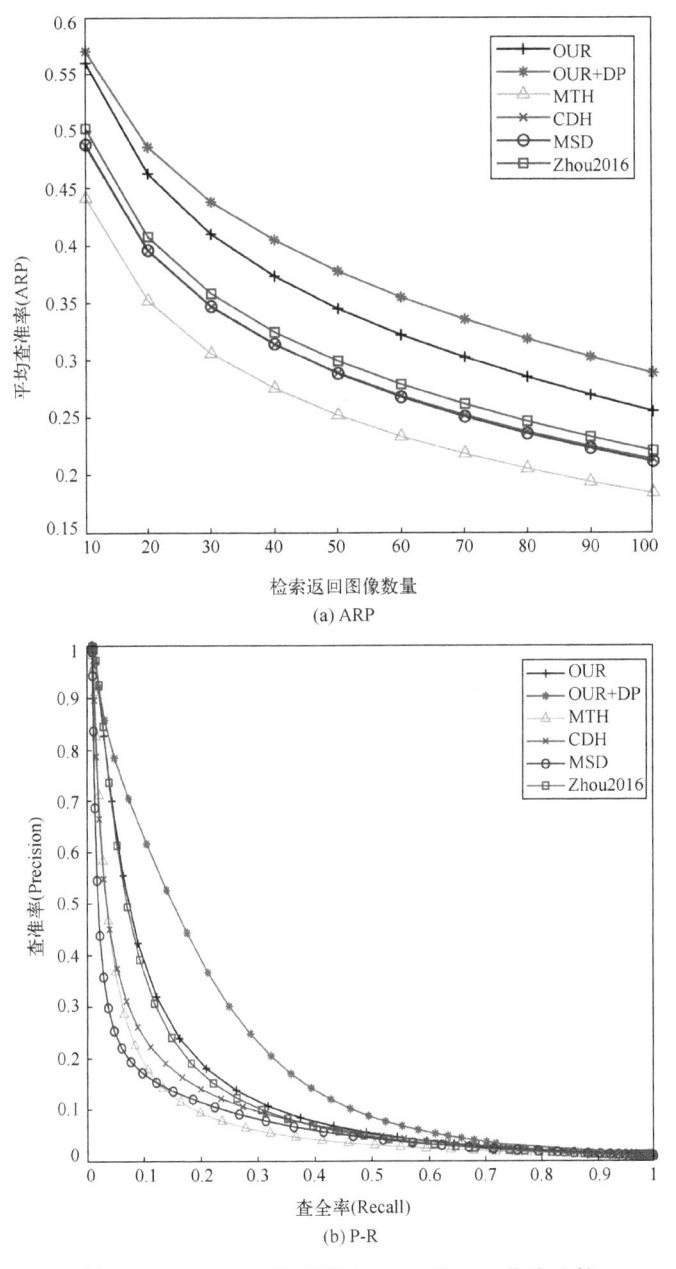

图 4.11　Corel10k 数据集上 ARP 和 P-R 曲线比较

其次，在由刘广海等人构建的 GHIM10k 数据集上，我们对本章方法与刘广海等人提出的一系列方法以及其他方法进行了比较，表 4.3 列出了当 $N_L=12$ 时所有方法所取得的 ARP 和 ARR 值比较情况。从表 4.3 结果来看，本章所提方法表现非常稳定，在众多的方法中仍然具有最出色的表现，相比其他方法中检索结果最好的

"SSH"方法，本章方法"OUR"所获得的ARP和ARR指标高出了5%，尽管当N_L=12时"OUR+DP"仅提升了1%。同样地，我们对图像返回数量N_L从10变化到100时各种方法的ARP、ARR和P-R曲线变化情况也进行了分析，从图4.12所显示的结果中我们也可以得出相同的结论，即文本所提方法呈现出了最好的检索表现。从图4.12(a)可以看到，当N_L=100时，本章所提方法比"Zhou2018"[210]和刘广海系列方法分别高出了至少10%和15%的平均查准率，尤其在图4.12(b)中所示的P-R曲线比较可看出，本章所提方法具有显著的优越性。

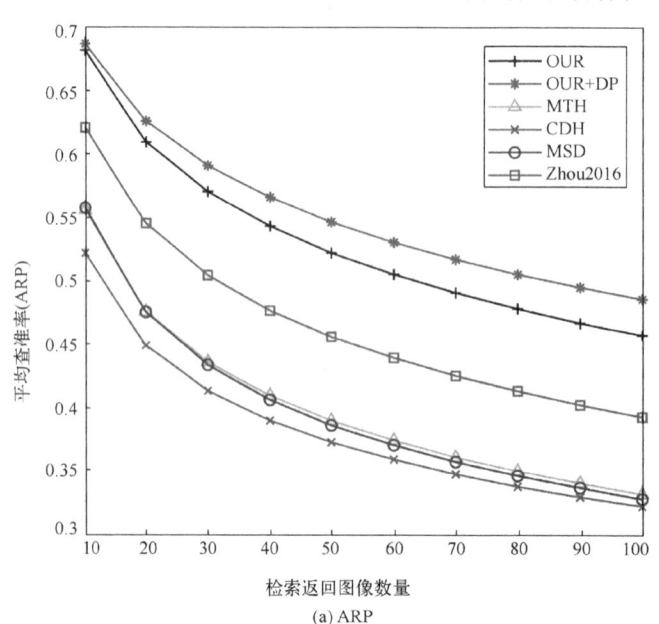

表4.3 GHIM10k数据集上N_L=12时的性能比较

	MTH[91]	MSD[92]	CDH[93]	Zhou2018[210]	Liu2016[212]	Liu2015[95]	SSH[94]	OUR	OUR+DP
ARP	0.534	0.534	0.501	0.600	0.567	0.575	0.612	0.663	0.671
ARR	0.128	0.128	0.120	0.144	0.136	0.138	0.147	0.159	0.161

最后，为了再次验证本章方法所具有的出色而稳定的表现，我们采用了图像检索中一个比较重要的评价指标mAP，对其在四个数据集上的检索性能进行了比较，结果如图4.13所示。从结果我们可以看出：①相比MTH、MSD和CDH方法，本章所提方法在四个数据集上均可取得最高的mAP值；②基于扩散过程的距离优化在融合特征的基础上可以显著地提升图像检索性能；③MTH、MSD和CDH在四个不同的数据集上的表现并不一致，面对具有不同的视觉内容和特性的数据集时，这些方法表现出了一些不足，它们对刻画图像特征的不同特性方面还不够准确和鲁棒。相比之下本章提出的方法就能够全面地体现图像的特征，具有较强的特征描述能力、可辨别性和鲁棒性。

(a) ARP

(b) P-R

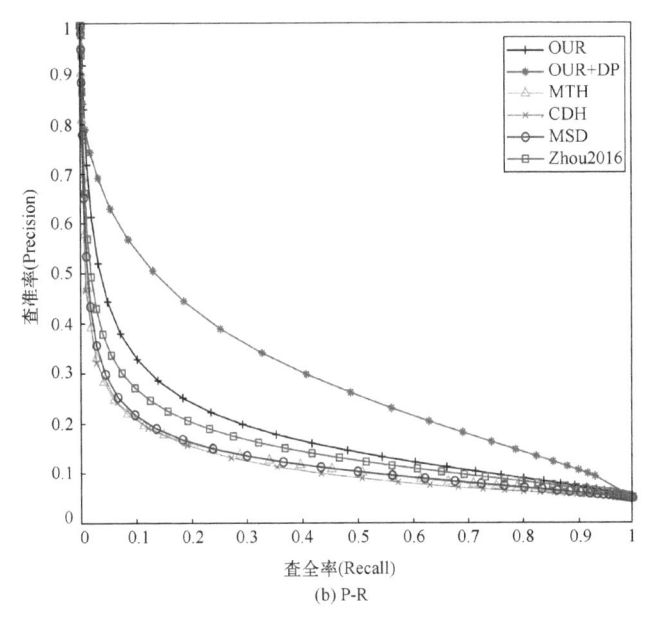

图 4.12　GHIM10k 数据集上 ARP 和 P-R 曲线比较

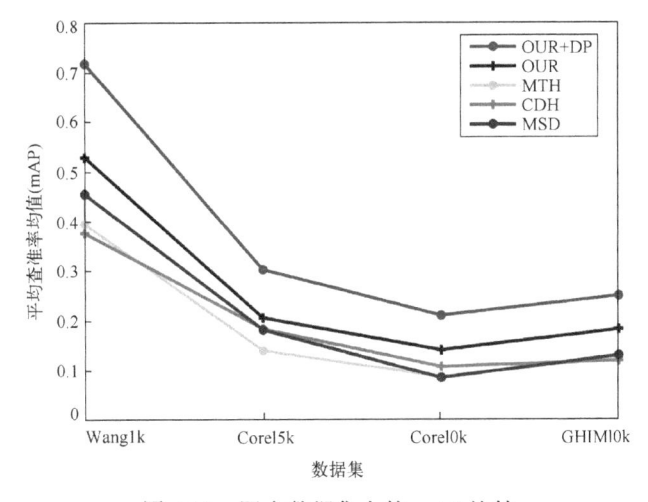

图 4.13　四个数据集上的 mAP 比较

4.3.5　扩散过程中的参数 k_n 对检索性能的影响

在扩散过程中，最近邻数 k_n 是非常关键的一个参数，它决定了转移矩阵 P_{kNN}。因此，要想取得一个好的检索结果，选择合适的 k_n 值非常重要。在本实验中，我们分析了参数 k_n 对检索结果的影响，其目的在于：一方面，我们解释了本章针对不同数据集选择不同 k_n 值的原因；另一方面，在实验中，给实际应用中如何选择设置 k_n

时一些参考和建议。本实验中，图 4.14 给出四个数据集上选用不同的 k_n 值时检索结果的变化情况。图中，四条细线分别代表四个数据集上本章方法获得的检索准确率基线（无扩散过程），另外四条粗线则分别代表使用扩散过程后的检索准确率。

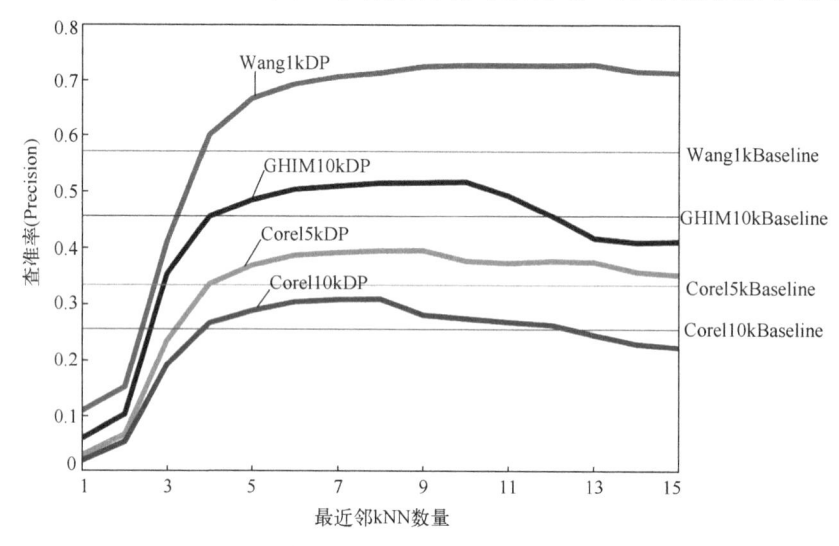

图 4.14　扩散过程中的参数 k_n 对检索性能的影响

从图中的结果我们可以看到，和四条基线相比，本章提出的基于融合特征和扩散过程的检索方法的准确率当 $k_n \geq 4$ 时开始有所提升，然后在某个范围后开始回落。总体来看，在 Wang1k 数据集上，提升的幅度最为明显，当 $9 \leq k_D \leq 13$ 时，所得到的检索准确率高出基线至少 15%，而对于另外三个数据集，在最好情况下也可以获得 5%左右的提升。由于扩散过程的参数 k_n 对扩散过程所需的计算量和时间消耗有一定的影响，因此本章实验中在确定参数的取值时有所权衡。本章实验环境为 Windows 操作系统上 MATLAB 2013b 版本，计算机配置为 CPUIntel(R) Core(TM) i5-2450M、主频 2.5GHz、内存 4GB。这里通过列举几个简单的例子来阐述一下扩散过程中的时间消耗情况：①Wang1k 数据集上对 1000×1000 的亲密矩阵进行的扩散过程，对于不同的 k_n 值大约平均需要 0.95 秒，k_n 的增大并没有带来太大的时间增长；②Corel5k 数据集上，对 5000×5000 的亲密矩阵进行扩散过程优化时，当 k_n=5 所需时间大约为 5.15 秒，而当 k_n=8 所需时间为 10.55 秒，立即增长到 2 倍多；③针对 Corel10k 和 GHIM10k 两个数据集而言，10000×10000 亲密矩阵的扩散过程当 k_n=5 时需要 15.09 秒，而当 k_n=8 时上升到 92.77 秒，上升了 5 倍多。由此可看出，对于一个较大规模的数据集来说，扩散过程的参数 k_n 的增长会带来较大的时间消耗。因此，基于上述两方面的因素，本章方法中 Wang1k 数据集上的扩散过程设置 k_n=7，其他三个数据集的扩散过程设置 k_n=5。

4.3.6 重排序搜索策略的实验分析

在前面的实验中，从图 4.10(a)、图 4.11(a) 和图 4.12(a) 可以看到，随着检索返回图像的数量 N_L 增大，本章所提的方法"OUR+DP"相比"OUR"，检索准确率提升的幅度越来越明显。但我们发现，当 N_L 小于 10 左右时，"OUR+DP"获得的平均准确率相比"OUR"方法，不仅没有提高反而有所下降，也就是说当检索返回图像数量较少时，扩散过程的优化并没有带来检索性能上的提升，甚至比没有采用扩散过程之前更差。因此，本章在 4.2.2 节出了一种重排序搜索策略。图 4.15~图 4.17 分别给出了 Corel5k、Corel10k 和 GHIM10k 三个数据集上对"OUR""OUR+DP"以及采用重排序搜索策略"New search strategy"三种方法的性能比较。

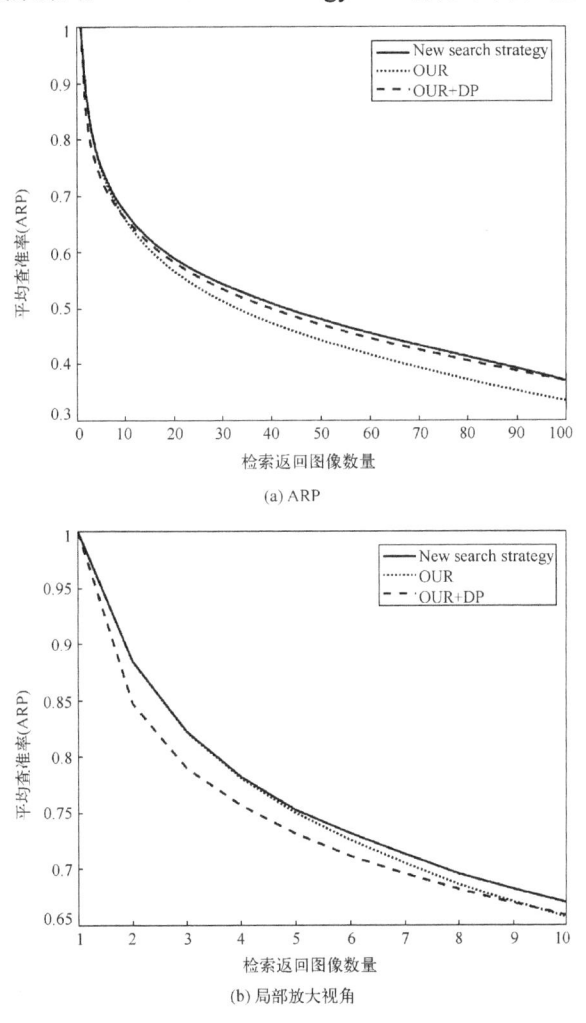

(a) ARP

(b) 局部放大视角

图 4.15 Corel5k 数据集上重排序搜索策略的性能比较

(a) ARP

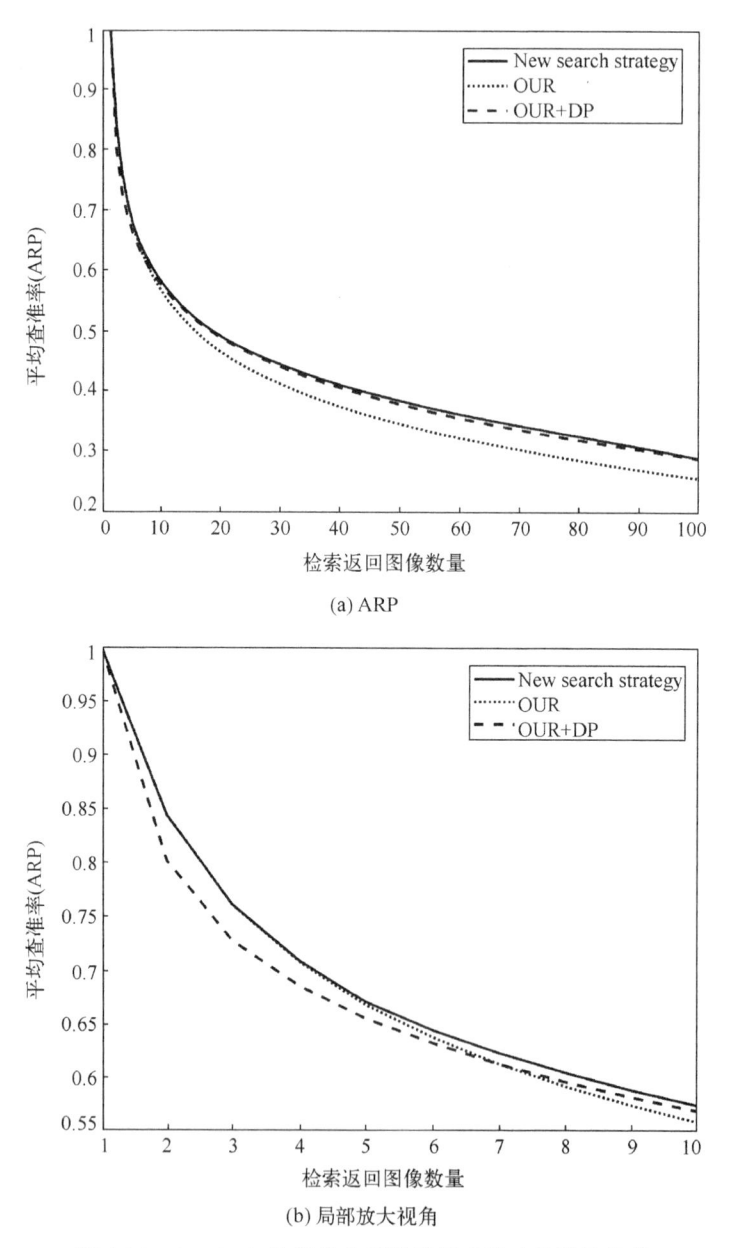

(b) 局部放大视角

图 4.16 Corel10k 数据集上重排序搜索策略的性能比较

(a) ARP

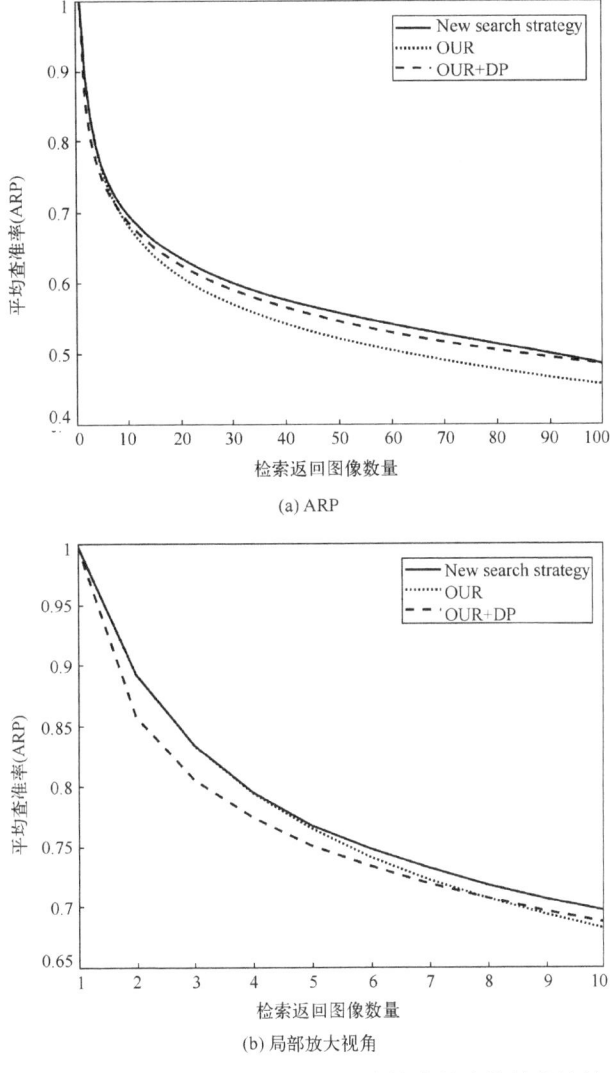

(b) 局部放大视角

图 4.17 GHIM10k 数据集上重排序搜索策略的性能比较

从图 4.15(b)、图 4.16(b) 和图 4.17(b) 所示的局部 ($1 \geqslant N_L \geqslant 10$) 放大图可以清楚地看到,"OUR+DP"和"OUR"方法相比,扩散过程使得检索性能有所下降,而本章所提出的重排序搜索策略"New search strategy"不仅可以消除扩散过程在 N_L 取值较小时带来的负面作用,而且和"OUR+DP"方法相比,还获得了 2%~4%的性能提升。此外,从图 4.15(a)、图 4.16(a) 和图 4.17(a) 整体上的检索结果来看,新的重排序搜索策略表现最好,尽管在 Corel10k 数据集上提升的幅度比较小,但在 Corle5k 和 GHIM10k 两个数据集上仍可以提升 1%~2%的平均准确率。图 4.18 所示为两个查询示例分别采用"OUR""OUR+DP"和"New search strategy"三种方法进行检索的结果中前 10 幅图像,其中带边框图像为错误结果。显然,通过重排序搜索策略后,查询图像可以得到全部正确的结果。

(a)

(b)

图 4.18　两个检索示例(第 1 行:OUR;第 2 行:OUR+DP;第 3 行:New search strategy,在返回的前 10 个最相似的检索结果中带边框图像为错误的检索结果)

尽管基于传统的多视觉特征融合能有效地提升图像特征的表达能力,但需要进行精巧的手工设计,在图像表征能力上仍存在一些缺陷。此外,基于扩散过程的距离优化虽然能够有效地提升检索性能,但该方法在大规模图像检索应用中需要对大矩阵进行运算,计算和存储消耗较大。因此,为进一步提升图像检索性能,我们还需要寻找更具语义表征能力的图像特征表达和更准确的相似性度量方法。

第 5 章 基于深度特征的图像检索

深度卷积神经网络在现有主流深度学习模型中应用最为广泛[127,130,131,136]，通常也称 CNN 各层的激活响应输出作为描述图像特征的深度特征。CNN 深度特征是一种基于数据驱动的高层图像特征，具有良好的图像特征表达能力，在提取图像的全局、局部特征和上下文信息方面比传统方法具有较大的优势[131]。因此，在图像检索应用中，CNN 也常被当作一种高层特征提取器，通过采用预训练的 CNN 模型来获取图像的深度特征。一般来讲，根据 CNN 网络结构的特性，全连接层特征靠近 Softmax 分类层，更适用于分类任务中对象级的图像特征的表述，而卷积层特征对于图像特征的描述更具一般性。在很多基于深度特征的图像检索应用中表明，采用卷积层特征可以得到更好的检索效果。

通常，通过卷积层提取的深度特征可看作与 SIFT 类似的局部描述特征，能够逐层地刻画图像不同尺度的细节信息，具有较强的可辨别性和描述能力。但随着网络层的加深，卷积层输出的特征图的数量也随之增多，往往需要通过某种有效的特征聚合方法将大量的局部深度特征，聚合为更加紧致且具有较低维数的向量化的全局特征。由于卷积层特征被看作是一种新的 SIFT 特征[21]，自然，那些适用于 SIFT 特征的传统聚合方法如 BoVW、VLAD、Fisher Vectors 和 Triangular Embedding 等也可以被应用于 CNN 卷积层特征的聚合表达。Babenko 和 Lempitsky 在文献[21]中对以上几种传统的特征编码方式，以及 Sum-pooling 和 Max-pooling 两种聚合方式进行了比较。研究表明，对于深度卷积特征，当采用适当的归一化和白化等后处理时，基于 Sum-pooling 的简单全局描述在一般图像检索中具有更好的表现。同时，该方法提出了一种中心优先(Center Prior)的权重策略来增强深度特征的聚合表达，进一步提升图像检索性能。文献[128]提出了一种基于深度卷积特征的图像聚合表达方法 R-MAC，该方法在不需要进行多个网络输入的前提下将多个特征图像区域进行 Max-pooling，最终形成聚合特征向量。随后，文献[129]在此基础上提出 CRoW 方法，在 Sum-pooling 聚合之前采用基于空间(Spatial)和通道(Channel)的两种权重方式进行加权来生成最终的聚合特征向量。由于这些方法都是直接使用 CNN 深度特征并且通过聚合生成一个单一的特征表达，而没有考虑所得到的深度特征的可用性。因此，文献[127]针对 Fine-Grained 类图像检索提出一种基于可选择的深度卷积特征聚合方法 SCAD。该方法丢弃背景噪声等无用的特征描述子，而仅保留描述主要物体(内容)的特征描述子，然后再将这些选择的特征分别采用 Max-pooling 和 Average-pooling 两种方式进行聚合，最后将其进行联结来生成最终的特征表达向量。

文献[177]针对场所(地标)识别任务提出了一种新的 CNN 结构 NetVLAD。该结构中最核心是一个新生的 VLAD 层，可以很容易地插接到 CNN 网络中并且通过方向传播来训练。NetVLAD 方法不仅在地标识别任务中取得了出色的表现，而且能够在图像检索任务中作为一种有效的特征聚合表示方法来提高检索性能。然而该方法属于监督学习的方法，需要大量样本来训练网络。

上述研究工作表明，针对基于深度特征的图像检索应用中，一种简单有效的特征聚合方法对提升图像检索性能至关重要。受上述几种经典的深度特征聚合方法的启发，本章在对这些方法进行比较和分析的基础上，提出一种新的基于多尺度的通道敏感性和区域显著性加权聚合的深度特征表征方法 R-SAC，并通过在 Holidays、UBK、Oxford5k、Oxford105k、Paris6k 和 Paris106k 等 6 个基准图像库上的实验对比，验证了所提方法在对深度卷积特征聚合表达中具有较强的竞争性。

5.1 深度卷积特征聚合方法

本节主要对 SPoC、R-MAC、CroW 和 SCAD 四种与本章所提方法相关的特征聚合方法进行简要介绍，并对其在 CNN 模型、网络层、空间加权、通道加权、聚合方式等方面进行了比较和分析，从而引出本章所提方法的动机和思路。

5.1.1 特征聚合方法简介

假设一幅图像 I 经过已训练的 CNN 网络，得到某一卷积层大小为 $W \times H \times L$ 的深度特征，可以将其看作是 L 个大小为 $W \times H$ 的特征图 $S=\{S_\ell\}(\ell=1,\cdots,L)$，如图 5.1 所示。

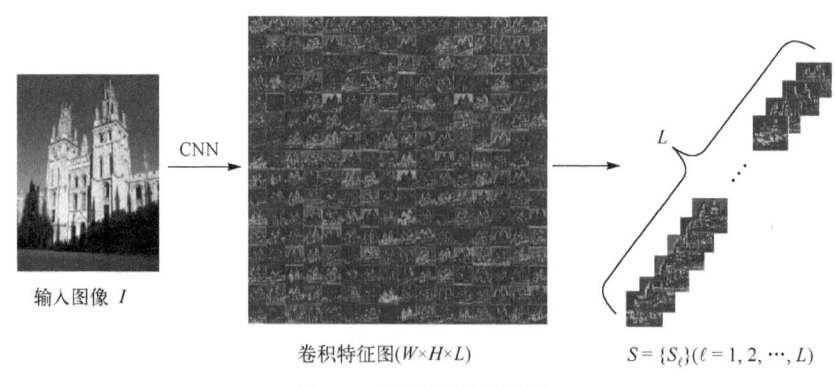

图 5.1 深度卷积特征图

图中 S_ℓ 记为第 ℓ 个特征图，$S_\ell(x,y)$ 记为第 ℓ 个特征图上位置为 (x,y) 的特征值。那么，利用在深度特征聚合中所采用的最基础的 Max-pooling 和 Sum-pooling 池化方法，即可得到聚合后的特征向量 $F_{\max}$ 和 F_{sum}，聚合过程分别表示如下：

$$F_{\max}=[f_1,\cdots,f_\ell,\cdots,f_L], f_\ell = \max_{1\leqslant x\leqslant W,1\leqslant y\leqslant H} S_\ell(x,y) \tag{5.1}$$

$$F_{\text{sum}}=[f_1,\cdots,f_\ell,\cdots,f_L], f_\ell = \sum_{y=1}^{H}\sum_{x=1}^{W} S_\ell(x,y) \tag{5.2}$$

1. SPoC

由于对大多数图像数据集来说，感兴趣目标区域通常都处于一幅图像的中心位置，基于这样的假设 SPoC 方法在 Sum-pooling 的基础上对特征图进行中心优先 (Center-prior)加权策略，即离特征图中心越近的位置其权重也越大，如式(5.3)：

$$F_{\text{SPoC}}=[f_1,\cdots,f_\ell,\cdots,f_L], f_\ell = \sum_{y=1}^{H}\sum_{x=1}^{W} \alpha(x,y)S_\ell(x,y) \tag{5.3}$$

其中，权重系数 $\alpha(x,y)$ 由所在空间位置决定，可采用高斯加权模式来计算，公式如下：

$$\alpha(x,y) = \exp\left(-\frac{\left(y-\frac{H}{2}\right)^2 - \left(x-\frac{W}{2}\right)^2}{2\sigma^2}\right) \tag{5.4}$$

2. R-MAC

R-MAC 方法中引入了多区域特征聚合的思想，通过在不同尺度下对多个区域特征进行聚合来形成最终的特征表达向量。在该方法中，首先需要定义特征图上的若干区域 $\Re \subseteq \Omega=[1,W]\times[1,H]$。这些区域 $\Re$ 分别定义在不同尺度上，具有不同的大小。R-MAC 方法中定义了 3 个尺度上 ($l=1,2,3$) 的正方形区域。在最大尺度 ($l=1$) 上，区域 $\Re$ 的长和宽定义足够大，可设置为特征图的长和宽的最小值 $\min(W,H)$。同时，区域划分时允许连续区域之间大约 40%的重叠。假设在尺度 ($l=1$) 上可定义的区域个数为 l_m（当特征图的长宽相等时 $l_m=1$），那么在其他尺度 l 上则可均匀地划分为 $l\times(l+l_m-1)$ 个区域，每个区域的长和宽都为 $2\min(W,H)/(l+1)$。图 5.2 所示为 3 个尺度上区域划分示意图[128]，图中"×"号为每个划分区域的中心位置。

然后，对每个区域 $\Re$ 在所有通道上进行 Max-pooling 聚合，并形成该区域的聚合特征向量 $f_\Re$，如式(5.5)所示：

$$f_\Re = [f_{\Re,1},\cdots,f_{\Re,\ell},\cdots,f_{\Re,L}]^\top \tag{5.5}$$

其中，$f_{\Re,\ell}=\max_{p\in\Re}S_\ell(p)$ 为第 ℓ 个特征图上 $\Re$ 区域中的最大值。

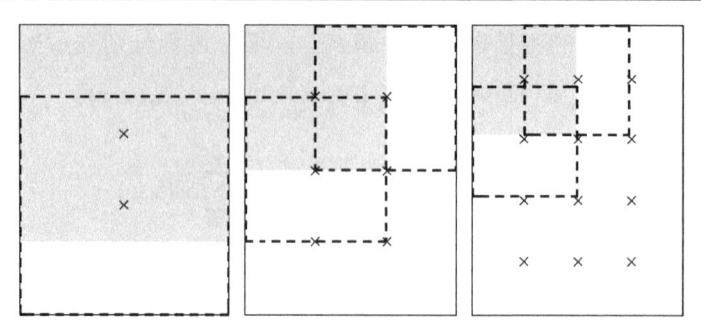

图 5.2 在 3 个尺度上的区域划分示意图

在得到每个区域的特征向量后，对其进行归一化、PCA、白化等后处理，最后再对所有区域归一化后的特征进行求和来形成 L 维的聚合特征向量 $F_{\text{R-MAC}}$，可表示为：

$$F_{\text{R-MAC}} = \left[\sum_{\Re \subseteq \Omega} f_{\Re,1}, \cdots, \sum_{\Re \subseteq \Omega} f_{\Re,\ell}, \cdots, \sum_{\Re \subseteq \Omega} f_{\Re,L} \right]^{\top} \tag{5.6}$$

3. CRoW

CRoW 方法是在 Sum-pooling 聚合的基础上融入了空间(Spatial-wise)和通道(Channel-wise)两种权重策略，来增强聚合特征的可辨别性和表达能力。通过 CRoW 方法聚合形成的特征向量 F_{CRoW} 可表示如下：

$$F_{\text{CRoW}} = [f_1, \cdots, f_\ell, \cdots, f_L], \quad f_\ell = \sum_{y=1}^{H} \sum_{x=1}^{W} \alpha_{xy} \beta_\ell S_\ell(x, y) \tag{5.7}$$

其中，α_{xy} 为空间权重，β_ℓ 为通道权重，计算公式分别如下：

$$\alpha_{xy} = \left(\frac{S'_{i,j}}{(\sum_{m,n} S'^{a}_{m,n})^{1/a}} \right)^{1/b}, \quad S' = \sum_{\ell=1}^{L} S_\ell \tag{5.8}$$

$$\beta_\ell = \log\left(\frac{L\delta + \sum_{\ell=1}^{L} \Xi_\ell}{\delta + \Xi_\ell} \right) \tag{5.9}$$

其中，式(5.8)中的 S'，大小为 $W \times H$，简称 Sum-map，是通过将所有特征图在每一个位置上的值相加而得。式(5.9)中的 Ξ_ℓ 为第 ℓ 个特征图(通道)上非零元素的比例。

4. SCAD

SCAD 方法是针对细粒度(Fine-grained)图像检索任务提出的一种基于 CNN 的无监督的图像特征提取和聚合方法。与上述几种方法不同的是，SCAD 方法的聚合并不是针对特征图上的所有特征,而是根据特征的重要性程度(是否为主要目标区域)仅选择部分特征,然后再利用这些特征所构成的最大连通区域,进行两种不同的聚合方式来生成最终的聚合向量表达。该方法可以有效定位图像中的主要目标(物体)区域,在没有图像标签和边界框标记的情况下,针对细粒度图像检索任务可以取得较好的结果,并且在对一般图像检索任务上也可以有良好的表现。

SCAD 方法首先需要计算 S' (Sum-map),然后通过式(5.10)对特征图上的特征进行选择,并生成模板图 M。该过程可表示如下:

$$M_{x,y} = \begin{cases} 1, & S'(x,y) > \bar{s} \\ 0, & \text{otherwise} \end{cases} \tag{5.10}$$

其中,$\bar{s}$ 为 Sum-map 所有位置上的特征均值。为了进一步去除噪声的影响,该方法计算 M 的最大连通区域,并记为 $\tilde{M}$,那么最终保留下来的特征可表示为:

$$\tilde{S} = \{S'(x,y) | \tilde{M}_{x,y} = 1\} \tag{5.11}$$

因此,最终的聚合向量可通过式(5.12)计算得到,其中 $\tilde{N}$ 为最大连通区域 $\tilde{M}$ 上的特征个数。

$$\begin{aligned} F_{\text{SCAD}} &= [f_1^{\max}, \cdots, f_\ell^{\max}, \cdots, f_L^{\max}, \cdots, f_1^{\text{avg}}, \cdots, f_\ell^{\text{avg}}, \cdots, f_L^{\text{avg}}] \\ f_\ell^{\max} &= \max_{x,y} \tilde{S}_\ell(x,y), \quad f_\ell^{\text{avg}} = \sum_x \sum_y \tilde{S}_\ell(x,y) / \tilde{N} \end{aligned} \tag{5.12}$$

5.1.2 特征聚合方法比较和分析

下面我们主要针对上述四种方法,在 CNN 模型和网络层的选择、权重方法以及采用的聚合方式等方面进行了比较和分析。为了便于对比,表 5.1 简要列出了这些方法的一些主要信息。

表 5.1 几种典型的深度特征聚合方法比较

	SPoC	R-MAC	CRoW	SCAD
Retrained CNN Model	VGG19	VGG16	VGG16	VGG16
Convolutional Layer	conv5_4	pool5	pool5	pool5
Spatial Weighting	center prior	multi-scale	Sum-map	selected mask map
Channel Weighting	uniform	uniform	sparsity	uniform
Aggregation	sum	max	sum	max+average
Dimension	256	512	512	1024

1. 网络模型和网络层的选择

一方面,从所选用的网络模型来看,上述方法均采用的是 VGG 网络模型。在很多基于CNN特征的图像检索研究中表明，由于VGG网络的结构紧凑、深度适中，因此在对实时性要求较高的图像检索应用中，VGG网络能够较好地做到计算复杂度和检索精度之间的折中。具体地，对于方法SPoC来说，尽管VGG19的网络层次更深，但在很多基于CNN特征的图像检索应用研究中发现，通过VGG16网络提取的深度特征便可得到较为满意的检索结果，而VGG19网络的使用对检索精度的提升效果并不明显。另一方面，在众多的网络层中，全连接层之前的最后一层激活响应输出往往被证明在图像检索中具有更好的表现。因此在上述方法中也不例外，都分别采用了最后一层的卷积层"conv5_4"和最后一层的池化层"pool5"的输出作为图像特征表达。这两者的区别即为最后一层池化层是在最后一层卷积层的基础上进行了Max-pooling。

2. 权重方法

通常，图像经过CNN网络每层的多个卷积核卷积后可得到若干特征图，而不同的特征图以及特征图上的不同空间位置均具有不同的重要性，因此很多方法在对深度特征进行聚合时都试图通过考虑增加通道或空间权重来提升特征表达能力。为了更好地比较几种方法空间加权方式，图5.3通过实例的可视化方式来对其进行对比和分析。

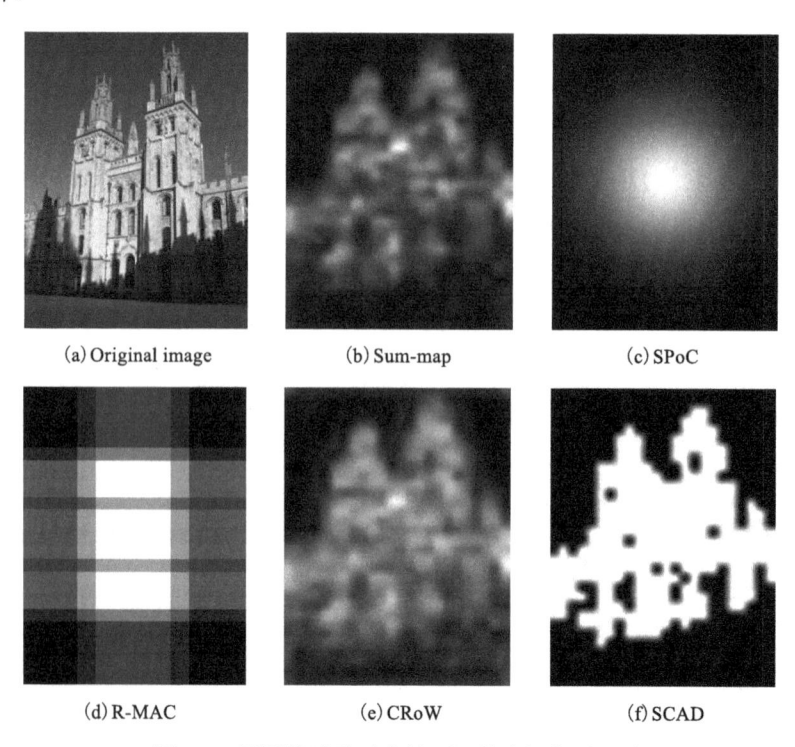

(a) Original image　　(b) Sum-map　　(c) SPoC

(d) R-MAC　　(e) CRoW　　(f) SCAD

图5.3　原图像以及对应的不同的空间权重方式

针对空间权重，SPoC 方法在对特征图进行 Sum-pooling 时仅考虑了中心优先的空间加权，但这种权重方式在对一些具有简单背景的单目标且常位于图像中心的图像数据来说可以显著地提升检索性能，而在具有复杂场景和目标的一般图像检索任务中效果不佳；R-MAC 方法通过在特征图上进行多尺度的滑动窗口生成多个区域，并对每个区域进行 Max-pooling 聚合。由于其在窗口滑动时允许一定的区域重叠，因此可近似理解为一种空间的加权方式，但由于该方法在最终形成聚合特征时仅取每个区域的最大值，所以图 5.3(d) 仅视为区域重叠的情况而非实际的空间权重效果；一般来讲，特征图上某空间位置上的激活响应值越大其包含的图像信息也越多、可辨别性越好，从图 5.3(b) 可看出，Sum-map 在一定程度上反映了图像中的显著区域。因此，CRoW 方法通过计算每一个空间位置上的响应值与 Sum-map 上的响应值总和之间的比例来得到空间权重，由于采用了归一化和幂尺度处理，相比 Sum-map，CroW 方法得到的空间权重更能体现图像的显著区域；与 CRoW 法不同，SCAD 方法在 Sum-map 的基础上选择保留具有较大响应值的空间特征，尤其当最终仅选择最大连通区域内的空间特征时我们发现，这种方法在描述非细粒度图像时会造成较多的特征信息丢失。

此外，在通道权重方面，这些方法中只有 CRoW 通过不同特征图上的非零响应值的稀疏性引入了通道权重。文献[128]中的实验结果表明，尽管通道权重的引入带来的检索性能的提升并不明显，但当和空间权重一起使用时便可得到一定程度的改进。

3. 聚合方式

对于深度特征的聚合表达，最常用也最基础的方法包括 Sum-pooling、Max-pooling 和 Avg-pooling 等。其中，SPoC 方法和 CRoW 方法均采用了 Sum-pooling，并且在已有的研究中表明，在对特征进行白化处理时 Sum-pooling 比 Max-pooling 具有更好的表现，而当不进行白化处理时 Max-pooling 更具优势。由于 R-MAC 方法为了进一步提升图像检索的准确率，采用了一种基于匹配目标定位方法 AML(Approximate Max-pooling Localization)进行重排序。而 AML 过程中会产生大量的候选区域，如果对每个区域特征向量都进行白化处理则会大大增加计算代价。因此，R-MAC 方法选择了 Max-pooling 对特征图上的多个区域进行聚合。SCAD 方法中，通过将 Max-pooling 和 Avg-pooling 两种方式形成的聚合向量进行联结来提升图像检索性能，尽管两种不同的聚合方式能在一定程度上起到相互补充的作用，但同时也带来了特征向量维数的增加。

5.2 基于区域显著性和通道敏感性的特征聚合

通过对上述方法的比较和分析我们发现，采用合适的聚合方式和有效的权重方法对增强特征聚合效果和提升图像检索性能有着非常重要的作用。在上述这些方法中，R-MAC 方法和 CRoW 方法在图像检索任务中表现最好。其中，R-MAC 方法中通过采用多尺度下的多区域特征的聚合方式，在图像检索中起到类似于多区域匹配的辅助作用；而 CRoW 方法通过深度特征的空间权重和通道权重有效地增强了特征表征能力，其在更低维度的聚合特征表征时，比 R-MAC 具有更好的表现。

因此，结合这两种方法的优势，该方法在 CRoW 方法的框架下引入了 R-MAC 中提出的多区域特征聚合方式，提出一种改进的特征聚合方法。一方面，与 CRoW 方法不同的是，首先，针对不同的区域中包含的图像内容的重要性差异，本方法提出了一种新的区域显著性权重，来增强显著特征对聚合特征的贡献；其次，针对 CRoW 方法中所提的通道敏感性进行了改进，提出了一种同时考虑通道非零响应值的稀疏性和强度的通道敏感性权重，来进一步增强聚合方法的特征描述能力和可辨别性。另一方面，与 R-MAC 方法不同的是，本方法中对每个区域都采用了 Sum-pooling 进行聚合，那么通过多区域的重叠便可体现出如图 5.3 所示的空间权重的作用。

下面我们将对本章所提的基于多尺度的通道敏感性和区域显著性加权聚合的深度特征表征方法 R-SAC 进行概述，并主要对算法中的通道敏感性权重和区域敏感性权重的定义，以及特征聚合等关键步骤进行介绍。

5.2.1 算法概述

假设 X 为图像经过预训练的 VGG16 网络提取到的深度卷积特征，由 L 个大小为 $W \times H$ 的特征图 S_ℓ 构成。图 5.4 给出了本章所提的特征聚合方法（R-SAC）的流程图，算法 5.1 给出了算法框架，具体步骤可总结如下：

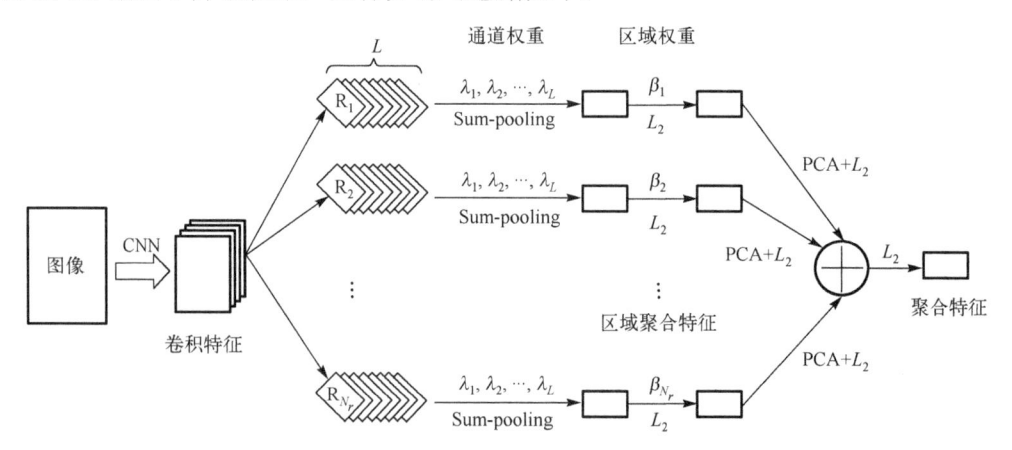

图 5.4 本章提出的 R-SAC 特征聚合方法流程图

Step1：根据 R-MAC 方法，将特征图划分为 N_r 个子区域；

Step2：根据通道非零响应值的稀疏性和强度计算通道敏感性权重 λ_ℓ；

Step3：根据 SUM-map 特征图 S'，计算得到每一个区域的显著性权重 β_r；

Step4：将上述步骤得到的通道敏感性权重应用到每一个特征通道，并通过 Sum-pooling 聚合得到每个区域的特征向量；

Step5：将上述得到的区域显著性权重应用到每个区域特征向量；

Step6：对每个区域形成的特征向量进行 L_2 归一化；

Step7：对每个区域特征进行 PCA+白化处理，并再次进行 L_2 归一化；

Step8：将所有归一化后的区域特征进行 Sum-pooling 聚合，并再次进行 L_2 归一化处理，从而得到最终的聚合特征向量 F。

由于在 5.1.2 节绍 R-MAC 方法时已经给出了区域划分的方法，所以上述算法中的步骤 1 这里不再赘述，但值得注意的是区域划分参数，当 $L_1=3$ 时表示将 3 个尺度（$l=1,2,3$）上生成的所有区域都进行聚合。下面主要给出 Step2 的通道敏感性权重计算方法、Step3 的区域显著性权重计算方法，以及 Step 4～Step 8 的特征聚合过程。

算法 5.1　R-SAC 算法框架

输入：深度特征 X：L 个大小为 $W×H$ 的特征图 $S=\{S_\ell\}(\ell=1,\cdots,L)$；通道敏感性权重生成函数 f_S；区域显著性权重生成函数 f_P；白化参数 Ψ；区域划分尺度参数 L_l 和重叠参数 o；区域划分函数 f_R；归一化参数 α；聚合特征最终的维数 d。

输出：$F=\{f_1,\cdots,f_\ell,\cdots,f_d\}$：聚合后的 d 维特征向量。

1. $f_R(L_l,o) \to \Re = \{R_1,\cdots,R_r,\cdots,R_{N_r}\}$

2. $f_S(X) \to \lambda = [\lambda_1,\cdots,\lambda_\ell,\cdots,\lambda_L]$

3. $f_P(X) = \beta = [\beta_1,\cdots,\beta_r,\cdots,\beta_{N_r}]$

4. $\hat{f}_r = [\hat{f}_r^1,\cdots,\hat{f}_r^\ell,\cdots,\hat{f}_r^L], \hat{f}_r^\ell = (\sum_{i\in R_r}\sum_{j\in R_r}\lambda_\ell S_\ell(i,j))^\alpha$

5. $\bar{F} = [\bar{f}_1,\cdots,\bar{f}_r,\cdots,\bar{f}_{N_r}], \bar{f}_r = \beta_r\hat{f}_r$

6. $\tilde{F} = \text{norm}(\bar{F})$

7. $\hat{F} = \text{norm}(\text{PCA}(\tilde{F};\Psi,d))$

8. $F = \text{norm}(\sum_{r=1}^{N_r}\hat{F})$

5.2.2　通道敏感性权重

CRoW 方法中根据通道稀疏性引入了通道权重来增强聚合特征的可辨别能力，然而该方法中仅考虑了每个通道上的非零响应值的比例，而没有考虑其强度，因此不能完全利用每个特征图上的有效信息。据此，我们设计了一种新的通道敏感性权重，首先定义通道的敏感性 Ξ 如下：

$$\Xi_\ell = 1 - \gamma_\ell \tag{5.13}$$

其中，$\gamma_\ell = (a_\ell + b_\ell)$，$a_\ell$ 为每个通道上正响应值出现的比例，b_ℓ 为每个通道上所有非零响应值的强度幅值，具体计算如下：

$$a_\ell = \frac{\sum_{i=1}^{W}\sum_{j=1}^{H} \text{Num}(S_\ell(i,j) > 0)}{H \times W} \tag{5.14}$$

$$b_\ell = \frac{\sum_{i=1}^{W}\sum_{j=1}^{H} S_\ell(i,j)}{\sum_{i=1}^{W}\sum_{j=1}^{H} S'(i,j)} \tag{5.15}$$

为了对比 CRoW 方法中采用的通道稀疏性和本章提出的通道敏感性之间的差异，我们对 Paris6k 数据集中的所有查询图像（11 类共 55 幅），分别以通道稀疏性向量（图 5.5(a)）和通道敏感性向量（图 5.5(b)）作为其图像特征计算图像之间的相似性，并对其相似性关系矩阵进行可视化(按照类别的顺序)。从图所示结果我们可以看到，通道稀疏性和敏感性向量在同一类地标上高度相关，而在非同一类地标上相关性较小，这意味着它们对图像的描述都具较强的可辨别性。但相比两者可以看出，本章提出的通道敏感性可以使得同类图像相关性(类内相似性)更高(关系矩阵中的主对角线块颜色更深边缘更清晰)，而非同类(类间相似性)的相关性更小(关系矩阵中非主队对角位置的颜色更亮)，因此具有更强的可辨别性。

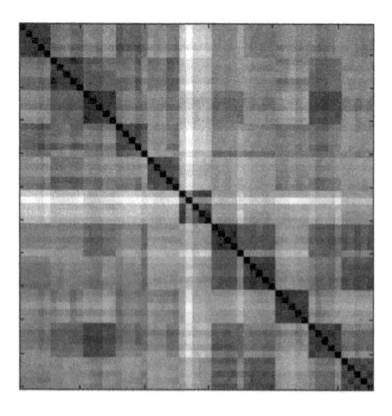

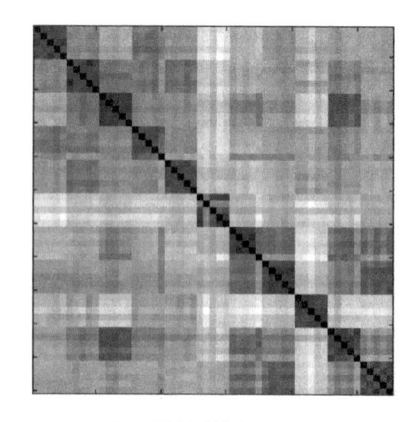

(a) 通道稀疏性向量　　　　　　　　(b) 通道敏感性向量

图 5.5　Paris6k 数据集 55 幅查询图像的通道稀疏性向量和通道敏感性向量的关系可视化

由于在最终生成聚合特性时我们对所有空间位置的响应值进行 Sum-pooling 聚合，因此，那些频繁多次出现非零响应值并且强度比较大的通道在聚合特性中已经能够呈现出它们的贡献。然而，对于那些出现非零响应值较少的或者响应值强度较弱的通道或许可以提供重要的信息，比如一些经常出现但在某一类中出现却很少的特征。这种现象也被称为逆文档频率(Inverse Document Frequency，IDF)，是一种常用的重要性权重方法，在很多应用中具有较好的效果。所以，这里我们使用 γ_ℓ 项来计算通道敏感性权重，如式(5.16)定义，其中 δ 是一个较小的常数来保证数值稳定性。

$$\lambda_\ell = \log\left(\frac{L\delta + \sum_{\ell=1}^{L}\gamma_\ell}{\delta + \gamma_\ell}\right) \tag{5.16}$$

5.2.3 区域显著性权重

通过前面对各种方法的对比我们发现，R-MAC 方法中划分的每个区域对于最终形成的聚合向量的贡献都是统一的，而事实上每个区域中所包含的图像内容的重要性是不同的，应该给予那些包含图像主要内容的区域更大的权重。一般来讲，Sum-map 在一定程度上能反映出图像的主要内容，Sum-map 空间位置上值越大(越亮)表示该空间位置的内容越重要。因此一些深度聚合方法所采用的空间权重也是基于 Sum-map 来定义的，比如 CRoW 方法，通过对 Sum-map 进行适当的归一化来得到特征图的空间权重。基于这样的思想，我们定义区域 R_r 的显著性权重 β_r，如式 (5.17) 所示：

$$\beta_r = \frac{\sqrt{\sum_{i\in R_r}\sum_{j\in R_r}S'(i,j)^2}}{\sum_{ij}\sum S' \cdot A_r} \tag{5.17}$$

其中，$A_r = (w_r \times h_r)/(W \times H)$ 为区域 R_r 占特征图的大小比例。

为了说明区域显著性权重的有效性，图 5.6 展示了 Paris6k 数据集中的几个实例。图中给出了每一幅图像以及对应的 6 个最高权重区域(上)和 6 个最低权重区域(下)对应的原图部分。显然，区域显著性权重能够有效地体现出具有显著视觉内容的区域的重要性，同时降低那些不包含显著内容的背景或其他干扰区域的影响，即便是在原图像受光照、遮挡等因素影响的情况下依然能够起到预想的效果。

图 5.6　区域权重可视化示例(左边为 Paris 数据集中的原图像,右边为 6 个最高权重区域(上)和 6 个最低权重区域对应的原图部分)

5.2.4　特征聚合表达

在得到通道敏感性权重 λ 和区域显著性权重 β 之后,即可对区域特征进行聚合。首先,对区域 R_r 进行通道加权的 Sum-pooling 聚合,并得到 L 维的区域特征向量,其中 $\hat{f}_r = [\hat{f}_r^1, \cdots, \hat{f}_r^\ell, \cdots, \hat{f}_r^L]$,$\hat{f}_r^\ell$ 的计算公式如下:

$$\hat{f}_r^\ell = \left(\sum_{i \in R_r} \sum_{j \in R_r} \lambda_\ell S_\ell(i, j) \right)^\alpha \tag{5.18}$$

其中，$0 \leqslant \alpha \leqslant 1$用来对区域特征向量进行 Power-law 归一化[208]，来消除由于特征突发性(Burstiness)引起的负面影响。

通常情况下，在基于低层和中层的视觉特征表达时，特征突发性通常指在一幅图像中有很多描述子都较为相似的情况，往往在两幅图像进行相似性比较时产生很大影响[213]。Power-law 归一化，一般当 $\alpha=0.5$ 即开方时就能较为有效地解决此类问题。文献[214]研究表明，基于高层的深度卷积特征也同样存在这样的问题，因此在后续的实验部分就 Power-law 归一化的参数 α 对检索性能的影响也做了比较和分析。

当得到每个区域的聚合特征后，便可通过区域显著性权重对每个区域特征向量进行加权，来形成最终的区域特征表达 $\bar{F}=[\bar{f}_1,\cdots,\bar{f}_r,\cdots,\bar{f}_{N'}]$，其中 $\bar{f}_r=\beta_r\hat{f}_r$。然后，再对区域特征分别进行 L_2 归一化+PCA 白化+ L_2 归一化等后处理。最后，利用 Sum-pooling 将所有区域的特征有效聚合为单独的特征向量，再次进行 L_2 归一化。至此，便得到最终的聚合特征向量 F。值得注意的是，这样的后处理是分别针对每个区域的，然后再将其进行 Sum-pooling 的聚合，这样做是为了保留不同尺度的区域特征的差异性，也可看作是一个简单的核来匹配不同尺度上的不同区域。

5.3 实验结果及讨论

本节中首先对数据集和相关实验设置进行了介绍和说明，然后对本章算法涉及的参数对算法性能的影响，以及所提的两种权重的有效性进行了分析和讨论，最后在 6 个数据集上与多种基于深度聚合特征的检索方法进行了实验对比，并验证了本章算法的有效性。

5.3.1 数据集介绍

为了对本章所提的特征聚合方法进行综合评价，实验共采用了基于深度特征的图像检索中常用的 6 个基准图像数据集上，包括：

(1) Oxford Buildings Dataset[6] (Oxford5k)：该数据集选自 Flickr 的 5062 幅 Oxford 地标和建筑图像，其中查询图像共有 55 幅，分别对应 11 个不同的类别，每类 5 幅。这些查询图像都有带有目标区域的矩形框信息，以及对应的不同相关性程度(good、ok、junk、bad)的数据集图像标签(Groud Truth)。与其他文献做法相同，实验中使用了查询图像的矩形框裁剪部分进行检索。

(2) Paris Dataset[215] (Paris6k)：该数据集选自 Flickr 的 6412 幅 Paris 地标和建筑图像。和 Oxford5k 类似，也包含对应 11 类的 55 幅查询图像以及其主要目标的矩形定位信息和 ground truth，并且在实验中也同样使用的是查询图像的矩形框裁剪部分。

(3) INRIA Holidays Dataset[7]（Holidays）：该数据集包含 1491 幅假日风景照片，共有 500 类，每一类包含同样的场景或者目标内容。其中由每一类的第一幅图像构成 500 幅作为查询图像集。和其他大多数文献相同，我们对该数据集中具有错误方向的图像进行了±90°旋转操作，并将图像长宽中最大尺寸缩放至 1024。

(4) University of Kentucky Benchmark Dataset[108]（UKB）：该数据集包含 10200 幅来自 2550 类的室内照片，每一类有不同角度的 4 幅。所有图像均作为查询图像。

(5) Oxford105k：该数据集是在通过 Oxford5k 的基础上合并了数据集[6]的 100k 幅图像而生成的新的数据集，图像数量超过 10 万幅，通常用来进行大规模图像数据集上检索性能的评价。

(6) Paris106k：该数据集与 Oxford105k 类似，是在 Paris6k 数据集中合并了 Flickr100k 数据集。

5.3.2 实验设置及说明

本章实验在 MatConvNet[216]开源库中使用 ImageNet 上的预训练[120]深度网络模型，并提取网络 pool5 层的激活响应值作为数据集图像的深度卷积特征。由于仅提取 pool5 层的深度特征，网络输入的图像均保持原始的尺寸（Holiday 数据集使用缩放后的尺寸）。

在检索性能评价中，Oxford5k/Oxford105k、Paris6k/Paris106k 和 Holidays 数据上均计算所有查询图像的平均检索准确率均值 mAP 作为性能指标比较，UBK 数据集上计算所有查询图像在前 4 个检索结果中平均查准率（P@4），评价指标的计算代码参考文献[128]和文献[217]。为了公平起见，和实验中所比较其他方法相同，我们也采用了 Flickr100k 数据集作为 Holidays 和 UBK 数据集特征后处理中的白化参数学习，对于 Oxford5k/Oxford105k 数据集采用 Paris6k 进行白化参数学习，Paris6k/Paris106k 数据集上采用 Oxford5k 进行白化参数的学习。此外，实验部分对于区域划分所涉及的参数和文献[130]设置相同，即尺度参数 L_l=3，区域重叠参数为 40%。

5.3.3 相关参数对检索性能的影响分析

本章方法涉及 3 个主要参数，包括区域划分的尺度参数 L_l、区域特征 Sum-pooling 聚合时的使用的 Power-law 归一化参数 α，以及最终保留的聚合向量的维数 d。表 5.2 列出了本章算法在不同参数 L_l 和 d 下的检索结果。首先，从区域划分参数 L_l 来看，当 L_l=2 时算法在 6 个数据集上的性能都得到了显著的提高,而当 L_l 继续增大到 L_l=3 时，在大多数数据集上算法的性能依然可以保持小幅度的提升，直到 L_l=4 时，在所有数据集上算法的性能都趋于稳定或有小幅回落的趋势。这样的结果可以得到和文献[128]基本一致的结论，即当 L_l=3 时算法即可得到较优的表现，而尺度的再增加则会使得划分区域过于细小，并不能带来检索准确率上的提升。其次，对于最终的聚

合特征维数 d，本章算法得到的原始特征维数和通道的个数相同即 512 维，从表中的结果我们可以看到，在同一参数 L_l 下，随着特征维数的约简，算法所得到的检索准确率也随之下降，但除 Oxford5k 和 Oxford105k 数据集以外，在其他数据集上下降的幅度并不大。这说明本章算法形成的聚合特征已经较为简约和紧致。

表 5.2 区域划分尺度参数和聚合向量维数对检索性能的影响

Scale	Dim.(d)	Holidays	UBK	Oxford5k	Oxford105k	Paris6k	Paris106k
$L_l=1$	128	0.854	3.696	0.549	0.475	0.742	0.652
$L_l=2$	128	0.886	3.733	0.600	0.547	0.793	0.717
$L_l=3$	128	0.885	3.729	0.609	0.557	0.791	0.720
$L_l=4$	128	0.883	3.721	0.608	0.556	0.780	0.711
$L_l=1$	256	0.868	3.739	0.615	0.546	0.780	0.699
$L_l=2$	256	0.901	3.770	0.660	0.609	0.818	0.752
$L_l=3$	256	0.903	3.767	0.670	0.617	0.817	0.755
$L_l=4$	256	0.902	3.756	0.661	0.612	0.803	0.744
$L_l=1$	512	0.871	3.758	0.632	0.550	0.793	0.709
$L_l=2$	512	0.916	3.795	0.699	0.650	0.829	0.767
$L_l=3$	512	0.912	3.792	0.705	0.658	0.833	0.775
$L_l=4$	512	0.908	3.777	0.703	0.653	0.827	0.772

此外，图 5.7 给出了 $L_l=3$ 和 $d=512$ 时参数 α 对检索性能的影响情况。很显然，参数 α 对最终的检索结果有较为明显的影响，且在所有数据集上该影响具有一定的相似性，即随着 α 逐渐增大，检索准确率也随着提升，直到当 $\alpha=0.5$ 左右时可以取得或接近最高值，然后再逐渐回落。特别地，尽管 Holidays 和 Oxford105k 数据集上

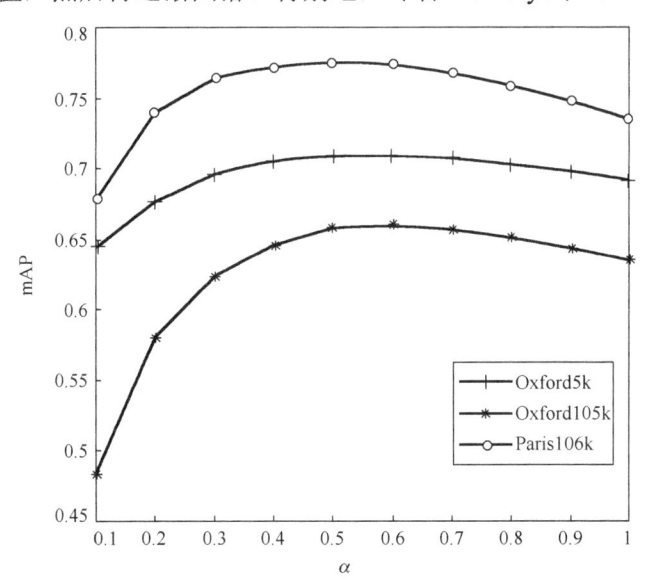

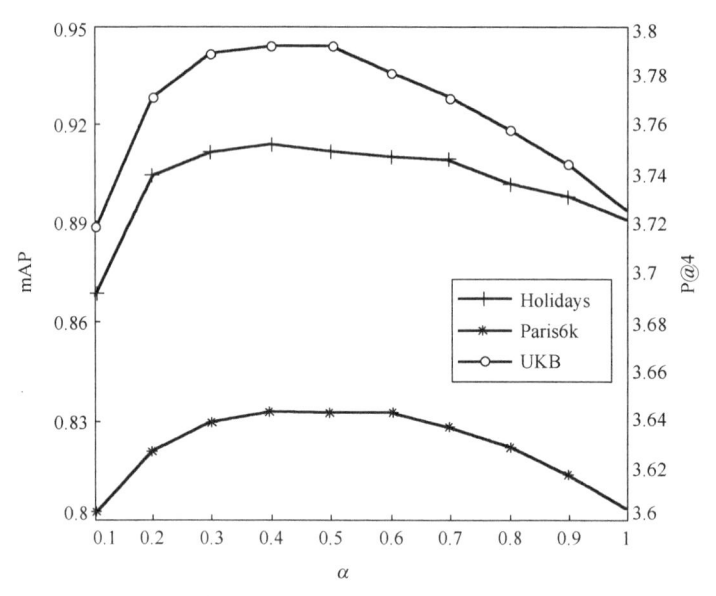

图 5.7 特征聚合采用的 Power-law 归一化参数 α 对检索性能的影响

最高 mAP 值分别出现在 $\alpha=0.4$ 和 $\alpha=0.6$ 时,但与 $\alpha=0.5$ 时所取得的 mAP 相差微妙。由此可知,深度特征仍存在着特征突发性现象,所以在采用 Sum-pooling 聚合时进行 Power-law 归一化还是非常有必要的,并且一般设置参数 $\alpha=0.5$ 即可取得较为满意的结果。因此,在后面的实验中,本章方法给出的实验结果均设置 $L_l=3$ 和 $\alpha=0.5$。

5.3.4 区域权重和通道权重对检索性能的影响分析

尽管在前面的 5.3.2 节和 5.3.3 节部分已经对通道敏感性权重和区域显著性权重的有效性进行了说明,这里再次通过检索性能指标来分析这两种权重对算法检索性能的作用。图 5.8 所示为本章所提的通道敏感性权重 λ 和区域显著性权重 β 在不同维数的聚合特征下对检索性能的影响情况。图中"R-SAC"表示不采用任何两种权重,"R-SAC+Wr"表示仅采用区域显著性权重,"R-SAC+Wb"表示仅采用通道敏感性权重,"R-SAC+Wr+Wb"表示两种权重均采用。

从图上我们能很容易地看出,尽管当聚合特征的维数为 512 时,两种权重对检索性的提升效果并不是特别明显,但随着聚合特征的维数降低,两种权重各自都发挥出了显著的作用,尤其当聚合特征维数为 128 时,区域显著性权重对检索性能的提升幅度非常突出,同时,当聚合特征维数为 256 时,通道敏感性权重在 Paris 的两个数据集上对检索性能的提升起到了更大的作用,而当两种权重进行组合时仍可以整体上再次提升算法检索性能。这再次说明了本章所提的两种权重的有效性。

(a) Oxford5k

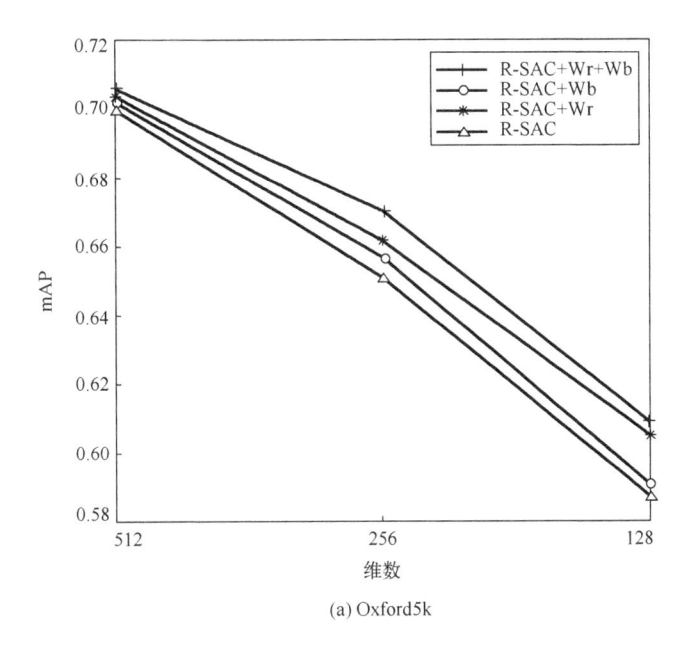

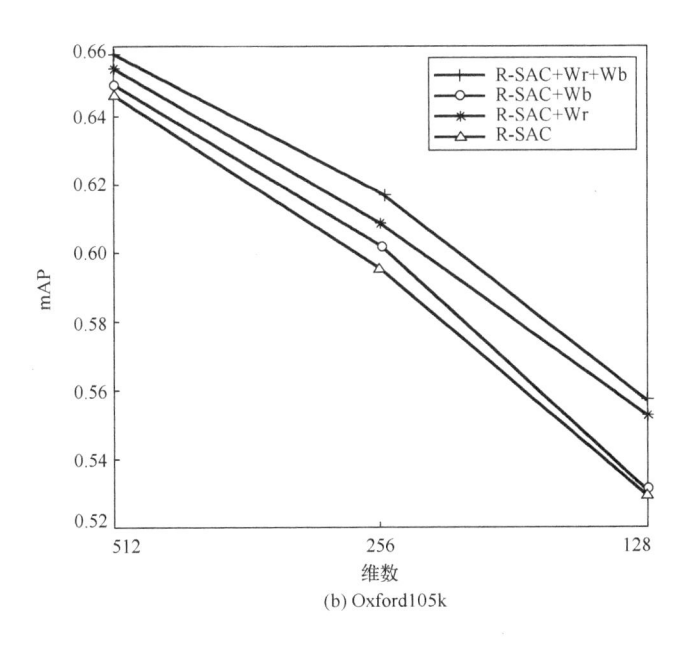

(b) Oxford105k

(c) Paris6k

(d) Paris106k

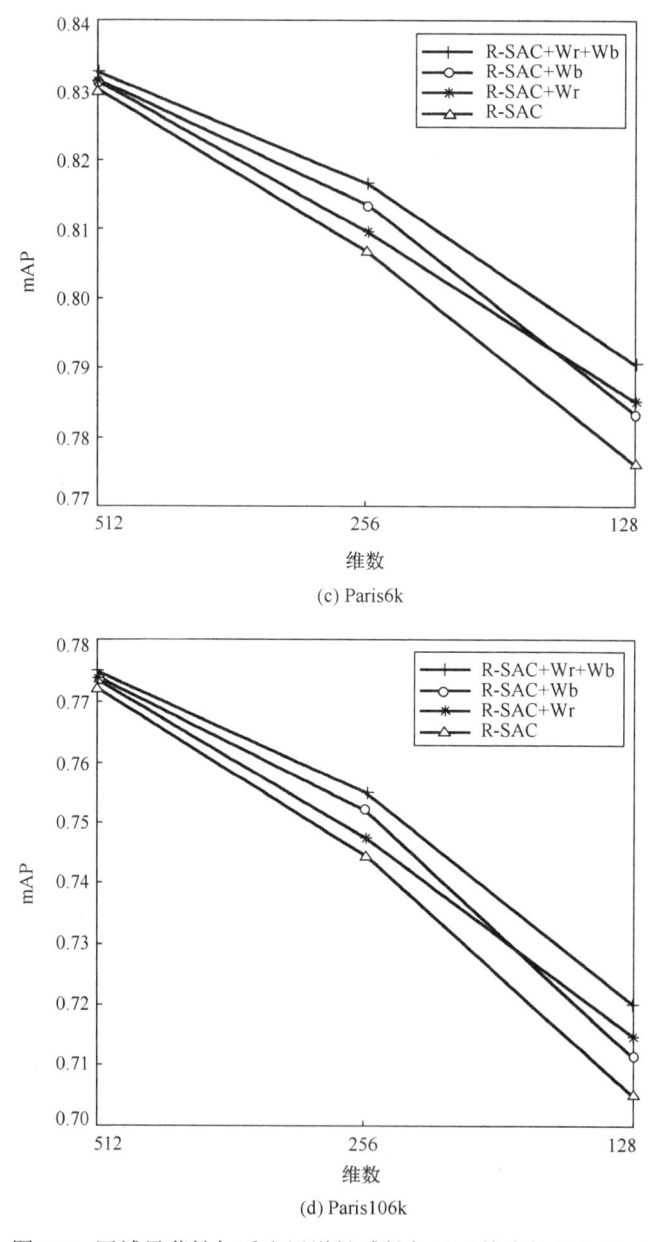

图 5.8 区域显著性权重和通道敏感性权重对检索性能的影响

5.3.5 检索性能比较

表 5.3 列出了本章所提方法与一些基于 CNN 的同类方法在 6 个基准数据集上的检索性能比较。这些方法均采用预训练的深度卷积网络模型且没有进行网络微调，

这些方法中除 5.2.1 节中介绍过的几种代表性方法以外，还有一些比较经典的深度特征聚合方法，如 Tr.Embedding[217]、MOP-CNN[125]和 NetVLAD[177]等，以及近一年提出的较新深度特征聚合方法，包括 Do2018From[214]和 SBA[218]等。

表 5.3 基准图像库上的检索性能比较

Methods	Dim.(d)	Holidays	UBK	Oxford5k	Oxford105k	Paris6k	Paris106k
Tr.Embeddi-ng[217]	1024	0.72	—	0.562	0.502	—	—
NetVLAD[177]	1024	0.873	—	0.626	—	0.733	—
SCAD[127]	1024	0.902	—	0.617	—	—	—
Tr.Embedding	512	0.700	—	0.676	0.611	—	—
MOP-CNN[125]	512	0.783	—	—	—	—	—
Neural Codes[124]	512	—	—	0.435	0.392	—	—
R-MAC[128]	512	0.866	3.749	0.669	0.616	0.830	0.757
CroW[129]	512	0.851	—	0.708	0.653	0.797	0.722
Do2018Fro-m[214]	512	0.887	—	0.692	0.653	0.825	0.740
SBA[218]	512	—	—	0.720	0.662	0.823	0.758
R-SAC(our)	512	0.912	3.792	0.705	0.658	0.833	0.775
Tr.Embedding	256	0.657	—	0.472	—	0.408	—
Neural Codes[124]	256	0.789	3.560	0.557	—	—	—
SPoC	256	0.802	3.650	0.531	—	0.501	—
R-MAC	256	0.889	3.726	0.561	0.470	0.729	0.601
CroW	256	0.851	—	0.684	0.637	0.765	0.691
R-SAC(our)	256	0.902	3.767	0.670	0.617	0.817	0.755
Tr.Embedding	128	0.615	—	0.4	—	0.339	—
Ng2015[131]	128	0.836	—	0.593	—	0.590	—
CroW	128	0.828	—	0.641	0.590	0.746	0.670
R-SAC(our)	128	0.885	3.729	0.609	0.557	0.791	0.720

表 5.3 列出了 6 个数据集上所有方法在不同的聚合特征维数下的检索准确率。从所列结果来看，本章所提方法在 Holidays、UBK、Paris6k 和 Paris106k 四个数据集上，当聚合特征维数分别为 512、256 和 128 时均能取得了最好的检索结果，而且高于维数为 1024 的其他三种方法；而在 Oxford5k 和 Oxford105k 两个数据集上，当聚合特征维数为 512 时，本章所提方法得到的检索准确率分别比 SBA 和 CRoW 方法低 1.5%和 0.4%；当维数为 256 和 128 时本章方法的表现低于 CroW 方法 1%～2%和 3%～4%，但在 Holidays、Paris6k 和 Paris106k 上本章方法的检索性能显著高于

CroW 方法约 5%和 6%。图 5.9 所示为 Paris6k 数据集上的 55 个查询图像采用本章方法检索返回的前 10 幅最相似的图像，结果全部正确，而采用 CRoW 方法时存在 3 个错误结果。图 5.10 所示为当聚合特征维数为 128 时，在 Oxford5k 数据集上的几个查询实例，可以看到尽管本章方法即使维度降低到 128 时，仍然对于图像的视角、遮挡和尺度等变化和其他干扰具有一定的鲁棒性。因此，从整体来看，本章所提的聚合特征方法具有一定竞争力。

此外，扩展查询作为一种有效的重排序方法，相比基于扩散过程的距离优化重排序方法，扩展查询简单易行且不需要太多额外计算负担，因此在很多图像检索应用中常常被用来提升算法检索准确率。我们对不同方法在采用扩展查询情况的检索准确率也进行了比较，与 CRoW 方法和 SBA 方法相同，在进行扩展查询重排序时我们设置的重排序图像个数为 10，即在初始查询后再采用初始排序结果中的前 10 个图像的平均特征向量，作为新的查询图像特征进行再次查询，结果见表 5.4 所示。

表 5.4 采用扩展查询的检索性能比较

Methods	Dim.(d)	Oxford5k	Oxford105k	Paris6k	Paris106k
CroW+QE[129]	512	0.749	0.706	0.848	0.794
R-MAC+AML+QE[128]	512	0.773	0.732	0.865	0.798
SBA+QE[218]	512	0.748	0.725	0.860	0.807
R-SAC(our)+QE	512	0.776	0.731	0.879	0.838
CroW+QE	256	0.718	0.676	0.815	0.753
R-SAC(our)+QE	256	0.734	0.698	0.865	0.823
CroW+QE	128	0.670	0.641	0.793	0.728
R-SAC(our)+QE	128	0.657	0.629	0.839	0.789

从表中所列的结果来看，首先，尽管 R-MAC 方法中在 QE 之前还采用了 AML 方法进行了重排序，但本章方法依然可以在四个数据集上获得与 R-MAC 方法相当甚至更高的检索准确率。其次，在 Paris 的两个数据集上本章所提方法在三种不同的聚合特征维数下均取得了最高的检索准确率。最后，与未采用扩展查询时的结果相比，当聚合特征维数分别为 512 和 256 时，本章方法在 Oxford 的两个数据集上的检索准确率都超过了 SBA 和 CRoW 方法，同时，当聚合特征维数为 128 时，本章方法与 CRoW 方法之间的差距也比未采用扩展查询时缩小了很多。在上述各种方法的表现中我们也不难看出，在进行扩展查询重排序后，各种方法的检索准确率都得到了一定程度的提升。一方面，在初始查询结果较好时扩展查询通过对查询图像特征的再次增强，进一步提升了检索的准确率；另一方面，对于在初始查询结果中存

在错误结果时，扩展查询也能够弱化查询图像特征中的一些干扰信息，使得新的查询图像特征具有更好的表征能力，最终起到改善查询结果的目的。

图 5.9　Paris6k 数据集上 55 幅查询图像及其检索结果中前 10 幅最相似图像（查询图像位于最左边）

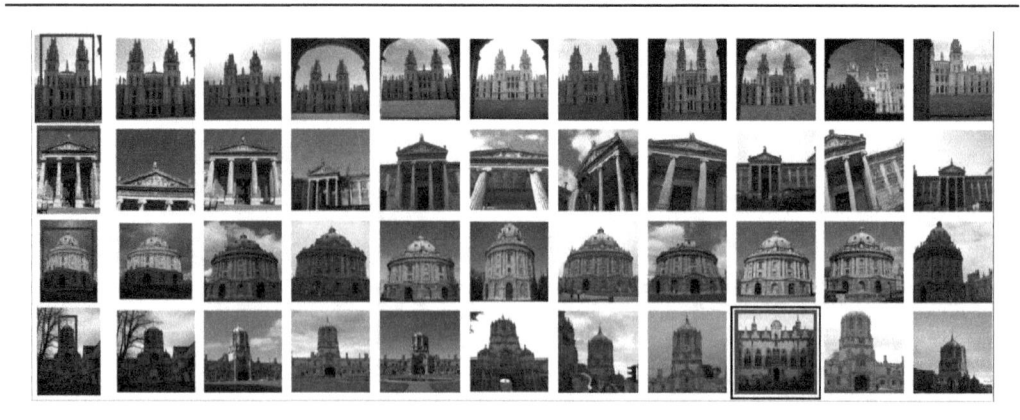

图 5.10 Oxford5k 数据集上的检索示例（带边框的为错误结果）

尽管该方法利用了多尺度信息，但并不需多次输入不同尺度原图像，而是对深度特征进行多尺度和多区域的聚合，且对于不同区域进行的聚合操作可以并行进行，所以不会带来太多额外的计算消耗。

第6章 基于AFS语义特征空间的图像检索

在前面内容的研究中，不管是基于传统视觉特征的图像检索还是CNN深度特征的图像检索方法，在特征提取阶段可以通过有效的特征融合或特征聚合等方式来增强图像特征的表征能力，同时在特征匹配阶段也可以通过距离优化或者重排序方法进一步提升图像检索准确率。这也从另一个侧面反映出这些方法本身在图像特征的表达和图像相似性的度量方面仍存在着一定的特征语义差异和关系语义差异。而一种理想的特征表达和相似度度量方法，应该能反映图像的语义特征以及图像之间语义关系[219]。那么，如何在已有的图像特征空间上寻求一种新的表征方式更好地体现图像的高层语义信息？如何定义一种准确的、鲁棒的且能反映图像语义相似性度量方法来改进传统的基于特征值的点对关系距离度量模式？这些问题的研究仍然是图像检索领域极具挑战的内容之一。

近年来，在基于语义的数据分析研究中，公理模糊集理论AFS在各种数据聚类和分类任务中表现出独一无二的强大语义分析能力[220]。基于AFS的分类和聚类方法能够捕捉到分布在语义特征空间中的微妙的语义相似信息，更准确地揭示出其潜在的数据内在结构，从而获得更好的数据分类和聚类性能。这些研究工作具有两个相同点：一是使用AFS理论将语义概念嵌入到原始数据特征空间，二是基于语义概念定义数据之间的相似性。这两点正好为我们在图像检索中寻求的语义特征表达和语义相似关系度量提供了很好的借鉴。然而，不同于一般的数据聚类和分类任务，基于内容的图像检索是一个无监督的过程，没有数据样本的训练和学习，而且自然彩色图像其内容复杂、特征维数较高，这就对特征空间的语义概念表达和语义度量方法的合理性和准确性提出了更高的要求。

基于上述方面的考虑，本章在基于内容的图像检索中首次引入AFS理论，提出了一种基于语义特征表达和语义相似性度量的图像检索方法，该方法完全不同于传统的基于全特征空间和特征点对距离度量的图像检索模式。在AFS框架下，通过模糊概念的嵌入将图像的原始特征空间映射到新的语义特征空间，再根据特征空间数据的分布和模糊语义，为每一个图像样本寻找最能体现其与其他图像差异的语义描述，从而构造出新的图像语义特征集；在此基础上，定义了一种有效的图像语义相似度量方法，通过融入图像近邻与图像近邻之间的上下文关系，克服了AFS的聚类和分类中所采用的基于图像两两之间的语义度量方法[221-223]的局限性。本章所提方法在完成包括采用原始像素级灰度特征的人脸检索任务和采用CNN深度特征的自然图像检索任务都有不错的表现，为基于语义的图像检索研究提供了新的思路。

6.1 AFS 理 论

为了更好地适应机器智能和自动化决策时代，模糊集的概念被提出并用来解决自然语言在描述人类认知信息时产生的主观不精确性，以及现实世界中普遍存在的随机的客观不确定性问题。模糊集和模糊逻辑通过建立不精确的推理方式，在数值度量上使人类自然语言和计算机语言表示的概念形式化，从而在不精确性和不确定性的情况下做出合理的决策。刘晓东教授于 1995 年提出了一种处理模糊概念的语义方法，即公理模糊集(Axiomatic Fuzzy Set，AFS)理论[220]，近年来在模糊认知图构建[224]、模糊关联规则分析[225]、形式概念分析[226]以及数据分类和聚类[221-223,227-230]等多个领域得到广泛应用。

AFS 理论本质上是通过模仿人类感知来观察事物并形成描述对象特征的模糊概念并产生逻辑的机理，从更抽象、一般的层面对模糊概念及其逻辑运算[231]进行讨论。AFS 理论主要包含 AFS 代数和 AFS 结构两部分，其中，AFS 代数主要研究模糊概念的逻辑运算，包括 EI，EII，…，EI^n，E$^\#$I，E$^\#$II，…，E$^\#$I^n 代数等；AFS 结构可以理解为一种特殊的组合结构，可以依据数据的分布信息和模糊概念的语义自动给出模糊概念的隶属函数。为了便于后续研究内容的理解，本节对涉及的 AFS 相关概念、定义和定理等进行简要介绍，更系统、更详细的 AFS 理论内容可参见专著[220]。

6.1.1 AFS 代数

AFS 代数是关于模糊概念的一族完全分配格[232]，主要用于研究简单概念与复杂概念之间的逻辑关系。假设 X 是一个数据集合，$M = \{m_1, m_2, \cdots, m_n\}$ 是定义在 X 集合上的简单概念，其中每个简单概念 m 仅与一个属性相关联。那么通过多个简单概念的合取"∨"和析取"∧"运算灵活地生成一个新的模糊概念，往往这样的模糊概念与多个属性相关联，也称之为复杂概念，即对于任意子集 $A \subseteq M$ 可通过式(6.1)生成若干复杂概念。

$$\gamma = \sum_{i \in I} \left(\prod_{m \in A_i} m \right), \quad A_i \subseteq M, i \in I \tag{6.1}$$

上述以简单概念为基础经过 Σ 和 Π 生成复杂概念的过程中需满足以下 3 条自然语义公理：

- 可吸收性：Π 运算过程中的重复项可被约简。
- 可交换性：Π 和 Σ 运算是可交换的。
- 可分配性：Π 和 Σ 运算满足分配律原则。

令 M 是非空集合，集合 EM^* 被定义如下：

$$EM^* = \left\{ \sum_{i \in I} \left(\prod_{m \in A_i} m \right) \middle| A_i \subseteq M, i \in I, I \text{非空} \right\} \tag{6.2}$$

EM^* 上的等价关系 R 定义如下：

定义 6.1[188] 对任意 $\sum_{i \in I}(\prod_{m \in A_i} m)$，$\sum_{j \in J}(\prod_{m \in B_j} m) \in EM^*$，

$$\left[\sum_{i \in I} \left(\prod_{m \in A_i} m \right) \right] R \left[\sum_{j \in J} \left(\prod_{m \in B_j} m \right) \right] \Leftrightarrow \text{(i)} \forall A_i (i \in I), \exists B_h (h \in J), \quad \text{s.t.} A_i \supseteq B_h \tag{6.3}$$

$$\text{(ii)} \forall B_j (j \in J), \exists A_k (k \in I), \quad \text{s.t.} B_j \supseteq A_k$$

在定义 6.1 的等价关系 R 基础上，记商集 EM^*/R 为 EM。对于任意一个概念 $\zeta \in EM$，ζ 表示的语义是唯一的，则 $(EM, \vee, \wedge)$ 称为 EM 上的 EI 代数。

6.1.2 AFS 结构

定义 6.2[233] 设 ζ 是 X 上的模糊概念，定义关于 ζ 的二元关系 $R_\zeta (R_\zeta \subset X \times X)$ 如下：对于任意的 $x, y \in X$，$(x, y) \in R_\zeta \Leftrightarrow x$ 隶属于概念 ζ 的程度大于等于 y 隶属于 ζ 的程度。

定义 6.3[233,234] 设 R 为 X 上的二元关系，如果对于任意的 $x, y, z \in X$，$x \neq y$，R 满足下列条件：

(1) 如果 $(x, y) \in R$，那么 $(x, x) \in R$；
(2) 如果 $(x, x) \in R$ 且 $(y, y) \notin R$，那么 $(x, y) \in R$；
(3) 如果 (x, y) 和 $(y, z) \in R$，那么 $(x, z) \in R$；
(4) 如果 $(x, x) \in R$ 且 $(y, y) \in R$，那么 $(x, y) \in R$ 或者 $(y, x) \in R$；

则称关于模糊概念 ζ 的二元关系 R_ζ 是 X 上的弱偏好关系，同时概念 ζ 为简单概念，否则为复杂概念。

定义 6.4[220] 设 X 是一个集合，M 是 X 上的简单概念的集合，2^M 是 M 的幂集。如果 $\tau: X \times X \to 2^M$ 满足下列两个条件：

(1) $\forall (x_1, x_2) \in X \times X, \tau(x_1, x_2) \subseteq \tau(x_1, x_1)$；
(2) $\forall (x_1, x_2), (x_2, x_3) \in X \times X, \tau(x_1, x_2) \cap \tau(x_2, x_3) \subseteq \tau(x_1, x_3)$；

则称 (M, τ, X) 为一个 AFS 结构。令 X 是样本集合，M 是 X 上的简单概念集合，$\tau: X \times X \to 2^M$ 定义为：

$$\tau(x, y) = \{m | m \in M, (x, y) \in R_m\} \in 2^M \tag{6.4}$$

其中，R_m 是简单概念 m 上的二元关系，τ 满足以上条件，(M, τ, X) 是一个 AFS 结构。

6.1.3 AFS 一致性隶属函数

设 X 是一个数据集合，M 是 X 上的简单概念集，(M,τ,X) 是数据集的一个 AFS 结构，对于 $x \in X$，$A \subseteq M$，集合 $A^\tau(x)$ 定义如下：

$$A^\tau(x) = \{y | y \in X, \tau(x,y) \supseteq A\} \tag{6.5}$$

其中，$A^\tau(x)$ 是 X 的一个子集，对于任意一个简单概念 $m \in A$，$A^\tau(x)$ 中的元素属于 m 的程度都小于或等于 x 属于 m 的程度。$A^\tau(x)$ 是由 A 中的语义和被观测数据的概率分布决定的。

对于任意一个概念 $\xi \in EM$，设 $\mu_\xi \to [0,1]$ 是概念 ξ 的隶属函数，$\{\mu_\xi(x) | \xi \in EM\}$ 被称为 AFS 逻辑系统(EI 代数) $(EM,\vee,\wedge)$ 和\ AFS 结构 (M,τ,X) 的一致性隶属函数集合，如果满足以下条件：

(1) 对于任意两个概念 $\alpha,\beta \in EM$，如果在 AFS 结构 $(EM,\vee,\wedge)$ 中有 $\alpha \leq \beta$，则对于任意 $x \in X$ 有 $\mu_\alpha(x) \leq \mu_\beta(x)$；

(2) 对于 $x \in X$，$\eta = \Pi_{m \in A} m \in EM$，如果对于所有 $i \in I$，$A_i^\tau(x) = \varnothing$，则 $\mu_\eta(x) = 0$；

(3) 对于 $x,y \in X$，$A \subseteq M$，$\eta = \Pi_{m \in A} m \in EM$，如果 $A^\tau(x) \subseteq A^\tau(y)$，$\mu_\eta(x) \leq \mu_\eta(y)$；如果 $A^\tau(x) = X$，则 $\mu_\eta(x) = 1$。

由此可看出，一致性隶属度与样本数据 X 上的测度相关联，是根据简单概念的语义和数据特征的概率分布建立起来的。

定义 6.5[188] 设 υ 是 X 的简单概念，如果 $\rho_\upsilon : X \to R^+ = [0,+\infty)$ 满足：

(1) $\forall x \in X, \rho_\upsilon(x) = 0 \leftrightarrow (x,x) \notin R_\upsilon$；

(2) $\forall x,y \in X, \rho_\upsilon(x) \geq \rho_\upsilon(y) \leftrightarrow (x,y) \in R_\upsilon$；

则称 ρ_υ 是简单概念 υ 的权重函数，其中 ρ_υ 是关于概念 υ 的二元关系。那么，对于任意 $m \in M$ 和 $x \in X$，模糊概念 $\xi = \sum_{i \in I}(\prod_{m \in A_i} m) \in EM$ 的隶属函数定义为：

$$\mu_\xi(x) = \sup_{i \in I} \inf_{\gamma \in A_i} \frac{\sum_{\mu \in A_i^\tau(x)} \rho_\gamma(u) N_u}{\sum_{\mu \in X} \rho_\gamma(u) N_u}, \forall x \in X \tag{6.6}$$

其中，N_u 是样本 $u \in X$ 被观测到的次数。如果对于任意的 $\gamma \in M$，$\rho_\gamma(u)$ 在 Ω 空间上连续，那么对于任意的 $x \in \Omega$，当 $|X|$ 趋近于无穷大时，式(6.6)定义的隶属函数收敛于式(6.7)所示的隶属函数。

$$\mu_\xi(x) = \sup_{i \in I} \inf_{\gamma \in A_i} \frac{\int_{A_i^\tau} \rho_\gamma(t) dP(t)}{\int_\Omega \rho_\gamma(t) dP(t)}, \forall x \in \Omega \tag{6.7}$$

上述隶属函数的定义中，权重函数 ρ 可以根据数据的分布特点以及实际中 υ 的内在语义来定义其类型，比如三角形函数、梯形函数、高斯函数等。由此可见，在权重函数给定的情况下，隶属度函数是基于实际观测数据空间分布上的模糊集语义的逻辑运算，同时可考虑了数据的模糊性和随机性。

6.1.4 AFS 框架下的语义特征表达

在 AFS 框架下，通过模糊语义概念的嵌入将原始特征空间映射到了一个新的语义特征空间，使得样本在语义层面更具可辨别性，更易于体现样本和样本之间的差异性。对于图像集 $X=\{x_1,x_2,\cdots,x_N\}$，假设 $F=\{f_1,f_2,\cdots,f_d\}$ 是所提取的 d 维图像特征集合，那么定义模糊语义集合 $M=\{m_{i,j}|1\leq i\leq d,1\leq j\leq 3\}$，其中，$m_{i,1}$、$m_{i,2}$、$m_{i,3}$ 分别代表特征 f_i 上的三种模糊语义"小""中"和"大"，也称简单概念。为了计算模糊语义的隶属度，首先需要定义一个权重函数，用来描述样本属于每一个简单概念的权重。以最常用的三角权重函数为例，如图 6.1 所示。

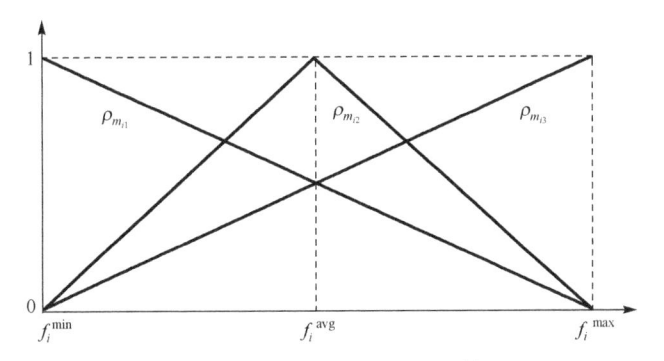

图 6.1 简单概念的权重函数

图中 $\rho_{m_{i1}}$、$\rho_{m_{i2}}$ 和 $\rho_{m_{i3}}$ 分别对应三种模糊语义的权重函数，分别定义如下：

$$\rho_{m_{i1}} = \frac{f_i^{\max} - f_i}{f_i^{\max} - f_i^{\min}} \tag{6.8}$$

$$\rho_{m_{i2}} = \begin{cases} \dfrac{f_i - f_i^{\min}}{f_i^{\text{avg}} - f_i^{\min}}, & f_i^{\min} \leq f_i \leq f_i^{\text{avg}} \\ \dfrac{f_i^{\max} - f_i}{f_i^{\max} - f_i^{\text{avg}}}, & f_i^{\text{avg}} \leq f_i \leq f_i^{\max} \end{cases} \tag{6.9}$$

$$\rho_{m_{i3}} = \frac{f_i - f_i^{\min}}{f_i^{\max} - f_i^{\min}} \tag{6.10}$$

其中，$f_i^{\max}$ 表示属性 f_i 上的最大值，$f_i^{\min}$ 表示属性 f_i 上的最小值，$f_i^{\text{avg}} = (f_i^{\max} - f_i^{\min})/2$。那么原始特征空间即可扩展到一个 $3\times d$ 维的新的语义特征空间。

然后，每一个图像样本 x 属于每一个模糊语义的隶属度都可以通过如式(6.6)所示的隶属度函数计算而得，其隶属度反映了模糊语义对样本的描述程度，隶属度越大，模糊语义对样本的描述越好。显然，在新的语义特征空间中，不是所有的模糊语义都能很好地描述某个样本，换句话说，有些图像样本在某些语义特征上差异更明显，而在另一些语义特征上差异不明显。同样地，适合于描述于一些图像样本的语义特征并不一定适合于描述其他图像样本。因此，在新的语义特征空间中，可以根据每个图像样本 x 属于模糊语义的隶属度的大小来筛选出一些更适合于描述图像本身的语义概念 ξ_x，选择的原则如下：

$$\xi_x = \bigwedge_{m \in M_x^{\text{good}}} m, \quad M_x^{\text{good}} = \{m \in M \mid \mu_m(x) \geq \max\{\mu_m(x)\} - \varepsilon\} \quad (6.11)$$

其中，ε 是控制误差阈值的一个较小的正数，用来筛选出更适合描述样本 x 的简单概念 m，然后通过 $\wedge$ 逻辑运算将筛选出来的这些简单概念构成适合描述样本 x 的模糊语义 ξ_x，也称为显著语义。显然，由于集合 M_x^{good} 中的每一个简单概念 m 都能很好地描述图像样本 x，因此通过滤掉一些不显著的、可辨别性不好的语义之后，模糊语义 ξ_x 就能够准确地反映样本数据内在的语义结构[221]。通过为每一个图像样本选出其各自的模糊语义，最终可对图像集 X 构造一个特征语义描述集合 $\xi = \{\xi_{x_1}, \xi_{x_2}, \cdots, \xi_{x_N}\}$。

6.2 基于 AFS 的语义相似性度量

本节首先分析了一些基于 AFS 的聚类方法中定义的语义度量方法，并对其进行改进提出一种基于局部近邻的语义度量方法。

6.2.1 AFS 聚类方法中的语义度量方法

基于 AFS 的聚类算法最早在文献[233]中被提出，随后有很多扩展和改进的相关工作也陆续开展起来[221-223,235]。事实上，基于 AFS 的聚类方法是通过模糊隶属函数来刻画潜在的数据结构，样本和样本之间的距离不再通过原始空间上的欧氏距离来度量，而是在基于 AFS 的语义特征空间上通过模糊语义集上语义隶属度来表示。在这些基于 AFS 的距离度量方法中，通常有两种方式来定义距离(相似度)度量。假设对于两个样本 $x_i, x_j \in X$，它们之间的相似度可定义如下[222,223]：

$$s_{i,j} = \min\{\mu_{\xi_{x_i} \wedge \xi_{x_j}}(x_i), \mu_{\xi_{x_i} \wedge \xi_{x_j}}(x_j)\} \quad (6.12)$$

其中，ξ_{x_i} 和 ξ_{x_j} 分别表示描述样本的 x_i 和 x_j 的模糊语义。两样本之间的相似度定义为两个样本分别属于模糊语义 $\xi_{x_i} \wedge \xi_{x_j}$ 的隶属程度中的最小值。

此外，两样本之间距离还可以被定义为[221]：

$$D_{i,j} = 1 - \min\{\overline{\mu}_{\xi_{x_j}}(x_i), \overline{\mu}_{\xi_{x_i}}(x_j)\} \quad (6.13)$$

$$\bar{\mu}_{\xi_{x_i}}(x_j) = \left\{ m_k \in \xi_{x_i} \left| \frac{\sum_{k=1}^{N_{\xi_{x_i}}} \mu_{m_k}(x_j)}{N_{\xi_{x_i}}} \right. \right\} \quad (6.14)$$

其中，m_k 表示模糊语义 ξ_{x_i} 中的简单语义，$\bar{\mu}_{\xi_{x_i}}(x_j)$ 表示 x_j 属于描述 x_i 的模糊语义 ξ_{x_i} 的隶属度的平均值，$N_{\xi_{x_i}}$ 为模糊语义 ξ_{x_i} 中的简单语义个数。

6.2.2 基于局部近邻的语义相似度量方法

与传统的距离度量方法不同的是，以上两种基于 AFS 的语义距离（相似度）度量定义在新的语义特征空间，因此一定程度上体现了图像语义特征。然而相同的是，这些基于 AFS 的语义距离度量方法也是基于两两样本之间的关系。受基于扩散过程的距离优化的思想启发，我们引入局部近邻关系定义了一种新的语义相似性度量方法，简称为 AFSSAM（AFS-based Semantic Affinity Metric）。

通过局部近邻关系来更准确地刻画数据潜在的语义相似性结构，从而增强语义相似度的准确性和稳定性。对于任意两个样本 x_i 和 x_j 之间的语义相似度定义如下：

$$s_{i,j} = \sum_{k=1}^{K} (\mu_{\xi_{x_i}}(x_j^k) + \mu_{\xi_{x_j}}(x_i^k)) \quad (6.15)$$

其中，ξ_{x_i} 为描述样本 x_i 的模糊语义，x_i^k 为样本 x_i 的 K-NN 近邻中第 k 个最近邻样本。

这样的语义距离的定义源于如下假设：如果两个样本 x 和 y 语义相似，那么适合于描述样本 x 的语义 ξ_{x_i} 也应能很好地描述样本 y 以及样本 y 的近邻样本，反之亦然。显然，这样的假设也符合人类对事物的认知，如图 6.2 所示，这样的语义度量

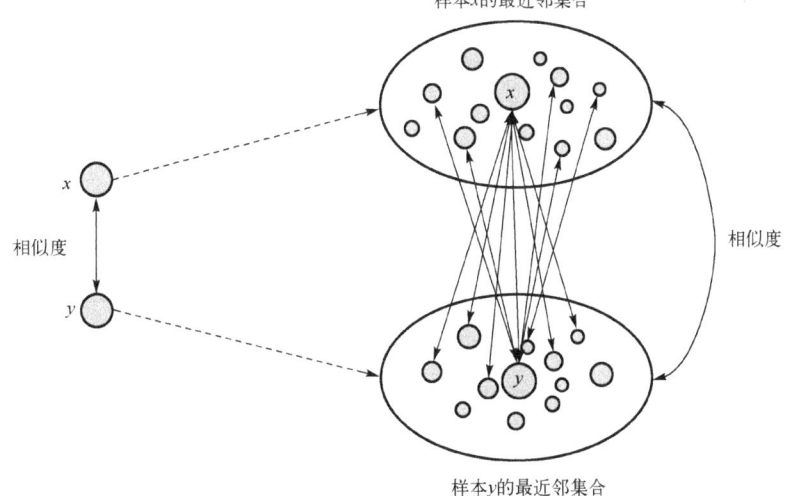

图 6.2 基于局部近邻的语义相似性

其本质上是将样本和样本之间的相似关系拓展到样本集合到样本集合之间的相似关系，因此其对相似关系的描述更稳定、更具鲁棒性，能有效地避免一些噪声样本带来的影响。

6.2.3 基于 AFS 语义的图像检索算法框架

在 AFS 框架下，通过在提取的图像特征空间即为图像集 X 构造一个语义描述集合，然而，事实上每一维图像特征对每一幅图像的可描述和可辨别能力是不同的，我们也可以将其理解为特征对图像描述具有不同的显著性，显著性越高表示该特征越适合描述该图像。因此在构造图像语义描述集合之前，我们先计算出每一维特征 f 描述图像 x 的显著性值，然后仅选择显著值较大的若干个特征 F_{select} 来构造图像 x 的语义描述。这里，我们定义图像 x 上特征 f 的显著性值 I_x^f 为图像 x 关于特征 f 子空间的近邻图像集合 N^f 与关于全特征 F 空间的近邻图像集合 N^F 的交集的图像个数，个数越大表示显著性越高，也意味着该特征对描述图像 x 越重要。

由此，我们便可为图像 x 选择比较重要的特征集合 F_{select} 来构造其语义描述，从而构造图像集 X 的语义描述集合。然后根据上述定义的基于局部近邻关系的 AFS 语义相似度量方法来计算任意两图像样本 x 和 y 之间的相似度 $s_{i,j}$，由此便可得到一个关于图像集 X 的相似度矩阵 $S=\{s_{i,j}, 1 \geqslant i \geqslant N, 1 \geqslant j \geqslant N\}$，也可以称之为亲密矩阵。在矩阵 S 中，相似度 $s_{i,j}$ 值越大，表示图像 x 和 y 越相似。因此，图像检索任务即可通过对矩阵 S 的每一行进行排序来完成。

综上，本章所提的基于 AFS 语义相似度量的检索框架如图 6.3 所示，该框架中基于提取的图像特征，首先计算特征的显著性并在 AFS 框架下基于部分显著性特征构造语义特征空间，然后为图像筛选合适语义描述，最后通过语义相似性度量计算图像的相似性，从而通过排序来完成图像检索任务。算法 6.1 给出了本书所提方法 AFSSAM 的具体的步骤。

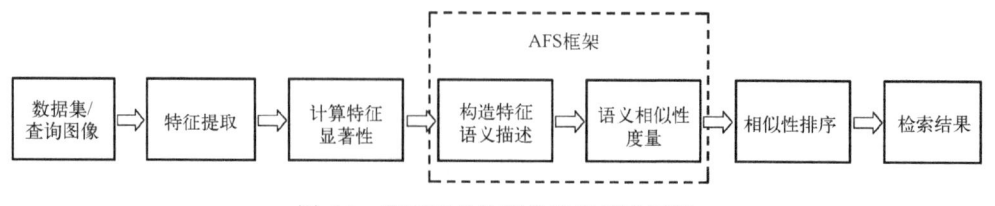

图 6.3 基于语义的图像检索算法框架

算法 6.1　AFSSAM 算法

输入：X：大小为 $N \times d$ 的图像特征矩阵，也记为 $F=\{f_1, f_2, \cdots, f_d\}$；$N_k$：特征显著性计算时的 K-NN 近邻数；$N_s$：显著性特征选取的个数；$K$：语义相似性度量时的局部近邻数；$\varepsilon \in [0,1]$：简单概念筛选的阈值。

输出：S^*：排序后的图像相似度矩阵。
1. 将 X 中的每一维特征 f 采用线性归一化到[0.1]区间；
2. for 每一幅图像 $x \in X$ do
3. 根据原始特征空间 F 上的欧氏距离，构造 x 的 N_k 最近邻集合 N^F；
4.   for 每一维特征 $f \in F$ do
5.   根据原始特征空间中的 f 特征空间，构造 x 的 N_k 最近邻集合 N^f；
6.   计算 $|N^F \cap N^f|$ 数值并作为图像 x 上的特征 f 的 I_x^f 显著性值；
7.   end for
8. end for
9. 根据特征的显著性值 I_x^f 进行降序排序；
10. 选择前 N_s 个显著性特征构造特征集合 F_{select}；
11. for 每一幅图像 $x \in X$ do
12. 定义 F_{select} 中的每一个特征 f 的简单概念 m_{i1}，m_{i2} 和 m_{i3}；
13. 构造 x 的简单概念集合 M；
14. 根据条件筛选出样本 x 的简单语义并构成集合 $M_x^{\text{good}} = \{m \in M | \mu_m(x) \geq \max\{\mu_m(x)\} - \varepsilon\}$；
15. 通过析取运算构造样本 x 的模糊语义 $\xi_x = \wedge_{m \in M_x^{\text{good}}} m$；
16. end for
17. 计算任意两样本之间的相似度 $S = \{s_{ij}\}$，$s_{i,j} = \sum_{k=1}^{K}(\mu_{\xi_{x_i}}(x_j^k) + \mu_{\xi_{x_j}}(x_i^k))$；
18. 对相似性矩阵 S 的每一行按照 $s_{i,j}$ 的值进行排序得到矩阵 $S^* = \{s_{ij}^*\}$；
19. Return S^*

6.3 实验结果及讨论

本节中我们首先对实验用到的数据集和所提取的图像特征，以及实验中所涉及的一些参数设置进行了说明，然后通过在四个数据集上分别与传统的距离度量方法、基于 AFS 的语义相似性度量方法以及其他图像检索方法的实验对比验证了本书算法的有效性，最后对所涉及的参数以及扩散过程对本书方法检索性能的影响进行了分析。

6.3.1 数据集及图像特征提取

为了验证本章算法的有效性，本实验采用了四个数据集，包括两个人脸基准库和两个自然图像基准库。其中，YALE 人脸数据集[236]包含不同光照条件下、不同姿态的 165 幅人脸灰度图像，共计 15 个人，每个人 11 幅。ORL 人脸数据集包括来自于 40 个人的 40 幅人脸灰度图像，每个人 10 幅，姿态、表情和光照均有差异。Corel1k[160]数据中包括 1000 幅自然彩色图像，共分 10 类，每类 100 幅。Corel5k 包括 5000 幅自然彩色图像，共 50 类，每类 100 幅。

针对 YALE 和 ORL 两个人脸数据集，本实验直接采用了原始图像中的像素级的灰度值作为图像特征。首先将每一幅图像通下采样至 16×16，然后再进行 0 均值 1 方差的归一化处理，最终通过向量化得到每一幅图的 256 维特征向量表示。此外，针对 Corel 的两个自然图像库，本实验采用已训练好的 VGG-verydeep-16 模型[120]提取图像的深度卷积特征。所有图像被缩放至 224×224 并送入网络模型，然后提取最后一层卷积层"pool5"特征，并采用 Sum-pooling 向量聚合方法生成 512 维的图像特征向量。

6.3.2 实验设置及说明

对于上述提取的图像特征，实验采用 PCA 进一步约简，最终形成的特征维数分别为 20 维（YALE）、30 维（ORL）、12 维（Wang1k）和 55 维（Corel5k）。这个维数是在以欧氏距离为相似度量方法时获得最好检索准确率的 PCA 维数，如图 6.4 所示，并且作为后续实验中各种方法对比的基线。另外，对于本章提出的 AFSSSM 算法，在所有的实验中我们经验性地设置参数 N_k 为 10（YALE 和 ORL 数据集上）和 100（Wang1k 和 Corel5k 数据集上），设置简单概念筛选的阈值参数 $\varepsilon = 0.3$（这样的设置在其他 AFS 相关的聚类和分类方法中常常被证明是有效的）。对于参数 N_s 和 K，实验中我们分别设置了一个合理的搜索范围：N_s 设置在 1 到 d（特征维数）区间，K 分别设置为[1, 10]（YALE 和 ORL）和[1, 20]（Wang1k 和 Corel5k）。为了得到参数 N_s 和 K 的经验值设置我们在后续实验中对这两个参数在图像检索结果上的影响进行了分析。在所有实验中，四个数据集上的每一幅图像均作为查询图像参与检索性能的计算。同样的，我们采用 ARP、ARR 及 mAP 等多个评价指标对本章方法与其他方法进行性能比较，后续实验中在没有特殊说明的情况下，YALE 和 ORL 数据集上检索返回图像的数量 $N_L = 15$，Wang1k 和 Corel5k 数据集上 $N_L = 100$。

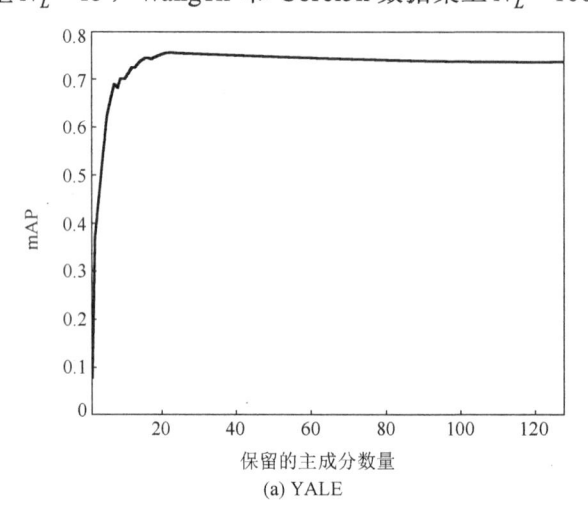

(a) YALE

(b) ORL

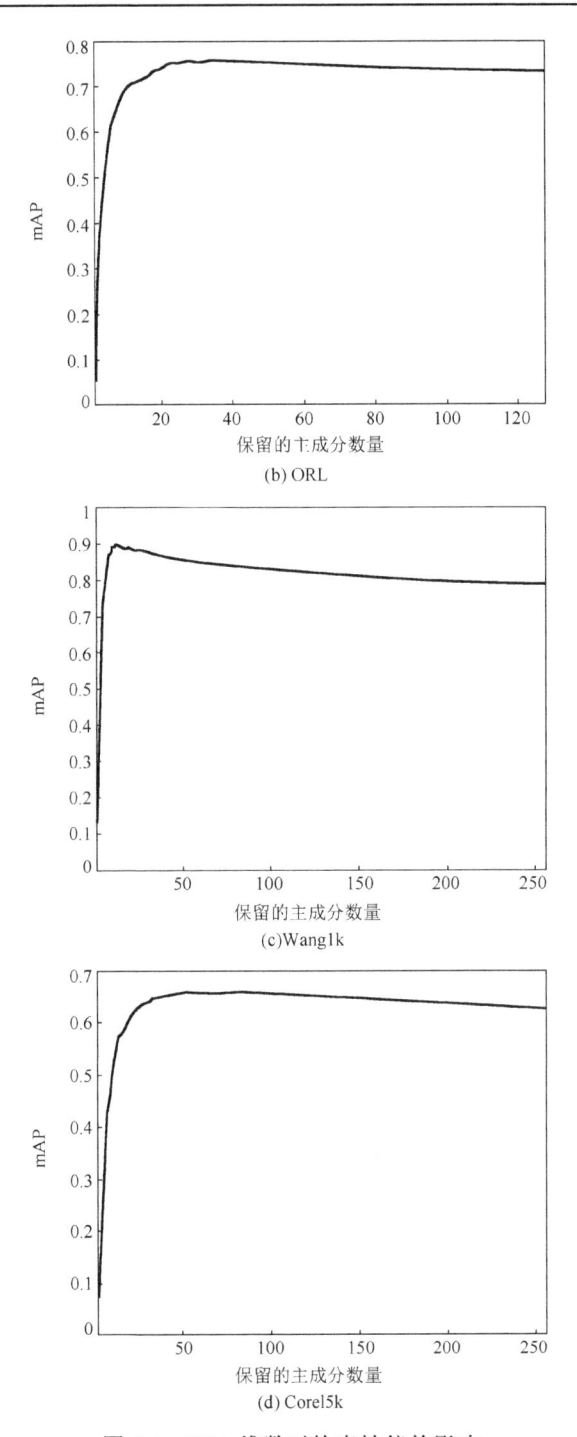

(c) Wang1k

(d) Corel5k

图 6.4 PCA 维数对检索性能的影响

6.3.3 传统的距离度量方法对比

首先，针对人脸图像检索任务，本章方法在 YALE 和 ORL 两个人脸数据集上与一些常用的传统的度量方法进行了性能比较，包括 D1、Euclidean、CityBlock、Canberra 和 Chebychev 等（在 3.1 节部分有介绍），结果见图 6.5 和表 6.1。

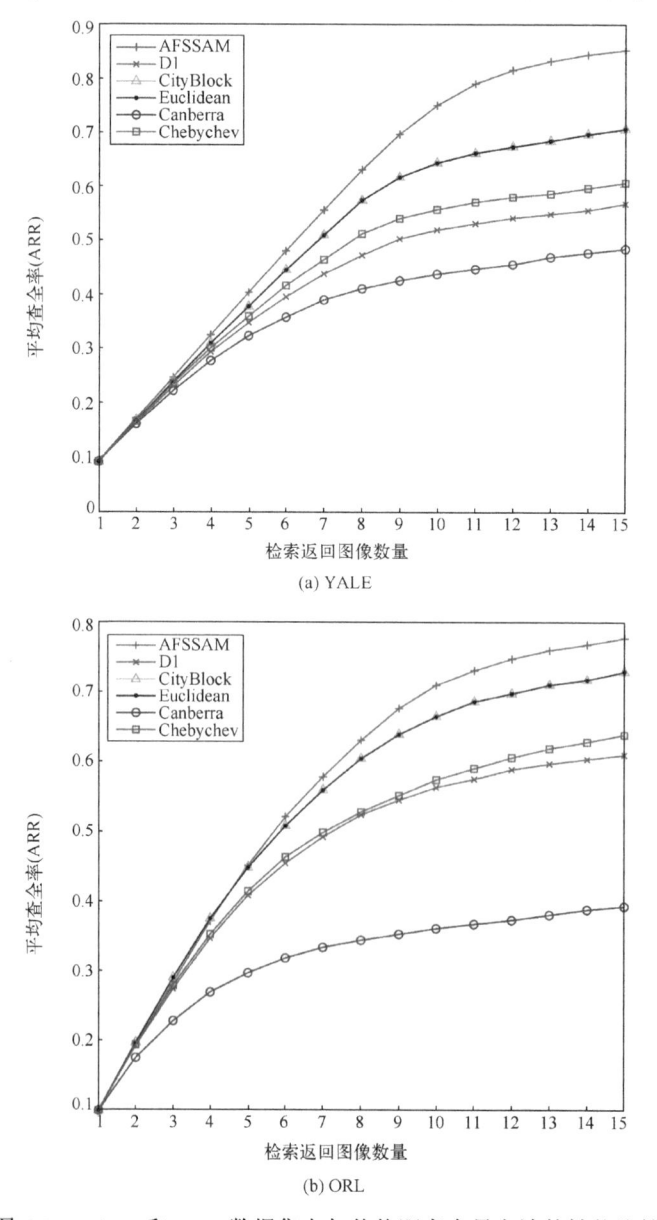

(a) YALE

(b) ORL

图 6.5 YALE 和 ORL 数据集上与传统距离度量方法的性能比较

表 6.1 YALE 和 ORL 数据集上的性能比较

方法	YALE ARP	YALE ARR	YALE mAP	ORL ARP	ORL ARR	ORL mAP
D1	0.417	0.568	0.660	0.406	0.610	0.677
CityBlock	0.518	0.706	0.751	0.486	0.729	0.754
Euclidean	0.518	0.706	0.751	0.486	0.729	0.754
Canberra	0.356	0.485	0.599	0.262	0.393	0.505
Chebychev	0.445	0.607	0.692	0.426	0.638	0.689
AFSSAM	0.616	0.850	0.822	0.527	0.790	0.774

图 6.5 所示为当检索返回的人脸数从 1 到 15 时，本方法与几种传统的距离度量方法在 ARR 指标上的比较，可以看到，在几种传统的距离度量方法中 Euclidean 和 CityBlock 表现较好，而且在检索返回的人脸数较少时与本章方法得到的 ARR 值差异不大，但随着检索返回图像数量的增加，本章方法 AFSSAM 的表现越来越突出，尤其当检索返回图像数量为 15 时显著高于其他几种距离度量方法。表 6.1 列了当检索返回人脸数量为 15 时几种方法的性能指标比较，显然，所提方法 AFSSAM 在所有的性能指标上都获得了最高值，尤其在 YALE 数据集上，和基于传统距离方法中表现最好的方法相比，本章方法分别在 ARP、ARR 和 mAP 三个指标上高出了 10%、15%和 7%。

此外，针对一般自然图像的检索任务，本章方法在 Wang1k 和 Corel5k 两个数据集上与基于传统的距离度量方法在指标 ARP、ARR 和 mAP 上的性能比较，结果见图 6.6、图 6.7 和表 6.2。

表 6.2 Wang1k 和 Corel5k 数据集上的性能比较

方法	D1	CityBlock	Euclidean	Canberra	Chebychev	AFSSAM
Wang1k	0.848	0.899	0.899	0.679	0.893	0.920
Corel5k	0.649	0.658	0.658	0.292	0.587	0.683

图 6.6 和图 6.7 分别为两个数据集上几种方法在指标 ARP 和 ARR 上的比较。可以看到，当检索返回图像数量 N_L 从 10 增至 100 时，相比传统距离度量方法本章所提方法一直保持着较高的平均检索准确率和查全率，并且以持续增长的态势保持领先。尽管刚开始它们之间的差距还不明显，但随着 N_L 的增长差距也越来越大。当 $N_L=100$ 时，AFSSAM 方法在 Wang1k 和 Corel5k 数据集上分别获得了 86.59%和 55.68%的检索准确率，比表现最好的欧氏距离分别高出 5%和 6%。同样，从表 6.2 所列的指标 mAP 上的性能比较同样证明了本章方法的有效性。

通常来讲，当 N_L 的值增大时，检索任务的难度也会同时加大，但在这种情况，不管在人脸检索任务还是自然图像检索任务中，本章所提方法表现出的优势却更为明显，这说明了在基于语义特征空间下对图像相似性的描述和表达更准确、更稳定。

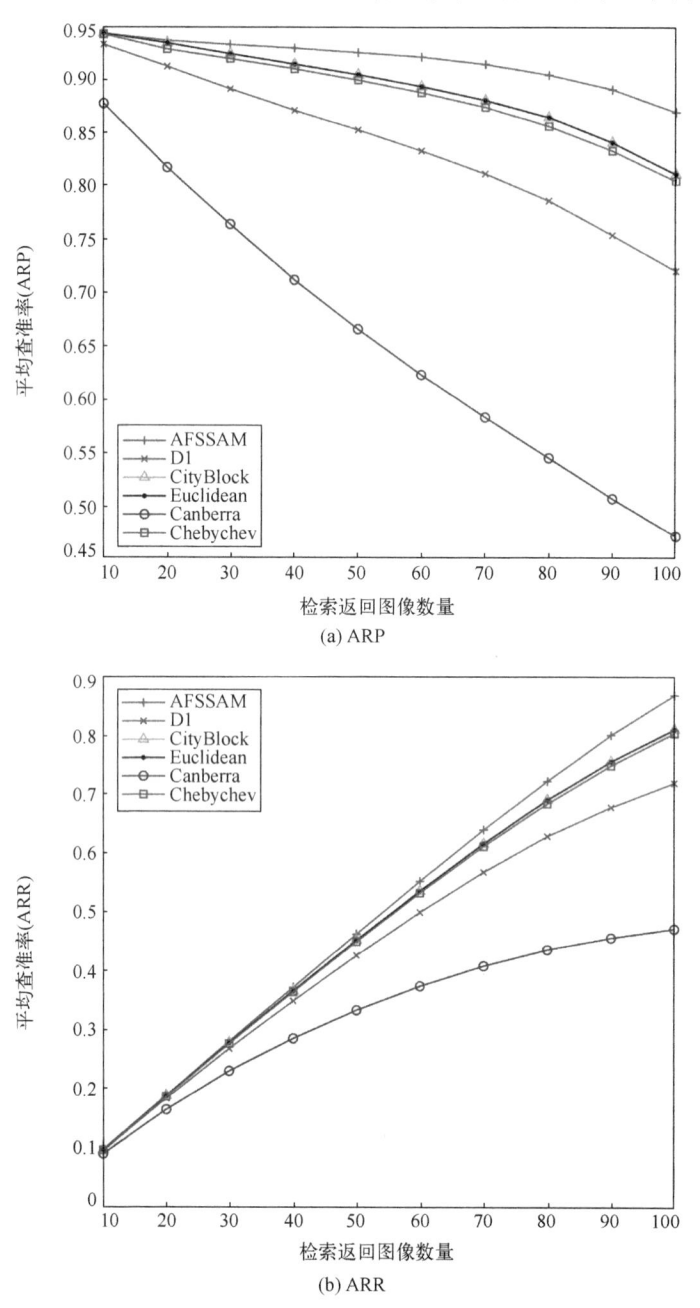

(a) ARP

(b) ARR

图 6.6 Wang1k 数据上与传统距离度量方法的性能比较

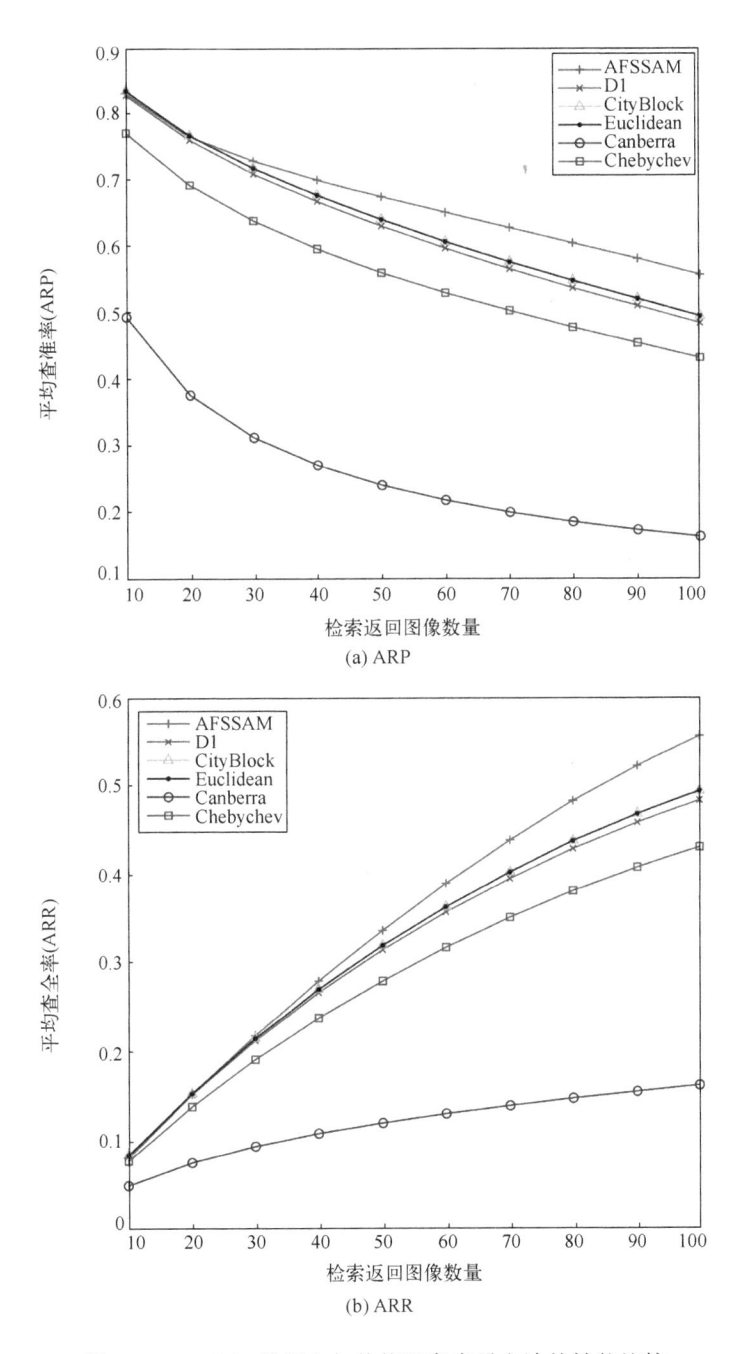

图 6.7 Corel5k 数据上与传统距离度量方法的性能比较

6.3.4 基于 AFS 的距离度量方法对比

本实验中，同样在两个人脸数据集和两个自然图像集上，将本章所提的 AFSSAM 方法与前面介绍的两种常用的基于 AFS 的语义距离(相似度)度量方法进行比较，结果见表 6.3 和表 6.4。

表 6.3 和表 6.4 中的 AFS1 和 AFS2 分别代表采用式(6.12)和式(6.13)定义的基于 AFS 的两种方法在最优的 N_s 参数下取得的检索结果。从表中的结果可以看出，AFSSAM 两个数据集上均取得最高的性能指标值，这意味着和其他两种基于传统点对相似性比较的 AFS 语义度量方法相比，考虑局部近邻的上下文关系使得本章所提的语义相似性度量方法在准确性和稳定性上都有更好的表现。

表 6.3 YALE 和 ORL 数据集上基于 AFS 的语义距离度量方法性能比较

方法	YALE			ORL		
	ARP	ARR	mAP	ARP	ARR	mAP
AFS1	0.506	0.690	0.733	0.412	0.619	0.662
AFS2	0.521	0.710	0.755	0.463	0.695	0.733
AFSSAM	0.616	0.840	0.822	0.527	0.790	0.774

表 6.4 Wang1k 和 Corel5k 数据集上基于 AFS 的语义距离度量方法性能比较

方法	Wang1k			Corel5k		
	ARP (N_L=20)	ARR (N_L=20)	mAP	ARP (N_L=20)	ARR (N_L=20)	mAP
AFS1	0.925	0.822	0.897	0.677	0.447	0.589
AFS2	0.921	0.752	0.868	0.744	0.461	0.630
AFSSAM	0.936	0.866	0.920	0.758	0.557	0.683

下面，我们通过对多种不同的距离度量方法所形成的亲密矩阵可视化效果进行对比，进一步分析各种方法在图像相似性度量上的表现。为了便于显示和比对，本实验选择以类数较少的 Wang1k 数据集为例，对比了本章所提 AFSSAM 方法和传统距离度量方法中表现较好的欧氏距离，以及 AFS1 和 AFS2 两种基于 AFS 的距离度量方法进行了比较，如图 6.8 所示。图 6.8(a)~(e)分别为基于 Ground truth、Euclidean、AFS1、AFS2 和 AFSSAM 生成的可视化距离矩阵。通过观察我们可以发现，采用 AFSSAM 方法所形成的亲密矩阵得到了结构分明的块结构，并且与 Ground Truth 相比错误匹配非常少。AFS1 方法对不相似性(类间)关系的估计时也较为准确，但其主对角线上的块结构不够清晰和紧致，也就是说对相似性(类内)关系的描述不如 AFSSAM 方法。此外，AFS2 方法和欧氏距离方法在对相似关系的度量表现较为满意，但在对不相似关系的描述上效果不佳。总体来看，所提方法 AFSSAM

方法得到了相对较好的结果，也体现出该方法在学习数据内在的语义相似性结构上的优势，从而得到更为准确的相似性关系。图 6.9 所示为 YALE 和 ORL 人脸库中的一幅图像为查询示例，分别采用 AFSSAM（第 1 行）、Euclidean（第 2 行）、AFS1（第 3 行）和 AFS2（第 4 行）距离得到的检索结果。YALE 和 ORL 数据集中每个人分别有 11 幅和 10 幅不同光照、表情和姿态的图像，从检索结果可看出，本章所提方法 AFSSAM 可以得到全部正的检索结果。

(a) Ground truth　　(b) Euclidean　　(c) AFS1

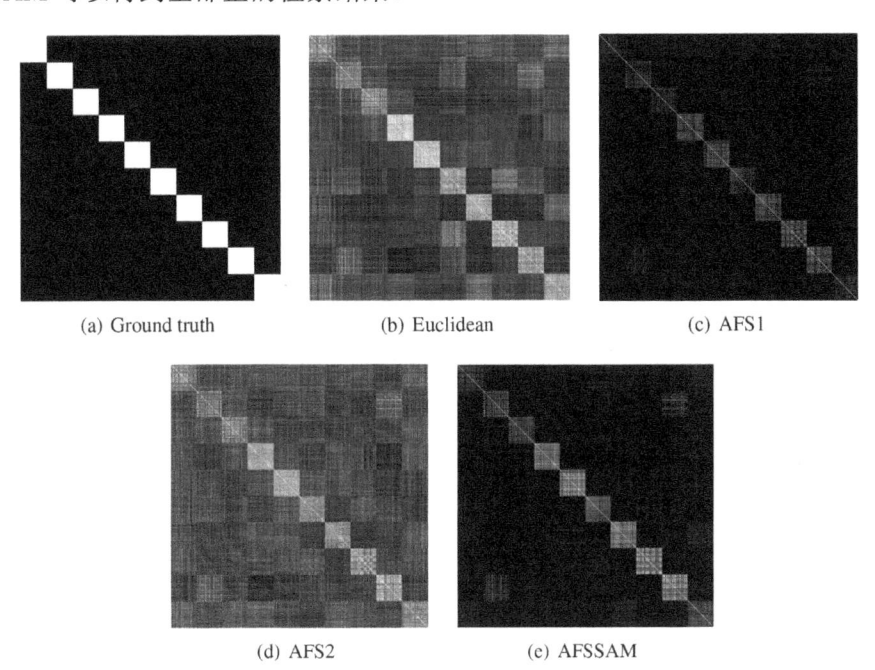

(d) AFS2　　(e) AFSSAM

图 6.8　采用不同的相似度度量方法形成的亲密度矩阵可视化比较

6.3.5　检索性能对比

尽管文本重点关注语义相似性的度量方法，在前面的实验中已经与一些传统的距离度量方法和基于 AFS 的语义距离度量方法进行了比较，为了进一步验证本章方法的有效性，本实验中与其他方法在图像检索性能上进行比较，包括各种采用基于手工设计的视觉特征，以及一些基于 CNN 深度特征的方法，结果见图 6.10、图 6.11 和表 6.5。

首先，图 6.10、图 6.11 所示为 Wang1k 和 Corel5k 数据集上多种方法在性能指标 APR 和 ARR 上的比较。其中，"AFSSAM" 和 "CNN" 表示以提取的 pool5 层深度卷积特征作为图像描述，分别采用本章所提的基于语义相似度量和基于传统欧氏距离度量的图像检索方法，其他的方法包括 "MTH"[91]、"MSD"[92]、"CDH"[93]、

图 6.9 两个检索示例(第 1 行：AFSSAM；第 2 行：Euclidean；第 3 行：AFS1；第 4 行：AFS2；其中带边框图像为错误的检索结果)

"Zhou2018"[210]、"Verma2015"[98]、"Prakash2012"[237]、"Vipparthi2014"[96]和"Vipparthi2015"[97]等一些基于手工设计特征的图像检索方法，这些方法都通过多特征融合或者结合了某种新的检索策略来达到提升图像检索性能的目的。

从图 6.10 的结果可以看到，基于深度卷积特征的方法不管是采用 AFSSAM 距离度量，还是采用传统的欧氏距离，所取得的检索准确率和查全率都显著高于其他基于传统视觉特征的检索方法，尤其在 Wang1k 数据集上，当检索返回图像个数 $N_L=20$ 时和 $N_L=100$ 时指标 APR 上的差距分别超过 20%和 30%。同样地,从图 6.11 所示的在 Corel5k 数据集上的性能比较结果，基于深度卷积特征的图像检索方法同

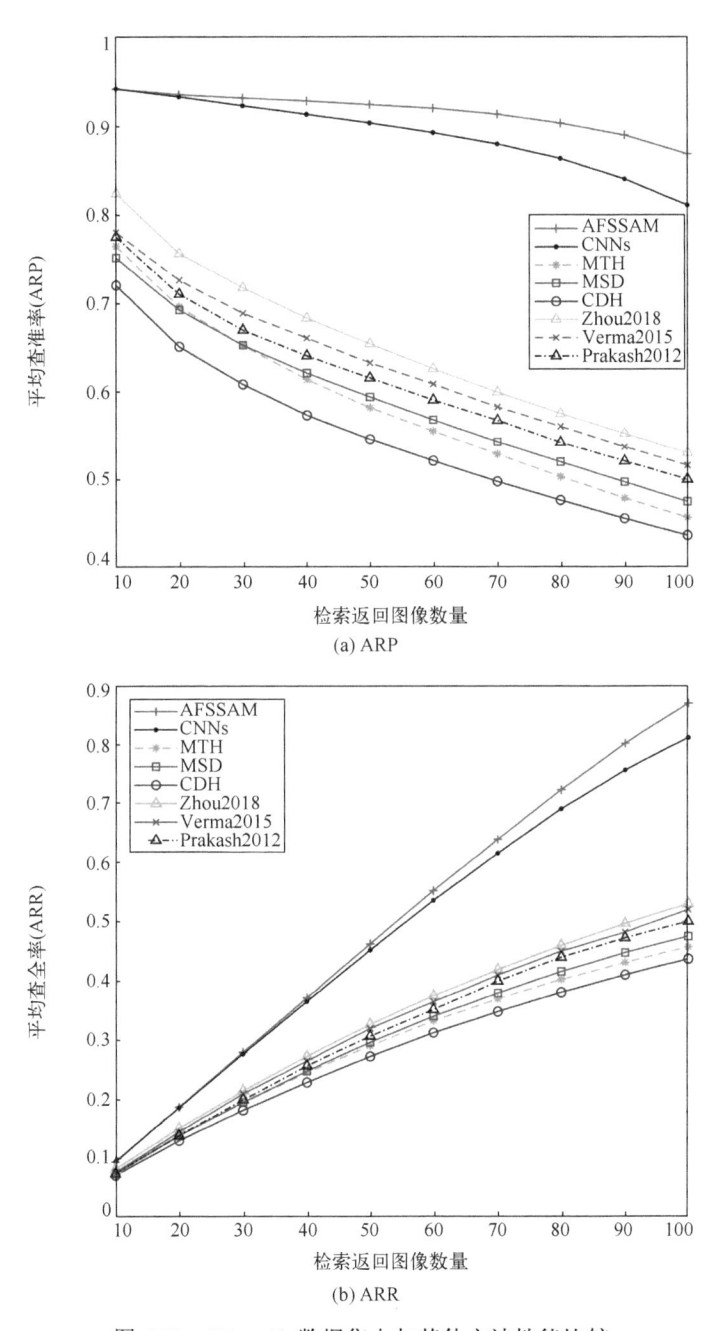

第 6 章 基于 AFS 语义特征空间的图像检索

(a) ARP

(b) ARR

图 6.10 Wang1k 数据集上与其他方法性能比较

(a) ARP

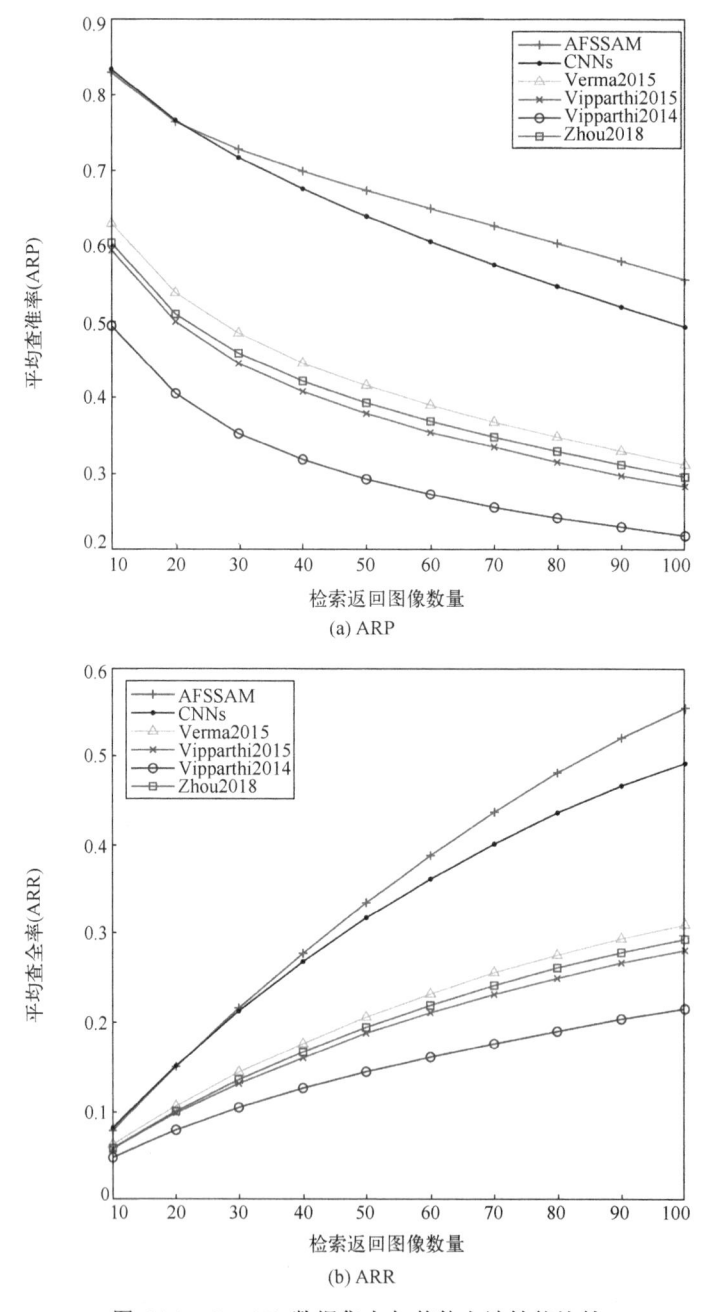

(b) ARR

图 6.11 Corel5k 数据集上与其他方法性能比较

样可以得到显著的表现,当 $N_L=100$ 时,相比其他方法,均可获得超过 20%的检索性能提升。这足以验证了基于 CNN 的深度卷积特征在图像特征描述能力上的强大优势。从另一个角度来看,在深度卷积特征的基础上,以本章所提的基于语义相似度量方法 AFSSAM，比基于传统欧氏距离的 CNN 方法具有更好的表现，在这些图中我们能看出，随着检索返回图像数量 N_L 的增大，图像检索的任务越来越难，而相比欧氏距离，AFSSAM 方法仍保持着较高的提升率，其 ARP 下降的趋势更为缓慢。这说明本章所提的基于语义相似性的度量方法尤其在对数量较多的图像之间的相似性关系度量上表现得更稳定、更准确。

此外，我们还与一组基于其他深度模型框架的图像检索方法进行了比较。在文献[227]中作者提出了一种图像检索模型，该方法通过将基于卷积神经网络的高层语义特征和 DDBTC (Dot-Diffused Block Truncation Coding) 的低层特征进行融合，来生成一种扩展的深度双层码本特征，在此基础上通过维数约简和相似度权重更新的方法来提升图像检索性能。表 6.5 列出了文献[238]中给出的在 Wang1k 数据集上的检索结果，从结果可以看到，本章所提的基于深度卷积特征和语义相似性度量的方法不仅特征维数最低，而且在 $N_L=20$ 和 $N_L=100$ 时均取得了最高的平均检索准确率。

表 6.5 与基于 CNN 特征的其他检索方法性能比较

方法	特征	维数	ARP($L=20$)	ARR($L=100$)
GL-FCF	GoogLeNet FC layer feature	1024	0.896	0.709
DL-TLCF-hier	Deep Learning Two-layer codebook features with hierarchical structure	300/1408	0.919	0.735
DL-TLCF-hier(nor)	Deep Learning Two-layer codebook features	1408	0.925	0.741
HD(DL-TLCF)	High Dimensional DL-TLCF with hierarchical structure	300/1408	0.919	0.742
HD(DL-TLCF)(nor)	High Dimensional DL-TLCF	1408	0.923	0.710
CNN+Euclidean	VGG-Verydeep-16 pool5 layer	256	0.898	0.611
CNN+AFSSAM	VGG-Verydeep-16 pool5 layer	12	0.936	0.866

6.3.6 相关参数对检索性能的影响分析

在前面实验设置中提到过，本章所提方法共涉及 4 个参数。其中，参数 N_k 和 ε 可以根据数据集信息较为容易地给出合理的取值。因此，本实验主要针对参数 K 和 N_s 对检索性能影响情况进行分析。首先，参数 K 表示语义度量时所考虑的局部近邻关系的近邻数量，根据人脸数据集中每类的图像数量，即每幅查询图像在数据集中的相关图像数量（YALE: 11, ORL:10, Wang1k:100, Corel5k:100），设置 K 在 YALE 和 ORL 上的变化范围分别为[1, 11] 和[1, 10], Wang1k 和 Corel5k 数据集上为[0, 30]。图 6.12 和图 6.13 所示为参数 K 在区间变化范围内对检索性能的影响情况，其中虚线分别代表以欧氏距离为度量方法所取得的检索结果基准线。

从这些结果可看出，参数 K 对检索性能有一定的影响，选择一个合理的 K 对于取得最优的检索结果来说非常重要。首先，从图 6.12(a)所示的 YALE 和 ORL 数据

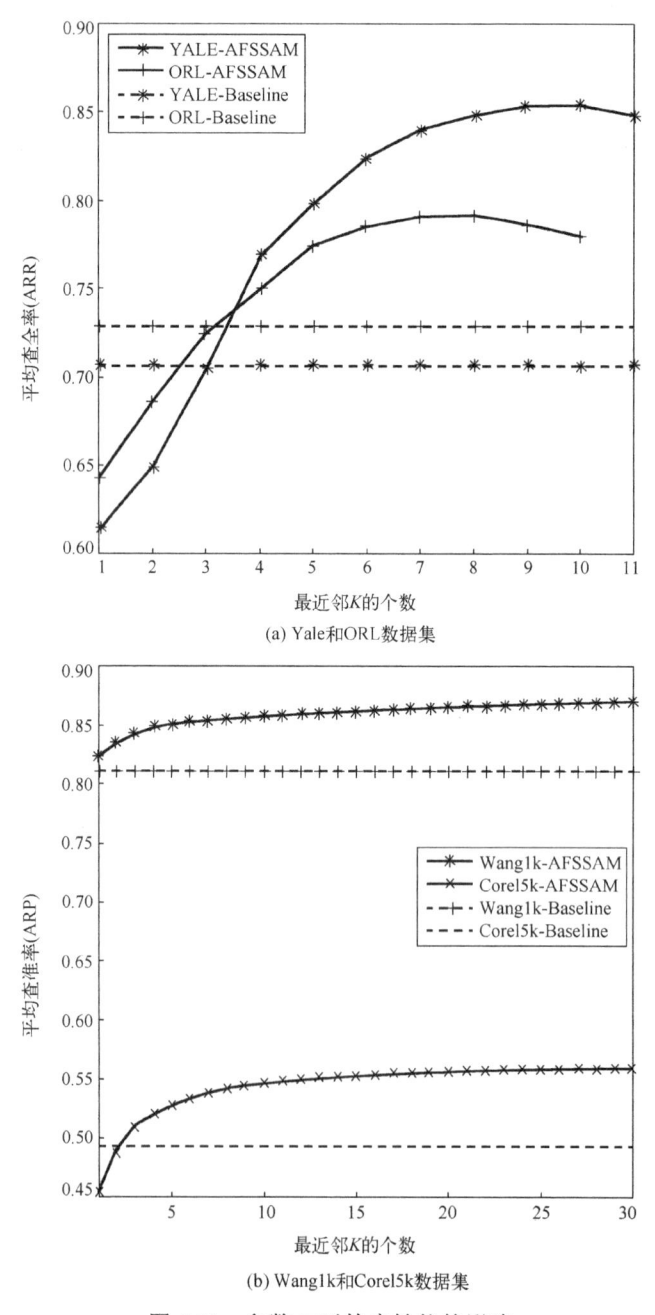

图 6.12 参数 K 对检索性能的影响

上的结果来看，随着近邻数量 K 的增加检索性能得到了显著的提升，当 $K \geqslant 4$ 时检索性能开始超越基线，直到近邻数 $K=10$ 和 $K=7$ 时获得最优值后检索性能开始回

第6章 基于AFS语义特征空间的图像检索

落,但依然显著高于基线。这个结果变化的过程符合实际和合理预期,因为当近邻 K 越接近一幅查询图像在数据集中的相关图像数量时,一些与查询图像相似度不高的图像被考虑进来之后,从而导致不准确的相似度关系。同样地,在图 6.12(b) 所示的 Wang1k 和 Corel5k 上的结果中,随着近邻数 K 的增大,检索性能也随着提升,当 $K \geqslant 3$ 时其检索性能超过了基线,并且保持着上升的趋势,直到 $K \geqslant 20$ 时检索性能趋于平稳。

此外,参数 N_s 表示在构建 AFS 结构上的简单概念时所选择的显著特征个数,它决定了每个样本所形成的模糊语义中简单概念的数量。当 N_s 设置为特征维数最大值时表示所有的特征都用来构建 AFS 结构上的语义概念。图 6.13 所示为参数 N_s 的变化对检索性能的影响情况,从结果可看出参数 N_s 对检索性能的影响也比较明显。由于特征是按照显著性进行排序的,尽管越靠前面的属性对样本的描述更具可辨别性,但如果所选的属性过少,那么所生成的语义概念就比较少,就不足以来描述样本的语义特征。随着参数 N_s 的增加,检索性能也随之提高并显著高于基线,直到在某个特定取值而达到最高值时后便慢慢趋于稳定或开始回落。具体地,在 YALE 和 ORL 数据集上,当 $N_s = 13$ 左右时,两个数据集上均取得了较高的 ARR 值,在 Wang1k 和 Corel1K 两个数据集上取得最高的 ARP 值时的 N_s 值分别为 6 和 17。事实上,这个取值和四个数据集所提取最终的特征维数密切相关,由于参数 N_s 的取值上限为特征的维数,因此,从实验结果上看,当参数 N_s 取值为 1/4~1/2 的总特征维数,即可获得比较为满意的检索结果。

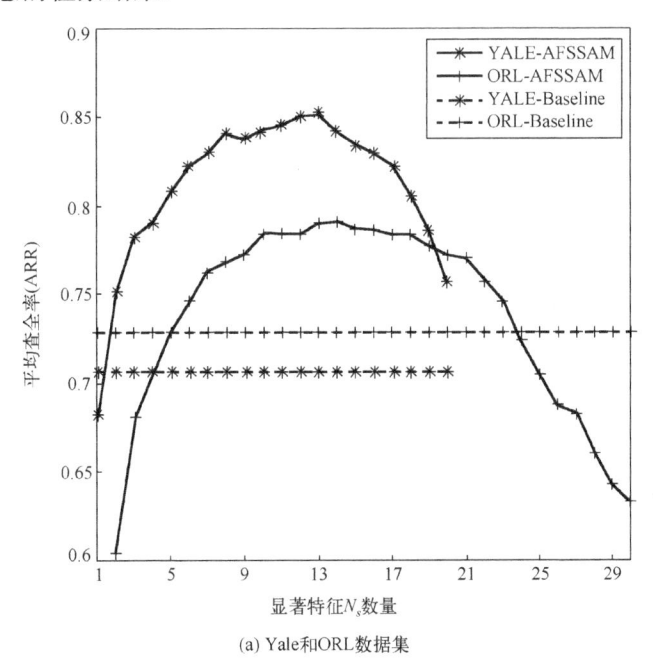

(a) Yale和ORL数据集

(b) Wang1k和Corel5k数据集

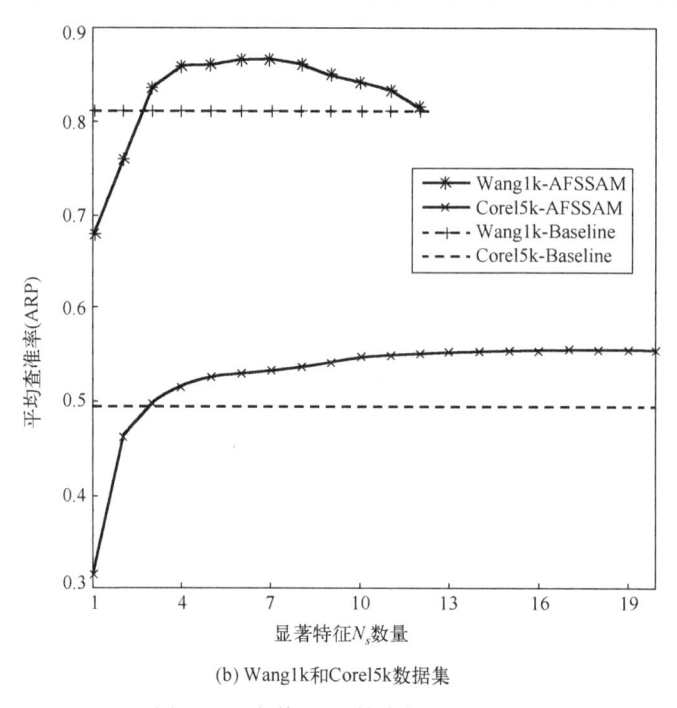

图 6.13 参数 N_s 对检索性能的影响

6.3.7 扩散过程对检索性能的影响分析

为了进一步深入分析和探究基于语义相似性度量的方法在描述图像相似性关系上的有效性，本实验在本章方法的基础上再次使用基于扩散过程的距离优化，并分析其对检索性能的影响。图 6.14 给出了 Wang1k 数据集上当检索返回图像数量 $N_L=100$ 时在不同的最近邻参数下使用扩散过程对于各种方法的性能影响。为了便于对比，我们将这些方法分为 3 组：第 1 组为基于融合特征在采用传统距离度量方法 (CH+LDP+BoVW Baseline) 和扩散过程 (CH+LDP+BoVW+DP) 距离优化两种情况下的检索结果；第 2 组为基于本章提取的 CNN 特征在采用传统距离度量方法 (CNN Baseline) 和扩散过程 (CNN+DP) 距离优化时的检索结果；第 3 组为基于本章提取的 CNN 特征在采用基于语义相似性度量 (CNN+AFSSAM Baseline) 以及在此基础上再进行扩散过程 (CNN+AFSSAM+DP) 的检索结果。

第 3 章的研究已经表明，基于扩散过程的距离优化能够有效改善传统距离度量方法存在的局限性，并在提升图像检索性能上具有显著的作用。从图 6.14 中的两条绿色线就能明显看到，当选用合适的最近邻参数时扩散过程对于基于融合特征的检索方法的性能提升幅度最高超过了 15%，这也同时说明了传统视觉特征和距离度量方法在对图像表征和关系度量上都存在很多不足；而对比第 2 组结果中的两条蓝色线，由于 CNN 深度特征较强的表征能力，采用传统距离度量方法得到的初始距离矩阵中的相似性关系已经比较准确，因此这时的扩散过程虽然对检索性能仍有一定的提升，但提升的幅度较之前有所减小；那么更进一步，对比本章所提的基于语义相似性度量的检索方法对应的两条红色线，由于语义概念的嵌入和上下文关系的考虑，使得基于语义特征空间上的相似性度量方法能够更准确地表达图像之间的相似性关系，因此，在此基础上进行的扩散过程对检索性能的提升幅度就变得更小。

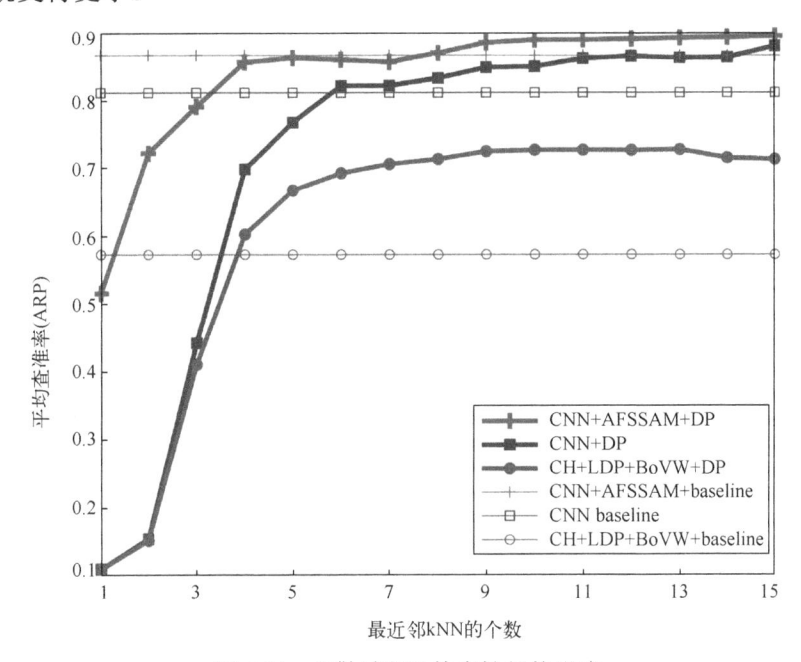

图 6.14　扩散过程对检索性能的影响

本方法中，尽管特征提取阶段是在离线阶段完成的，但较高的特征维数和较大的图像样本数量都会使得在 AFS 框架下构造特征语义描述集合的过程带来更多的时间消耗，而且随着参数 K 和 N_s 的增大，时间消耗也会增大。因此，搭建并行化 AFS 框架下的语义特征表达和语义概念提取、采用更高效的无监督特征选择方法进行特征显著性计算、如何自动地确定最优的参数等，都将是一些非常有意义和挑战性的研究方向。

第 7 章 智能图像检索技术

随着互联网的飞速发展，网络上的数字图像数据资源呈现出前所未有的爆炸式增长，对于如此海量的网络数字图像数据资源，如何进行有效的组织、管理和检索，以方便图像数据的增量式存储和用户的快速准确检索，就成为计算机视觉、机器学习和多媒体信息检索研究领域内迫切需要解决的难题。智能图像检索技术研究是近年来计算机视觉、机器学习和多媒体信息检索领域内的一个交叉、热门研究主题，相关的科研成果可以直接应用与处理当前人们所面对的海量图像数据，具有非常强的现实应用价值。

7.1 基于交互反馈技术的图像检索

7.1.1 交互式反馈技术

以相关反馈技术为基础的图像检索方法，实质为交互式概念应用在图像检索领域，目的为解决图像检索以机器为中心的局限性。交互式系统能够同时发挥人和机器的特长，使得检索效果更好。例如：交互式图像区域分割以及交互式数据库标注等，上述方法通过在检索中使用监督学习机制并结合交互式的高级语义特征来改进图像检索的性能。

通过人机交互方式实现相关反馈的过程主要包含三个关键步骤：①采集用户对当前检索结果的反馈意见；②根据相关反馈信息自动调整查询；③使用调整后的查询重新计算出检索结果。在这一过程中不需要用户指定相关特征的权重，仅需指出与预期的结果相关或者不相关，系统通过计算将自动调整相关特征的权重，从而更好地拟合图像的高级语义信息以及人类感知的主观性。相关反馈技术通过从用户与查询系统的交互过程中进行学习，发现并捕捉用户的实际查询意图，并以此修正系统的查询策略，从而得到与用户实际需求尽可能相吻合的查询结果。由于相关反馈可以实时地修改系统的查询策略，因此也为图像检索系统增加了自适应功能。

类似于文本检索中的相关反馈过程，基于内容的图像检索的过程可以概括如下：
(1)用户使用实例、关键字或草图等方式进行查询，系统计算后返回首次检索结果；
(2)用户根据自己的预期需求判定首次检索结果是否相关或者相关的程度；
(3)系统接收用户的反馈信息并进行学习，再次计算后返回新的检索结果给用户，之后根据用户选择重复(2)或者结束。

在上述过程中，相关反馈算法的设计基于用户与系统交互过程的基本特征，其来源于两个重要的环节，即用户判定相关的度量方式和在反馈中的用户模式。

图像检索系统的最终用户是人，因此通过交互手段来学习人对图像内容的认知是相当重要的。上世纪末，Rui 等人提出了图像检索中的相关反馈技术的体系结构[239]，目的为进一步将用户模型引入图像检索系统。之后，美国、荷兰等高校的研究机构相继将相关反馈技术应用于图像检索系统中。结果表明：相关反馈技术有效提高了检索性能，因此其已成为当下图像检索系统中不可分割的一部分。目前的相关反馈技术主要可归纳为三大类型[240]：①查询点移动；②权系数调整；③基于模式分类的方法。

(1) 查询点移动算法基于用户的反馈信息来改变数据库的图像与查询图像之间的距离，使相似的点靠近查询图像而不相似的点远离查询图像，这种方法首先被 MARS 系统从文本检索移植到图像检索中。

(2) 权值调整在图像检索中，这一类方法应用比较广泛，在 MARS 图像检索系统中采用了多层图像表示方法，并且为了改进检索结果，Rui 等人又提出了动态调整权重的方法[239]，即求正反馈图像的每一维特征的标准差，标准差越小权重越大，反之则越小。经过验证，该方法在通过使用颜色、纹理等特征的组合来查询时相当有效，但也存在一些问题：假如用户先要查询图像中的某个对象，其很难用这些特征来表征，因此查询的结果并不理想。

(3) 基于模式分类的相关反馈方法将图像检索近视为一个分类问题，其将用户反馈的相关图像作为正样本，反之，将用户反馈的不相关图像作为负样本。基于这些正负样本进行学习，并训练出一个分类器对待检索图像进行分类。

未来，相关反馈技术的发展必然受到基于内容图像检索相关研究领域的影响。在图像表征以及相似性度量等方面，可以借鉴计算机视觉的相关研究；在人机交互方面，可以创新人机交互方式以及反馈方式，并且优化用户界面；针对基于模式分类的相关反馈方法存在的训练样本质量低、实时性低等问题进行改进，包括但不限于采用新的机器学习方法等方式；而在信息检索领域，可以借鉴用户信息需求以及用户相关判断等相关方面的研究成果，引入新的方法和技术。

7.1.2 基于交互反馈的图像检索系统

交互反馈方法最根本的思想就是检索时，让用户评估并标注检索效果，通过记录检索结果，区分出用户预期的检索图像以及不相关的图像，再将用户所标注的有效相关信息反馈到系统中作为训练样本，供下一次学习时使用并以此来指导之后的检索工作，使检索结果更加满足用户需求。对图像检索来说，利用交互反馈技术是为了进一步提高图像检索精确度，如果没有使用交互反馈的方式，其依然是一套完善的图像检索系统。但为了改善检索性能，我们经过计算图像的相似度，评估回归结果，标出相关图像(比如检索一个物体，返回的结果中有该物体的图像就是相关图像，而没有该物体的图像就是无关图像)和无关图像。然后根据有关的反馈算法，再进行图像库检索，这样重复下去，直至达到预期效果。

实践较多的相关反馈方法，在对使用的查询向量进行修正的同时，还通过反馈信息对距离公式各个特征向量进行权值修正。例如：在 MARS 系统中[239]，特征权值的确定基于检测所述用户标注图像与各特征之间是否存在偏差的结果，在偏差很小的情况下，表示有关图像对这一特性具有一致性，应给这一特性以更大权值。反之，如果被标记图像偏离一个特征很大，然后给予这一特性更小的权重。所以特征的权值与被标注图像特征偏差呈反比。此外，查询向量在特征空间内朝着有关标记样本的方向运动，同时与无关图片保持距离。Rui 等在此基础上将相关反馈问题看作为向量方程的最优化问题[241]，进一步，采用 Lagrange 乘法器把受限系统方程变换为无限制系统方程，最后，最优特征权值由基于加权距离函数搜索得到。但也存在一定问题，由于只能在特征空间轴线方向上进行加权，因此双峰的相关分布最终达不到最佳的结果。文献[242]在此基础上设计出了自适应的最优特征维提取的相关反馈算法，该算法适应图像多种特点，和前人算法比较，经过多次反馈，检索精度得到了大幅度提高。

引入支持向量机(SVM)的相关反馈方法[243,244]在每一次反馈的过程中学习用户标注的正例样本和反例样本，以 SVM 分类器为基础进行模型构建，并按此模式进行检索工作。例如在一次反馈的过程中，若所述用户标注的样本与所述特征空间内的图片高度相似，那么该样本就可作为支持向量的样本。而距离较远的样本并不会影响 SVM 分类器，因此，尽管用户所标注的反馈图像是有限的，但对构造 SVM 分类器来说，这已经足够。该方法在对机器学习推广能力方面能实现有效的控制。目前，使用 SVM 方法时遇到的最大的难题则是核函数的选择问题，在实际应用中选取一个合适的核函数将能使分类器拥有更强的泛化能力，反之则反。此外，SVM 方法还存在着一个不足之处，在反馈过程中，图像必须在标注边界图像与最优图像之间的选择上做出折中。除此之外，Jing Peng 还设计出了基于多类相关反馈的方法[245]，该方法对所述用户的反馈类型进行至少一次的关联划分，包括：相关、部分相关与无关三种类型，从而使系统能够更加精确地学习到用户关于图像相似度方面的反馈，因此该方法相比于二分类方法，具有更好的检索性能。

依据 Bayes 准则提出的相关反馈方法，主要基于用户的反馈信息来做出统计判断。在理论上，Bayes 算法相较于其他分类算法出错率最低，但在实践中，因应用假设不够精确，缺少可靠概率估计等。Cox 等首先将该理论应用于其创建的基于内容图像检索系统：PicHunter 系统中[246]，基于用户反馈的信息，对数据库内图像的后验概率分布进行更新，由此引导系统选择下次呈现在用户面前的画面。区别于其他相关反馈系统修改查询向量，PicHunter 系统通过对查询结果进行修正，从而实现了效果优化。在此基础上，Cox 等人对 PicHunter 系统[247,248]进行了不断优化，针对 Bayes 关联反馈系统优化问题，提出一种交互策略，设计出了一种熵极小化显示算法，从而使用户在反馈受限的情况下获得更多信息。

在相关反馈决策树(Relevance Feedback Decision Tree，RFDT)检索技术的基础上，D. Macarthur 等人提出了一种新的图像检索方法，并将其应用到图像检索中[249]。RFDT 算法尝试把所有图像划分为用户所需以及不需两种类型中的一种。过程如下：先由用户给出查询的图像，再基于最近邻准则获取 K 张图像。用户在这 K 张图像上标记关联和无关的两种类型，将标记后的信息回馈给系统，随后对每一幅标记后图像所对应特征向量进行同步标记，用作训练一棵决策树。利用决策树来将图像库中的每一幅图像分为关联或不关联的图像。在第二次反馈期间，利用 $K+1$ 个特征向量来构建决策树，这样有利于决策树选择其余 K 幅图像，便于用户进行标注。标记过的图像再被反馈给所述系统，该阶段决策树所使用的训练集由 $2K+1$ 个特征向量所构成。如此往复循环，使得检索精度越来越高，以此获得使用者所期望的效果。RFDT 方法具有仅需在数据库内进行单次图像检索等优点，并且不会产生重复标记的问题，同时，在没有选择全部特征的情况下，对其分类，它的效果相较于加权特征分类方法的效果更好。

综上所述，引入反馈技术的图像检索系统可以获得较为准确的搜索结果，有较高的使用价值。通常，以反馈为核心的图像检索系统有如下需求：系统在检索过程中的反馈图像个数应合理，假如选取的图像数目过少，就会导致系统检索性能下降；反之，选取的图像数目过多，又无法满足用户需求；系统迭代的次数应尽可能少，通过较少次数的交互操作便可达到用户预期；特征提取与系统处理的时间不宜过长，目的为满足用户的时效需求。

7.2 基于情感语义的图像检索

图像在语义上，从下到上可分为三层[250]：特征层、对象层与语义概念层，每个层次都对应于图像的一个语义级别(图 7.1)。其中，所述特征层为图像的具体色彩、形状、纹理和其他视觉特征以及它们之间的结合；对象层就是图像所呈现的物体，以及物体之间的相互空间关系；语义概念层指人们对于图像内容在概念级上理解的体现。语义概念层也可以从低级向高级划分：场景语义、行为语义与情感语义之间。其中，场景语义是指图像上的情景(如教室、操场等)；行为语义是指对象在图像中的行为和活动(如学习行为、一场比赛等)；情感语义是指图像所产生的主观感觉(如开心、紧张等)，它们组合起来，就构成一个画面所要表现的内涵。

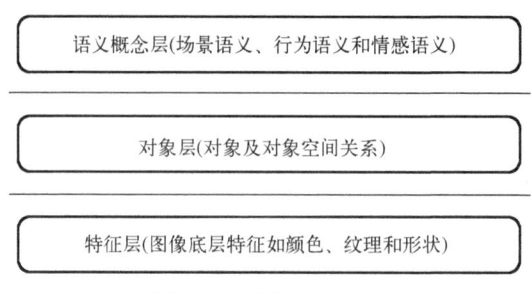

```
┌─────────────────────────────────────────────┐
│  语义概念层(场景语义、行为语义和情感语义)   │
└─────────────────────────────────────────────┘

┌─────────────────────────────────────────────┐
│        对象层(对象及对象空间关系)           │
└─────────────────────────────────────────────┘

┌─────────────────────────────────────────────┐
│   特征层(图像底层特征如颜色、纹理和形状)    │
└─────────────────────────────────────────────┘
```

图 7.1　图像语义层次

7.2.1　图像语义提取方法

多数图像语义提取方法都采用了多层抽取机制，包括特征抽取、对象识别，以及基于领域知识进行语义推理等[251]。特征抽取的方法主要基于形状、纹理以及颜色等要素，并且一般分为全局特征与局部特征两种，全局特征把整幅图像看作是独立的实体，主要优势在于特征抽取与模式匹配算法复杂度低，但不足之处在于其忽视了图像特征空间位置关系，造成图像识别与检索的准确率下降；局部特征把图像划分为一系列的区域，然后将划分后的区域进行多种特征提取，每一个区域都相应代表一个潜在用户感兴趣的目标。局部特征可应用于图像中显著物体的识别，提取图像中更为详细的信息，并通过对象识别层识别物体，为抽取较高层次语义提供条件。

对象识别过程是通过对知识库中保存的对象模型和提取出的图像特征进行匹配，从而对图像中物体进行识别。步骤如图 7.2 所示，首先分割图像，接着对不同区域进行特征提取，然后确定物体与物体之间的空间关系，这一处理过程更为直观，从某种角度讲，该机制还与人对事物的观察次序相一致，所确定的物体与空间关系可作为获取较高层语义的依据，还可作为图像场景语义与事件语义获取的一种辅助

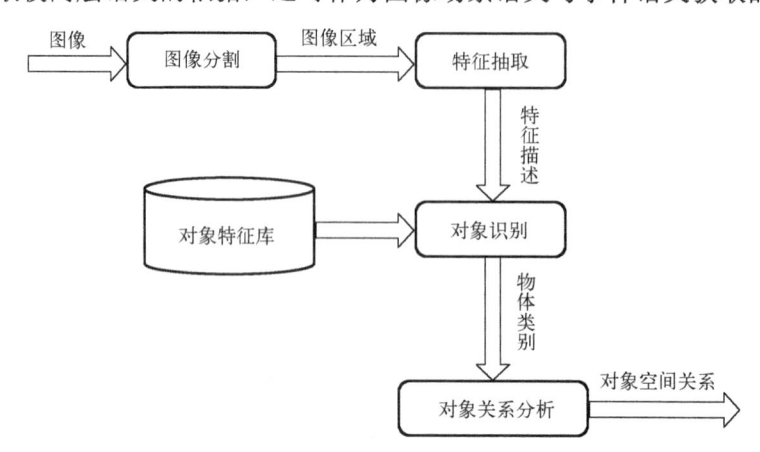

图 7.2　图像语义提取流程

工具。经过对具体领域知识的整合，此类方法可成功地应用于某一领域。例如：衣服的风格、类型等，还可通过衣服的颜色、款式、图案等判断其是否正式等。

依据领域知识进行语义推理，以确定对象为前提，使用知识库内的规则与方法，将对象与对象间空间关系在不同级别、粒度上进行语义映射。其核心就是建立图像语义知识库，并确定如何使用知识库里的规则来推理。针对具体领域知识库，能够抽取出人们感兴趣的特定语义，从而解决了一些针对特定领域中用户的语义问题。

场景语义与行为语义的提取基于识别对象、物体的空间关系和画面的背景等，同时结合场景语义相关知识来对场景进行分类。在图像分割以及对象识别技术等领域仍存在一些问题的情况下，有些研究人员设计了新的方法，这几种方法都绕开了对象识别这一环节，直接对图像进行固定分割，接着对子图像块，分别识别出它们各自相应的语义类别，最后，基于子图像块语义组合关系对整个图像进行语义识别，具体过程见图 7.3。由于每个子块相对于整个场景来说在视觉特征方面相对一致，从而更易于具体领域中对应语义的映射。一旦子图像块在语义上被识别，场景语义则可以有效利用已有统计方法，由子图像块的相关模式得到，并可从训练集中学习得到与具体场景相对应的子图像块组合模式。但由于现实场景种类繁多，现有这类系统通常也仅能在少数几个具有较明显特征的场景中发挥作用，尚无法实现一般场景识别。而在行为语义方面，其一般不能从单幅图像中自动提取出来，通常需要考虑图像序列的运动信息，或单纯采用手工完成。

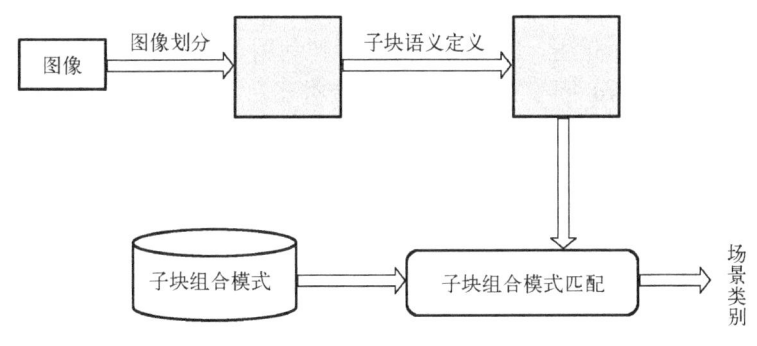

图 7.3 基于子块的图像语义识别

图像在情感语义上较前几个语义主观成分较多，其与人类认知模型、文化背景与美学标准是密切相关的。近年来，图像的情感语义引起了国内外众多学者的高度重视。为了将计算机对图像的理解能力提高到人类理解的程度，研究者发现对人类情感变迁的过程以及影响情绪的关键因素进行研究，并且有效建立人类情感与图像特征的对应关系是十分重要的。

7.2.2 图像语义自动标注

根据语义进行图像检索,可采用图像标注的方法。在目前庞大的网络图像数据中,做人工纯手动的图像标注不是很实际,因此,当前大量研究重点在于如何利用机器学习对图像语义进行半自动乃至全自动标注。孙君顶和杜娟等人在文献[252]中将图像语义标注方法分为 3 类,即分类法、基于概率统计模型的方法、关联文本法。

1. 分类法

分类法指的是将每一类图像语义都当作一个类别进行分类,比较有代表性的方法包括 K-means 算法、支持向量机(SVM)方法、信息瓶颈方法等[253]。

K-means 算法的思想是先从 n 个数据对象中选择任意 K 个对象作为初始的聚类中心;对剩余对象则按照它们与聚类中心的相似度,将它们分别分配给与之最类似的聚类;再计算每个新聚类的聚类中心。重复这个过程,一直到标准测度的函数开始收敛为止。Wang[254]等人在研究中则采用基于子空间聚类的算法,并用 K-means 算法生成最后的 blob-token,用统计法在 token 和 keyword 间建立关联,从而实现图像的标注。但 K-means 算法太依赖距离的函数和聚类中心的选择,聚类的数目 K 以及目标函数都比较难选择。文献[255]中提出了改进的 K-means 算法,改进的 K-means 算法采用遗传聚类的算法来确定聚类数目 K,通过已经标注的图像求出语义与聚类区域的关联度,把它作为待标注图像的先验知识,接着结合区域的底层物理特征,对没有标注的图像进行标注。Li Wei 等人[256]则利用 K-means 算法结合语义约束在 visual terms 和 keyword 间建立关联并构建分类器,利用分类器对后续图像进行标注。这种方法的困难出现在语义概念比较多时。为了解完善分类器和复杂的语义概念之间的对应关系,潘崇、朱红斌提出了一种基于 Boosting 学习的图像语义自动标注方法[257],该方法是先构造多个模型,在模型和概念之间建立关联,保持多对多的关系,但是这种算法的性能容易受到 Boosting 的迭代次数的影响。

支持向量机方法是一种有监督的分类法,在高位数据分类上的高效性已经被证明。Li W 等人[256]采用 SVM 的方法来进行图像分类器的构造,为每种图像类别分别构造一个分类器,把图像的组合特征作为 SVM 的输入向量。茹立云与马少平等[258]提出一种概念索引的方法,采用支持向量机的多类分类器的空间映射办法,将图像的底层特征映射成具有一定语义模型的特征来实现概念索引。概念索引的方法较好地提高了标注的精确度,但支持向量机的参数是固定不变的,系统的鲁棒性也不强。

信息瓶颈方法是由 Slonim 和 Tishby 等人[259]提出的一种比较新颖的无监督的分类法。信息瓶颈方法先利用改进的 K 均值无监督图像分割算法把图像进行分割,接着用信息瓶颈方法对分割之后的图像进行聚类,同时确定语义概念和区域间的关系,然后利用概率最大的语义关键字对图像分割区域进行自动标注。信息瓶颈方法是无监督的分类法，算法本身存在一定的缺陷。为了得到更好的聚类结果，钟洪和夏利民等人[260]在聚类过程中加入语义约束来对信息瓶颈算法进行改进，这在较大程度上提高了标注的准确度。

上面所述的语义标注方法，经常会把具有相同底层视觉特征的图像区域归为一类，即使区域语义可能完全不同，也有可能用同样的关键字来标注，比如"water"与"sky"具有类似的图像底层特征，但它们实际所蕴含的语义却是完全不相同的。

2. 基于概率统计模型的方法

该方法是从已经标注好的训练图像集中直接或者间接地学习图像底层视觉特征和图像高级语义概念间的关系，实现底层特征到模型空间的映射，估计出待标注的图像具有某一个属性的概率，然后利用这个概率分布对等待标注的图像进行相应的语义标注，选择那些具有大概率的模型对应的关键词中出现次数比较多的关键词作为图像的最终标注[256]。

Slonim 等人[259]提出的翻译模型，对分割后的区域特征进行聚类，把连续的特征变成离散视觉的关键词表，将图像的标注问题等同于将图像视觉关键字翻译到语义关键字的过程。翻译模型虽然考虑了标注对象和图像区域的语义含义，但对视觉特征采用离散处理的方法会造成视觉特征内容的损失，而且事先比较难以确定一个理想的聚类粒度，所以标注结果受离散化的影响很大。为了解决这个问题，路晶与马少平等人[261]提出了基于多类分类的结果以概率形式组合模型特征空间，使用核函数方法对关键词进行概率估计从而提供概念化的图像标注以用于检索。与上述的离散模型相比，该模型的标注性能得到显著提高。此外，还可以通过学习得到图像底层视觉特征与高层语义概念间的联合概率分布，得到最终的两模态生成模型，例如CMRM[262]和DCMRM[263]等方法，实现语义标注。

3. 关联文本法

近年来，很多研究人员通过在Web网页图像中使用关联文本以改善标注性能。Web网页图像一般都与大量文本信息相关。例如，图像的名称、图像的替代文本（ALT）、周边文本、图片所属网页的名称等。图像在语义上很可能和这些关联文本相关，因此，通过提取这些关联文本，将其加入Web图像数据或训练集中，能够有效的改善标注效果。

Wang等人[264]提出了一种基于数据搜索与挖掘技术实现的Web网页图像语义自动标注系统，其步骤可以概括为：首先，从网络中检索视觉特征与语义信息相近的图片；然后，基于具有精确标注和相似语义的图像，搜索并挖掘出具有相关文本信息标记的图片，实现基于内容的图像检索。但是这类系统需要一个精确的初始关键词，才能进行以文本为单位的图像检索，如果没有这类初始关键词，或初始关键词不够精确，那么标注效果将大打折扣。Li等人在文献[265]中提出了另一种结合搜索和挖掘技术的Web网页图像语义自动标注方法，该标注方法的性能通常会受到图像搜索阶段的影响。Feng等人[266]和许红涛等人[267]基于Web图像的视觉特征和文本特征分别建立了两个分类器，并假定其正交，然后使用Cotraining方式对Web图像进行语义标注词学习，最后，分别对这两种分类器进行加权融合，获得语义标注模型。但其难点在于，不好确定这两种分类器的权重，并且利用决策树模型建模Web网页图像在其相关文本中语义分布时，决策树模型在训练完成时不发生变化，而训练好的固定决策树模型未必能够精确表达所有待标注图像在语义上的分布，因此Web网页图像语义标注性能就会下降。大多数现有的使用Web网页图像关联文本的标注方法，一般将所有关联文本作为一个整体来考虑，或基于数据集先验知识与启发想法，给每一类关联文本以固定权重。不同关联文本在图像语义预测中具有不同的意义，随着图像的变化，语义也在发生变化。为此许红涛与周向东[267]结合Web图像底层视觉特征以及相关文本在图像语义预测中的作用，使用带约束的分段惩罚以及加权回归模型，并有机融合了先验知识约束与关联文本权重分布估计，从图像语义和关联文本分布两方面进行自适应建模，该方法有效提高了Web图像标注性能。

除了上述三种自动标注方法外，有些研究者通过定义若干语义类别，将图像标注的问题转化为图像的分类问题，为每个类别的语义训练对应的分类器或训练一个多标签的分类器。还可以通过建立反映图像底层视觉特征与高层语义概念间关联程度的模型，或者采用文本分析中的各种隐语义分析方法，如LDA等[268-270]，然后利用此模型进行图像标注。Guillaumin等人的工作和Liu等人提出的CML方法[271]，在度量学习的基础上，利用语义上下文信息进行独立学习，通过加权最近邻模型得到图像标注。并将其应用到图像语义标注中。

7.2.3 图像情感标注

图像情感标注对于构建以图像情感语义为核心的图像检索系统具有十分重要的意义，就是用科学的方法，对图像中蕴涵的情感信息分类标引，用以体现人对这一形象的印象或真情实感，由此挖掘出蕴含在图像中的情感信息。当前对图像进行情感标注的研究，主要是针对一种模型进行探讨和针对两种方法进行运用，该模型的讨论是指建立图像的情感模型(或图像情感描述框架)，而这两种方法的运用，是指以人的认知为依据的手工标引与社会标注方法，以及以图像内容为依据的自动标注方法。

图像情感手工标引方法与社会标注方法都是建立在人对于社会的客观感知之上，这种方法以人对外部客观存在着的东西的主观认识为前提，运用人的智力因素，给图像情感赋予了更高的刻画。该方法得到的数据与人类真实认知非常贴近，又由于人的介入，其标引结果通常是准确的。然而，手工标引方法与社会标注方法之间也有一些差异，其中手工标注方法，靠专家和学者们的学识，而社会标注则使用普通大众的反馈信息来进行标注。

近年来在图像情感分类和科学测定方法上，有研究者对此正在进行积极的探索，他们通过精心设计相关心理学实验，当判断情绪被控制时，在一些测试者情感认知的基础上，在该部分图像数据集合上标注情感分类。比如，美国的佛罗里达大学所设计开发的图像情感系统。用手工标注，耗时耗力，这种由组织专业测试人员手工标引图像数据集合的方式，完全不能适用于互联网中亿万海量图像资源，因此，一些研究者开始构想把社会标注运用于图像情感领域，他们建议使用社会标签，滚动条等标记形式。如今，已有学者证实将社会标签运用于互联网图像资源描述中是可行的，并有这方面的商业应用，例如，存在使网络用户能够在图像上添加标签的情况，以及按此方法浏览商业网站 Flickr。社会标签可以体现出用户真实使用过的描述语言，并且它允许进行多重解释，因此，它不失为一种价格低廉的标注方法。然而，在社会标签上却出现了这样或那样的问题，例如，由于受控词汇的缺乏，造成了精度的欠缺，或有某些特殊标签，如网络用户自定的错误关键词标签，而社会标签则更难量化图像情感的强弱，尚有许多问题需要探讨。

总之，当前以人类认知为基础的图像标注方式大致可分为以下三种：受控词表的手工标引、社会标注与滚动条。三者区别主要在于适用范围、标注精度以及情感定量化的差异。对比信息见表 7.1。

表 7.1 图像标注方式对比

方法	适用范围	标注精度	情感定量化
受控词表的手工标引	小规模图像集	高	不可定批化
社会标注	网络大规模图像集	低	不可定批化
滚动条	网络大规模图像集	较高	可定量化

7.2.4 基于情感语义的图像检索系统

基于情感语义图像检索系统的研究，其主要工作就是构建一个基于图像情感语义信息检索系统，使图像检索系统能对具有情感信息图像检索模式进行处理，返回符合用户情感要求的图像检索结果。研究旨在构建合理的图像情感模型，对图像情感进行分类，即构建一个科学计算模型，用于计算网络用户情感表达和情感类型之间的关系、图像内容特征和情感类型之间的相互关系，实现用户情感表达(指带情感信息图像检索方法)和图像内容特征的映射关系。以情感语义为基础，用户情感表达和图像情感类型、影像情感类型和影像内容特征两大投影系统，是研究基于情感语义影像检索系统的重点。基于情感语义图像检索系统的总体结构如图 7.4 所示。目前，国内外还有其他一些基于情感语义的图像检索系统的研究，例如，中国科技大学图像情感信息检索系统、黄崑与赖茂生论述的基于感性特征图像检索系统以及 Yunhee 等建立的纺织图像情感自动标引检索系统[272]。这三类系统的总体结构如图 7.4 所示。

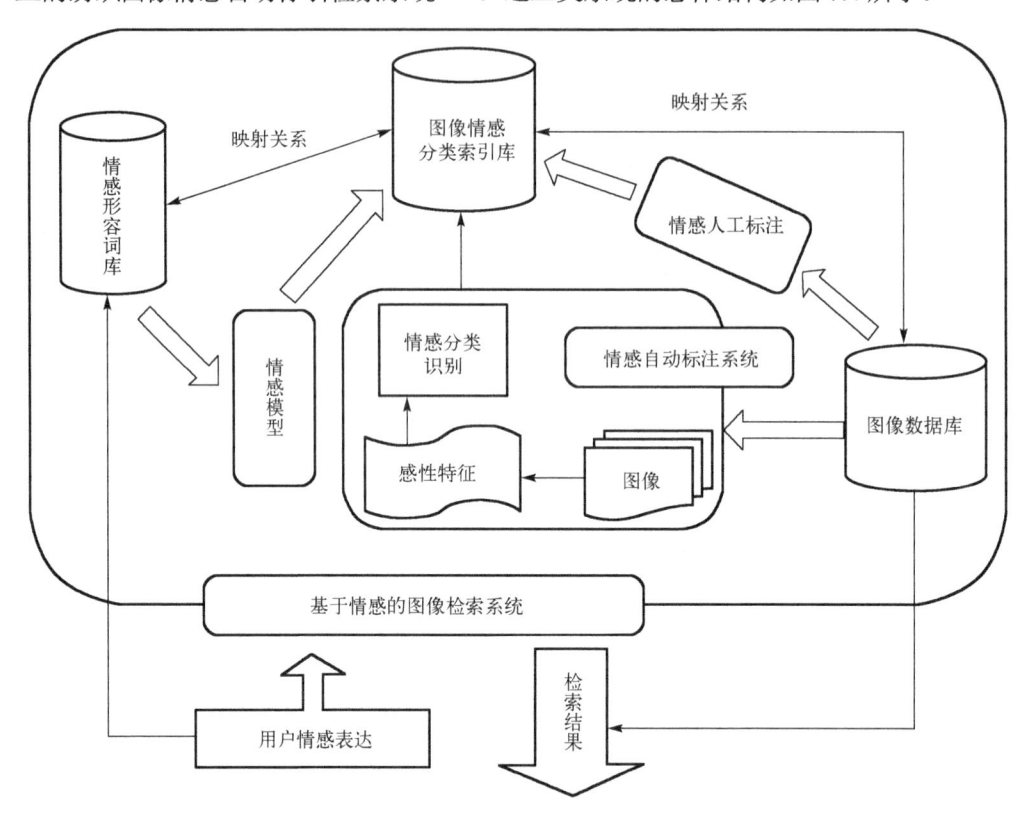

图 7.4 基于情感语义图像检索系统的总体结构

1. 图像情感信息检索系统

图像情感信息检索系统由中国科技大学提出，其对图像内容特征提取时，将风景图像提取形状、颜色和灰度分布作为图像的感性特征，从服装图像中提取出衣服的样式、面料、种类、长度、质地、领部、门襟、袖部等信息，以及装饰等其他要素，并将其定义为图像的元数据；图像语义学习标注算法使用支持向量机模型（SVM），以达到将图像内容特征投影至图像情感中，以及根据图像内容特征相似度，自动对未标图像增加对应情感标注；并采用可视化交互式遗传算法对用户图像情感模型进行连续校正，实现用户个性化图像检索。

2. 基于感性特征的图像检索系统

黄崑等人以感性特征为基础，探讨了图像检索系统，就图像内容特征提取而言，其认为应考虑图像的形状、颜色、纹理等诸多要素，以及抽取这些多个图像内容，以作为该图像感性特征，通过分配权重，凸显感性特征在图像情感检索中作用。该系统提出可通过线性映射，将图像特征空间映射为图像情感空间。此外，该系统也充分考虑了用户情感共性与特点，提出了一种共性检索，在此基础上，通过相关反馈技术，实现用户个性化图像检索。

3. 纺织图像情感的自动标引和检索系统

Yunhee 等人为纺织图像构建了情感自动标引与检索系统[272]，其在对图像内容特征提取时，一方面，对图像进行处理，提取颜色特征，并对图像色彩原型进行架构(Color Prototype, CP)，以色彩原型为感性特征，对图像进行情感计算；另一方面利用小波变换模型对影像进行纹理特征提取，以它为感性特征的图像情感。对图像进行情感标注时，又单独使用朴素贝叶斯分类器、多层感知器学习算法，K-means 聚类算法以及其他算法实现了图像的情感分类，由此，实现了图像情感空间向用户情感空间的映射。

对以上系统进行研究后得知，现阶段图像检索系统研究多聚焦于探讨图像情感类型和图像内容特征二者间关系。不同系统间的区别主要体现在图像中感性特征的选择以及图像中语义标注算法。而对于系统的其他方面则很少有人论及，尤其是相对缺少关于用户情感表达和情感类型映射关系方面的研究，也造成现有系统无法全面了解用户情感需求，这一问题的出现，不利于用户个性化图像检索的实现。因此，下一步系统研究的工作应围绕着系统的初步映射进行，换言之，是重点关注用户情感表达和图像情感类型映射，关注用户情感表达规律与特征，构建情感形容词动态数据库及情感计算模型，真正达到用户情感表达和图像情感分类在索引上无缝映射。此外，图像的情感表达还与图像底层视觉特征有关，同时也受图像高层语义的影响，综合来看，可考虑用图像的语义内容替代影像的底层视觉特征，将其作为图像的感性特征，找出图片语义内容和图片情感对应关系。此外，若没有对用户情感表达设定一个标准，会使得以情感形容词汇为基础的情感计算模型变得不再适用，若用户采用个性化检索方式进行情感需求表达，则要为个体设置个性化情感词表，当然，它还包括了用户使用非情感词汇，通过检索反馈，探讨用户所用情感词汇和非情感词汇二者共生关系，真正意义上实现用户对图像进行个性化情感检索。

7.3 基于 Web 搜索引擎的图像检索

7.3.1 Web 图搜索引擎技术

区别于传统的基于专用图像数据库的图像检索系统，互联网图像检索是搜索

(Search)和检索(Retrieval)二者的结合,这些互联网检索系统也常常被称为图像搜索引擎(Image Search Engine)[273]。现阶段互联网中实用图像搜索引擎多以文本为载体,如 Yahoo 和 Infoseek 设计开发的 Image Surfer,Lycos 设计开发的 Pictures&Sounds。以及专用的搜索引擎:搜狐、百度、Google Scour、WebSEEK 和 AltaVista 等。基于目录分类的图像检索技术则是针对基于文本图像搜索引擎进行了改进,以 Yahoo 网站为例,它就提供了这样的检索方式。基于目录分类的图像检索技术与基于文本的图像检索技术原理大致相同,同样都是先由专家们识别图像并进行标注,将其信息归类概括。此举虽然给互联网信息导航提供了便利,但有时却会对用户产生误导,使得用户图像检索范围有限,图像检索效率不高,导致用户对图像检索的过程缺乏灵活性与主动性。

图像检索技术在 Internet 中的运用,与针对本地图像数据集进行图像检索的传统方法相比,这是一个全新的尝试。例如,美国哥伦比亚大学设计开发的基于图像视觉特征的搜索引擎 VisualSEEK 和面向万维网的文本或图像搜索引擎 WebSEEK。然而,其中的大部分仍然是原型系统,目前尚未进入实际应用阶段。

互联网中先后出现了使用基于图像内容检索技术并提供多媒体检索服务的技术[274]。比如 Scour,创建于 1998 年,号称第一个 Web 多媒体搜索引擎。严格地说,Scour 不属于图像搜索引擎,但却能使用户检索局限于图像检索,Scour 以文件名为基础、在 ALT 标签上或者路径名上检索用户给出的检索词,其检索多采用关键词,同时可使用"+"或"-"号来增删关键词。在高级检索时,Scour 能够将图像检索结果约束到 JPEG、BMP 以及 GIF 等格式中。其检索结果显示简图,图像大小和图像类型、检索词匹配次数、检索时间、成功下载是否可靠、标引所用关键词是否正确,并给出了源站点 URL 及图像文件 URL。然而,Scour 也有一些不足之处,例如:标引深度不够、查准率低等。另外,位于美国匹兹堡市的 ISLIP 公司把声音识别、图像理解、语言理解这些前沿技术同网络中搜索技术相结合,推出了多媒体搜索引擎网站。在该网站上,用户注册之后,便可轻松查找新闻资料,如同 Yahoo 网站的文字搜索、电影胶片及多媒体培训课程等,在此基础上,用户还可以在 MediaSite.net 上进行视频商贸(Video E-commerce)。还有 2000 年设立的 VisionNEXT China 公司,推出了中文图像搜索引擎,使得 Internet 中的多媒体信息可以很容易地被用户所使用。其发布的图像搜索引擎由五大部分组成:图像搜索引擎和分类目录、图片过滤、以图找图、在线相册工具以及智能互动搜索功能。然而,其只能够实现对给定图片数据库进行图像搜索,并且最多只能在一些指定站点上实现基于内容的图像搜索。

此外,Excalibur 设计开发了一种极具竞争力的图像检索工具,即 VisualRetrieval Ware 软件。在 Excalibur 的演示网站中(http://www.excalib.com/),它提供了对 Visual Retrieval Ware 软件图像检索参数综合设置的测试。Excalibur 根据图像的颜色、颜色结构、形状、亮度结构、纹理、纵横比等六种基本图像属性进行检索。在该系统中，针对颜色属性进行的检索只针对颜色以及颜色所占的比率进行相应的测定，并不包括对图像颜色的结构或图像颜色位置的测定，这是由颜色结构的属性控制的；图像的形状属性主要包括图像中物体的大致轮廓或者轮廓线条的相对方位、线条的弯曲度和对比度；图像的亮度属性包括构成整幅图像所有像素组合而成的亮度；图像的纹理属性包括图像表面的粗糙度或平滑度、一幅图像的表面属性；每个属性值范围为 0~5[275]。若主要是利用图片的形状属性来检索图片，图像中形状属性权值可定为 5，而其他图像属性权值则设为 0 或 1，由于设置了不同图像属性权值，将造成检索结果不一样。在检索时主要是利用图像的形状属性，检索结果看起来似乎和检索要求并不相关。比如图像形状的相似性和图像内对象的真实意义之间的联系不一定很大，因此，在进行图像检索时，要充分考虑到对这一实际经验的总结。

7.3.2 基于 Web 搜索引擎的图像检索系统搭建

搭建在线图像检索平台，可实现对图像进行文本式检索，并在引入了现有相关反馈算法后，能够达到较佳用户体验。目前已有许多商业化图像检索应用案例十分成功，比如 Google、百度的网上图像检索。而目前大部分的图像处理研究工作，均在设计的离线平台上进行研究。张华忠搭建的在线图像检索平台[276]，用户可通过其他主机客户端访问和使用该检索系统，在为图像研究提供便利的同时，也为走向图像商业化应用提供了一次新的研究尝试[240]。该系统的具体实现是在现有倒排文件的基础上，构建 Web 图像检索系统，并且在检索过程中，成功地引入现有的相关反馈算法，实现了更加友好的人机交互，图像检索结果更加清晰，系统的检索流程见图 7.5 所示。

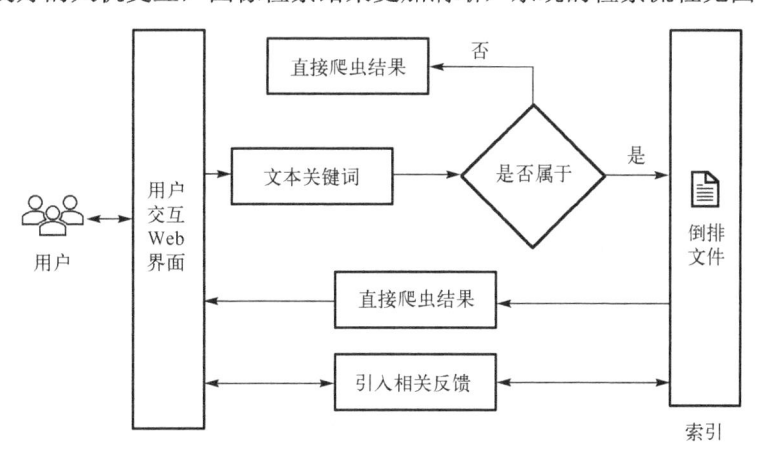

图 7.5 基于 Web 搜索引擎的图像检索流程

该系统使用了当前较为流行的 J2EE 架构：Strust2+Spring+Hibernates 进行开发，所采用的 J2EE 多层架构，是 Web 开发应用的主流结构。该系统设计与开发为三层结构，即表现层、业务层与持久层。表现层负责和用户进行各种互动，并对用户要求返回的数据进行显示；业务层负责执行基本业务逻辑，它所执行的多种功能构成一个整体业务流；持久层主要承担数据访问等职能，具体实现流程如下：

(1) 表现层的实现：系统采用 Struts2 框架，建立 Web 应用程序，Web 层提供客户端访问图像检索平台界面，即以浏览器为平台，实现用户和应用程序之间互动的接口，其主要由三部分内容构成：承担用户操作接口的 JSP、HTML、负责绑定后台各种业务逻辑的处理类，以及对用户请求进行处理并将处理结果返回的 Struts 标签。

(2) 业务层实现：业务层主要是运用 Spring 的 IoC 设计模式和 AOP(Aspect Oriented Programming)技术，以现有倒排文为依据，对与关键词检索有关的图像进行了类编程，假定检索类服从高斯分布，则：

$$P(x_l|C_i)=g(x_l,u_{ci},\sigma_{ci})=\frac{1}{\sqrt{2\pi\sigma_{ci}}}e^{\frac{(x_l-u_{ci})}{2\pi\sigma_{ci}}} \quad (7.1)$$

其中，$g(x_l,u_{ci},\sigma_{ci})$ 是属性 x_l 的高斯密度函数，u_{ci} 是平均值，σ_{ci} 是标准差。对于$\{C_1,C_2,\cdots,C_m\}$，计算每个类 $C_i\{i\in(1,\cdots,m)\}$ 中，$P(X|C_i)\cdot P(C_i)$ 的值。当且仅当式(7.1)成立时：$P(C_i|X)>P(C_j|X)$，$1\leqslant i$，$j\leqslant m$，$j\neq i$ 待划分样本才被划分到 C_i 类中。同时，在系统业务层中加入已有的相关反馈算法，实现系统检索的反馈功能。

(3) 持久化层实现：将 Hibernate(一个开源的 O/R Mapping 架构)应用于系统持久化层的设计，该系统利用其协调应用和 MySQL 之间的互动，管理 Java 类向 MySQL 表映射，以及一种数据查询及数据获取方法。通过配置 Hibernate.properties 与 XML 映射文件，对特定数据进行操作。

7.4 基于跨模态的图像检索

随着自媒体时代发展，图像、文本、视频等多模态数据增长迅速，人们很容易从内容丰富形式多样的多模态信息中对周围世界有更多的感知与理解，从而更加全面准确地学习知识。在人工智能跨模态领域，其目标是做到类似人脑对不同形式的信息进行语义的对齐与互补的功能。跨模态检索便是跨模态理解中最为基础的任务，已经引起研究人员的普遍重视，其将一种模态的数据作为查询条件检索其他模态的数据，例如，用户可通过文本来检索图像或视频。由于不同模态的数据特征表征带来的"异构鸿沟"，跨模态检索成为计算机视觉研究领域的一个很具有挑战性的任务[277,278]。

7.4.1 跨模态检索技术

跨模态检索是多模态学习的重要分支，其目的在于挖掘不同模态样本之间的关系，即通过一种模态样本来检索具有近似语义的另一种模态样本。近年来，跨模态检索逐渐成为国内外学术界研究的前沿和热点，是信息检索领域未来发展的重要方向[279]。多模态数据具有异构性,如何寻找并建立不同模态数据之间的联系,实现利用某一种模态的样本对近似语义的其他模态的搜索,即是跨模态检索的目标。在跨模态检索过程中,文本、图像、视频等任何模态数据都可以作为检索和被检索的对象,检索过程包含模态特征提取、共性特征学习以及特征相似性度量三个步骤。对于多模态数据,不同的模态之间具有底层特征异构、高层语义相关的特点,所以跨模态检索主要需要解决的问题包括如何表征数据底层特征、如何建模高层语义以及如何建立模态间的关联。目前跨模态检索方法主要是基于两种不同的思路,如图 7.6 所示。

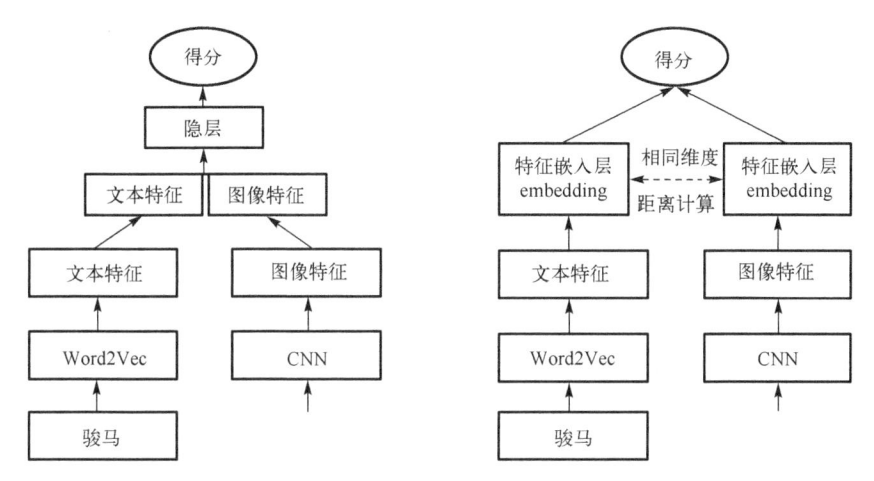

图 7.6 跨模态图像检索的两种思路

图 7.6 中左侧的跨模态相似性度量方法的主要思路是将图文特征进行融合,再经过隐层,目标是让隐层学习出可以度量跨模态相似度的函数。其优点在于检索效果要优于右侧,这是因为图文信息进行融合之后提供了很多或是互补或是对齐的特征信息,但缺点是搜索过程耗时长。具体而言,当用户输入一个文本查询 q,系统需要在线地将系统中的所有图像与 q 成对地输入到模型中,才能得 q 与每个图像的分数。右侧检索模型代表基于公共空间特征学习方法,一般称为双塔结构,是将图像和文本映射到一个公共空间中得到分别得到多模态表示即最后一层的表示,从而可以直接使用 cosine 计算相似度,图像和文本相互独立没有交互,希冀于学习到一个优秀的表示就可以进行相似度度量。其优点在于检索效率高。系统可以提前将图像和文本的表示得到进行离线保存,这样用户输入一个文本查询 q,直接与保存好的图像表示进行 cosine 余弦计算即可。但由于缺少交互,其效果一般比左侧方法要低。其原因在于双塔模型只利用最后一层得到的 embedding 嵌入进行相似度计算,模态之间没有交互,很难学习得到一个高质量高语义的特征嵌入表示,所以容易造成即使对输入的样本进行少量的改变,因缺乏交互所以最后得到的 embedding 改变

微小，相似度也改变小，导致模型效果较差。

目前，跨模态检索研究较多的是基于公共空间特征学习的方法，根据学习共性特征表示时使用的信息，跨模态检索可以进一步分为无监督方法、基于成对的方法、基于秩的方法以及有监督方法四类。对于无监督方法，只利用共现信息来学习多模态数据的公共表示，即如果不同形式的数据在多模态的系统中共存，那么这些数据具有语义上的共性。对于基于成对的方法，通常使用相似对来学习不同模态数据之间的度量距离，并据此学习数据的公共表示。对于基于秩的方法，利用秩表来学习数据间常用的表示，并使用基于排序的方法研究跨模态检索的排序问题。对于基于监督的方法，利用标签信息来学习公共表示，需要手工对数据进行大量注释。以上每种方法都有各自的优缺点，需要根据待解决问题的场景选取合适的方法。

7.4.2 基于典型关联分析的跨模态检索

典型关联分析（Canonical Correlation Analysis，CCA）是跨模态学习中常用来构建模态间关联的方法之一，其旨在通过学习一种映射向量，将不同模态数据映射到一个共享表示子空间中，从而在该子空间中为不同模态数据构建关联关系，最终通过距离函数（比如欧氏距离）计算不同模态数据间的距离，距离越小，表示相关度越大。CCA 最早由 Hotelling 首次提出[280,281]，早期受计算机软硬件技术的限制，其并没有被广泛应用，但近来许多研究者基于 CCA 提出一些学习共享表示子空间用来解决跨模态检索问题的方法。CCA 模型主要思想是使得两组输入数据 X 和 Y 通过线性投影后得到的映射向量之间的相关性最大。输入数据可以来自同一模态数据的不同特征（如图像的 Gist 特征和 SIFT 特征），也可以来自不同模态数据（如图像和文本）。

CCA 的计算目标是找到两组映射矩阵 w_x 和 w_y，使得 $w_x^\top x$ 和 $w_y^\top y$ 之间的相关性最大。定义 ρ 为代表 $w_x^\top x$ 和 $w_y^\top y$ 之间的相关性的相关系数，即求解 ρ 的最大值：

$$\rho = \max_{w_x,w_y} \frac{w_x^\top C_{xy} w_y}{\sqrt{w_x^\top C_{xx} w_x} \sqrt{w_y^\top C_{yy} w_y}} \tag{7.2}$$

其中，C_{xx} 和 C_{yy} 表示输入数据集 x 和 y 的协方差矩阵，C_{xy} 表示输入数据集 x 和 y 之间的协方差矩阵。CCA 算法的优化目标相当于一个凸优化的过程，当通过计算得到优化目标的最大值时，获得最终的投影矩阵。

基于典型关联分析的跨模态检索方法被跨模态领域的研究者们广泛研究，近年来提出许多基于 CCA 的改进模型。Rasiwasia 等人[282]在针对相关性匹配和语义匹配进行分析后，在公共表示子空间中采用多类逻辑回归的方法引入语义约束，提出一种语义相关性匹配的方法。该方法最终可以获得一个带有语义约束的公共表示子空间，从而可以在该子空间中进行跨模态检索。Gong 等人[283]在模型中引入高级图像语义视角，提出 multi-view CCA 模型，其中高级图像语义视角来自标签和对标签无监督聚类分析获得的语义类别，从而在学习到的共享子空间构建不同模态的更精准表示，最终提高检索精度。Ranjan 等人[284]提出 ml-CCA 模型，考虑到多标签信息，主要解决多标签的跨模态检索问题，并提出快速 ml-CCA 用于处理大规模数据集。

7.4.3 基于深度学习的跨模态图像检索

深度学习是在机器学习基础之上发展而来的，本质是搭建具有多个隐藏层的神经网络模型，利用大规模的训练数据自动学习物体的特征，实现提升模型性能的目标。在计算机视觉领域，以卷积神经网络为代表的深度学习算法在目标检测、图像识别、语义分割等领域，都获得了较为显著的成果。卷积神经网络是一种强大的深度学习技术，模拟了人类大脑在对事物特征提取和分类方面的工作方式[285]，具备很强的学习能力，通过误差反向传播学习到更具非线性表达能力的特征表示，可以避免传统算法中复杂的特征提取和模型重建过程，目前已成为计算机视觉领域的研究热点。近年来，深度学习在图像分类和图像描述方面表现出显著优势，为未来跨模态深度关联模型在大规模数据上的应用和探究利用深度卷积神经网络构建关联模型奠定了基础。许多研究者也致力于研究基于深度学习的方法解决多模态领域的相关问题，将深度学习用于跨模态检索领域，挖掘多模态数据间的关联关系，建模不同模态数据更精准的表示，构建跨模态检索模型。

Wang 等[286]提出了模态特定特征的学习模型，该方法使用两种不同的神经网络来提取图像文本的公共空间表示。其中文本使用词嵌入学习网络来提取更高层次的文本语义特征，图像使用深度神经网络进行特征提取。最后使用极大似然方法来最小化同一样本不同模态的特征相似性距离和最大化不相关样本的相似性距离，进而提升模型语义对齐的能力。Zheng 等[287]设计了一种深度跨模态检索框架，该框架设计了一种新的分类损失(Instance Loss)来挖掘模态内的细微差异，并将这种分类损失引入双路卷积神经网络中，构建了一种端到端的跨模态检索模型，该模型不仅能够学习图像和文本对中的细粒度跨模态信息，并且可以考虑模态内的数据分布，从而提取到了更丰富的图像和文本特征，并提高了模型图文检索的准确率。深度学习技术中，注意力机制[288]可以聚焦重要信息，并同时具备不同特征空间以及全局范围内的特征聚合能力，可以帮助模型提取到不同模态间更有关联的特征，因此注意力机制的跨模态检索方法是目前的主流方法。Lee 等[289]设计了一种基于交叉注意力的跨模态检索模型(Stacked Cross Attention，SCAN)，如图 7.7 所示。为了充分使用注意力机制来对齐语义信息，Ji 等[290]提出显著引导注意网络模型(Saliency-guided Attention，SAN)，该模型使用不对称的视觉注意力模块和文本注意力模块来学习视觉和语言之间的细粒度关联性。

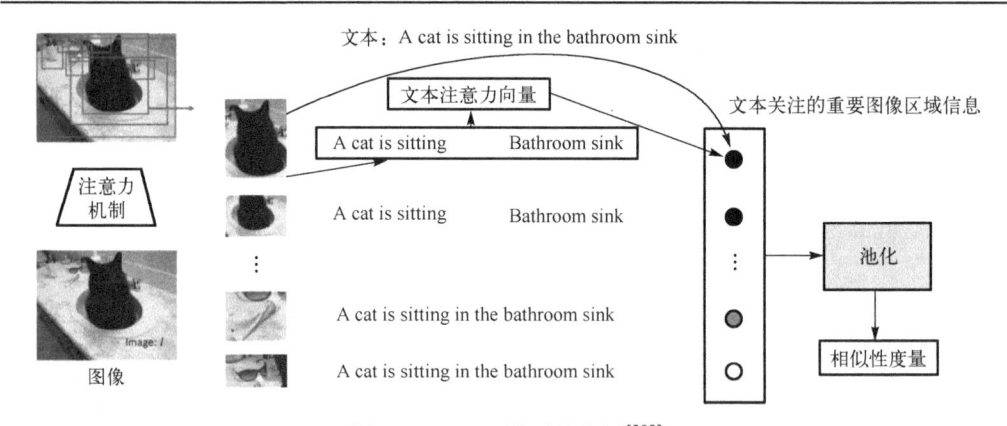

图 7.7 SCAN 模型结构图[289]

上述方法属于无监督深度学习方法，由于没有使用手工标签来辅助训练，模型无法利用标签中的语义信息来对齐文本视觉特征高层语义。而有监督方法通常利用标签信息在训练过程中监督模型，从而获得更好的特征表示以提升跨模态检索性能。Zhen 等[291]提出深度监督跨模式检索方法（Deep Supervised Cross-Modal Retrieval，DSCMR），如图 7.8 所示。与无监督方法[292]不同，该方法不仅在公共特征空间中对不同模态特征进行相似性比较，还引入线性分类器使得模型能够在标签空间中进一步对齐特征。具体来说，该方法使用特征编码器来提取图像文本特征，然后使用权值共享的全连接层将不同模态特征映射到公共特征空间中进行相似性的比较来消除模态间的差异。同时该方法将公共特征空间中的图像文本特征使用线性分类器生成对应的标签向量，并在标签空间中最小化标签向量和真实标签之间的距离，从而学习模态不变性特征。这类方法能够利用标签信息使多模态样本学习具有判别力的特征，但需要大规模数据量和数据标签类别。

近年来，随着计算机视觉和自然语言处理领域大规模预训练模型的广泛使用，由于自监督学习不需要标注成本高的人工标签，而是通过辅助任务根据数据本身的特性挖掘监督信息，已经广泛应用于跨模态检索领域。Yu 等[293]提出了一种基于知识增强的跨模态检索预训练框架（Knowledge Enhanced Vision-Language，ERNIE-ViL）。该方法通过提取文本数据的名词、形容词以及关系词（如空间位置、动作等）构建场景图以获得文本的结构化信息，将其与图像提取到的所有局部特征连接起来输入到模型中，在预训练时分别进行对象掩膜预测、属性掩膜预测和关系掩膜预测任务。Li 等[294]提出了基于对比学习的预训练模型（Towards Unified-Modal，UNIMO），该模型利用大规模的单模态数据和多模态数据来进行对跨模态比学习从而提高其视觉和文本理解能力。尽管基于自监督学习的跨模态检索方法在检索精度上得到了很大的提升，但是仍然面临神经网络训练参数量大、训练的时间复杂高的问题，难以部署到实际应用中。

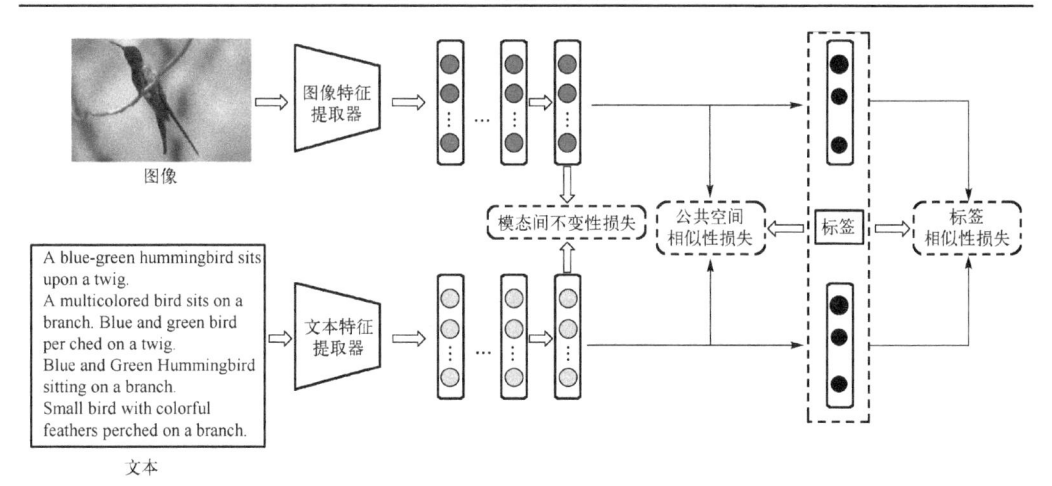

图 7.8 DSCMR 模型结构图[291]

跨模态信息往往具有低特征异构，如何更好地表达多模态的共性和特性，有效融入高语义相关、语义嵌入、特征约束、模态相互重构、注意力对齐、模态对抗、模态预训练等算法，同时在确保模型稳定性的情况下降低时间复杂度有巨大的研究价值。

参 考 文 献

[1] 赵珊. 基于内容的图像检索关键技术研究[D]. 西安：西安电子科技大学, 2007.

[2] 齐恒. 基于内容图像检索的关键技术研究[D]. 大连：大连理工大学, 2012.

[3] SMEULDERS A W M, WORRING M, SANTINI S, et al. Content-based image retrieval at the end of the early years[J]. IEEE Transactions on Pattern Analysis & Machine Intelligence, 2000, 22(12): 1349-1380.

[4] LEW M S, SEBE N, DJERABA C, et al. Content-based multimedia information retrieval: State of the art and challenges[J]. ACM Transactions on Multimedia Computing Communications & Applications, 2006, 2(1): 1-19.

[5] LIU Y, ZHANG D, LU G, et al. A survey of content-based image retrieval with high-level semantics[J]. Pattern Recognition, 2007, 40(1): 262-282.

[6] PHILBIN J, CHUM O, ISARD M, et al. Object retrieval with large vocabularies and fast spatial matching[C]//IEEE Computer Society Conference on Computer Vision and Pattern Recognition. Minneapolis: IEEE, 2007: 1-8.

[7] JEGOU H, DOUZE M, SCHMID C. Hamming embedding and weak geometric consistency for large scale image search[M]. Marseille: OAI, 2008.

[8] ZHOU W, LI H, LU Y, et al. Large scale image search with geometric coding[C]//International Conference on Multimedea. Scottsdale: IEEE, 2011: 1349-1352.

[9] CHUM O, PHILBIN J, SIVIC J, et al. Total recall: automatic query expansion with a generative feature model for object retrieval[C]//IEEE International Conference on Computer Vision. Rio de Janeiro: IEEE, 2007: 1-8.

[10] CHUM O, MIKULIK A, PERDOCH M, et al. Total recall II: Query expansion revisited[C]//IEEE Conference on Computer Vision and Pattern Recognition. Colorado Springs: IEEE, 2011: 889-896.

[11] ZHANG Y, JIA Z, CHEN T. Image retrieval with geometry-preserving visual phrases[C]//IEEE Conference on Computer Vision and Pattern Recognition. Colorado Springs: IEEE, 2011: 809-816.

[12] ZHANG S, YANG M, COUR T, et al. Query specific fusion for image retrieval[M]. Berlin Heidelberg: Springer, 2012.

[13] ZHANG S, HUANG Q, HUA G, et al. Building contextual visual vocabulary for large-scale image applications.[C]//International Conference on Multimedea. Firenze: ACM, 2010:

501-510.

[14] DATTA R, JOSHI D, LI J, et al. Image retrieval: Ideas, influences, and trends of the new age[J]. Acm Computing Surveys, 2008, 40(2): 1-60.

[15] VADIVEL A, SURAL S, MAJUMDAR A K. An integrated color and intensity co-occurrence matrix[J]. Pattern Recognition Letters, 2007, 28(8): 974-983.

[16] HE Z, YOU X, TANG Y Y. Writer identification using global wavelet-based features[J]. Neurocomputing, 2008, 71(10): 1832-1841.

[17] OJALA T, PIETIK, INEN M, et al. Multiresolution gray-scale and rotation invariant texture classification with local binary patterns[M]. Berlin Heidelberg: Springer, 2000.

[18] OLIVA A , TORRALBA A .Modeling the shape of the scene: a holistic representation of the spatial envelope[J]. International Journal of Computer Vision, 2001(3):42.

[19] ZHOU L, ZHOU Z, HU D. Scene classification using a multi-resolution bag-of-features model[J]. Pattern Recognition, 2013, 46(1): 424-433.

[20] 董荣胜, 程德强, 李凤英. 用于图像检索的多区域交叉加权聚合深度卷积特征[J]. 计算机辅助设计与图形学学报, 2018, 30(4): 658-665.

[21] BABENKO A, LEMPITSKY V. Aggregating deep convolutional features for image retrieval[J]. Computer Science, 2015.

[22] LOWE D G. Object recognition from local scale-invariant features[C]//IEEE International Conference on Computer Vision. Washington: IEEE, 1999: 1150-1157.

[23] JEGOU H, DOUZE M, SCHMID C, et al. Aggregating local descriptors into a compact image representation[C]//Computer Vision and Pattern Recognition: Vol. 238, San Francisco, 2010: 3304-3311.

[24] SANCHEZ, JORGE, PERRONNIN, et al. Image Classification with the Fisher Vector: Theory and Practice[J]. International Journal of Computer Vision, 2013, 105(3): 222-245.

[25] BAEZA-YATES R A, RIBEIRO-NETO B. Modern information retrieval[M]. Beijing: China Machine Press, 2011.

[26] HEO J P, LEE Y, HE J, et al. Spherical hashing[J]. Computer Vision and Pattern Recognition, 2012, 157(10): 2957-2964.

[27] LIU H, WANG R, SHAN S, et al. Deep supervised hashing for fast image retrieval[C]//IEEE Conference on Computer Vision and Pattern Recognition. Las Vegas: IEEE, 2016: 2064-2072.

[28] ANDONI A, INDYK P. Near-optimal hashing algorithms for approximate nearest neighbor in high dimensions[C]//IEEE Symposium on Foundations of Computer Science. Berkeley: IEEE, 2006: 459-468.

[29] 戴世稳. 基于深度学习的图像检索研究[D]. 长沙: 湖南大学, 2017.

[30] TAO D, TANG X, LI X, et al. Asymmetric bagging and random subspace for support vector

machines-based relevance feedback in image retrieval.[J]. IEEE Trans Pattern Anal Mach Intell, 2006, 28(7): 1088-1099.

[31] XU X, LIU X, YU Z, et al. Re-weighting relevance feedback image retrieval algorithm based on particle swarm optimization[C]//International Conference on Natural Computation: IEEE. Yantai, 2010: 3609-3613.

[32] DE VES E, BENAVENT X, COMA I, et al. A novel dynamic multi-model relevance feedback procedure for content-based image retrieval[J]. Neurocomputing, 2016, 208: 99-107.

[33] SHRIVASTAVA N, TYAGI V. A review of rOI image retrieval techniques[M]. Berlin: Springer, 2015.

[34] JING F, LI M, ZHANG H J, et al. Support vector machines for region-based image retrieval[C]//International Conference on Multimedia and Expo. Baltimore: IEEE, 2003: 21-24.

[35] LIU Y, ZHANG D, LU G. Region-based image retrieval with high-level semantics using decision tree learning[J]. Pattern Recognition, 2008, 41(8): 2554-2570.

[36] JING F, LI M, ZHANG H J, et al. An efficient and effective region-based image retrieval framework[J]. IEEE Transactions on Image Processing, 2004, 13(5): 699-709.

[37] ZAND M, DORAISAMY S, HALIN A A, et al. Texture classification and discrimination for region-based image retrieval[J]. Journal of Visual Communication & Image Representation, 2015, 26(C): 305-316.

[38] LIU Z W, Li X X, Luo P, et al. Semantic image segmentation via deep parsing network[C]//International Conference on Computer Vision. Santiago: IEEE, 2015.

[39] LI X X, Liu Z W, Luo P, et al. Not all pixels are equal: Difficulty-aware semantic segmentation via deep layer cascade[C]//IEEE Conference on Computer Vision and Pattern Recognition. Honolulu: IEEE, 2017.

[40] ZHAN X H, Liu Z W, Luo P, et al. Mix-and-Match tuning for self-supervised semantic segmentation[C]//AAAI Conference on Artificial Intelligence. Louisiana: AAAI, 2018.

[41] 何宁. 图像检索中跨模语义信息获取方法研究[D]. 武汉: 武汉大学, 2013.

[42] 侯刚. 基于内容的图像检索中特征表示与检索策略研究[D]. 吉林: 吉林大学, 2014.

[43] SWAIN M J, BALLARD D H. Color indexing[J]. International Journal of Computer Vision, 1991, 7(1): 11-32.

[44] PASS G, ZABIH R. Histogram refinement for content-based image retrieval[C]//IEEE Workshop on Applications of Computer Vision. Sarasota: IEEE, 1996: 96.

[45] SMITH J R, CHANG S F. Single color extraction and image query[C]//International Conference on Image Processing. Washington: IEEE, 1995: 3528.

[46] STRICKER M A, ORENGO M. Similarity of color images[J]. Proc Spie Storage & Retrieval for Image & Video Databases, 1995, 2420: 381-392.

[47] HUANG J. Image indexing using color correlograms[C]//14th International Conference on Computer Vision and Pattern Recognition. San Francisco: IEEE, 1997: 762-768.

[48] QIU G. Color image indexing using BTC[J]. IEEE Transactions on Image Processing A Publication of the IEEE Signal Processing Society, 2003, 12(1): 93-101.

[49] HAN J, MA K K. Fuzzy color histogram and its use in color image retrieval[J]. IEEE Transactions on Image Processing A Publication of the IEEE Signal Processing Society, 2002, 11(8): 944.

[50] SHAO H, WU Y, CUI W, et al. Image retrieval based on MPEG-7 dominant color descriptor[C]//9th International Conference for Young Computer Scientists. Zhang Jia Jie: IEEE, 2008: 753-757.

[51] YANG N C, CHANG W H, KUO C M, et al. A fast MPEG-7 dominant color extraction with new similarity measure for image retrieval[J]. Journal of Visual Communication & Image Representation, 2008, 19(2): 92-105.

[52] REJEB I B, OUNI S, ZAGROUBA E. Image retrieval using spatial dominant color descriptor[C]//International Conference on Computer Systems and Applications. Hammamet: IEEE, 2017: 788-795.

[53] APTOULA E, LEFEVRE S. Morphological description of color images for content-based image retrieval[J]. IEEE Transactions on Image Processing, 2009, 18(11): 2505-2517.

[54] SUHASINI P S, KRISHNA K S R, KRISHNA I V M. Content based image retrieval based on different global and local color histogram methods: A Survey[J]. Journal of the Institution of Engineers, 2017, 98: 1-7.

[55] MAJUMDAR I, CHATTERJI B N, KAR A. Texture feature matching methods for content based image retrieval[J]. IETE Technical Review, 2007, 24(4): 257-269.

[56] 杨红菊, 张艳, 曹付元. 一种基于颜色矩和多尺度纹理特征的彩色图像检索方法[J]. 计算机科学, 2009, 36(9): 274-277.

[57] HARACLICK R M. Texture Features for Image Classification[J]. IEEE Trans Smc, 1973, 3(6): 610-621.

[58] TAMURA H, MORI S, YAMAWAKI T. Textural features corresponding to visual perception[J]. IEEE Transactions on Systems, Man, and Cybernetics, 1978, 8(6): 460-473.

[59] LAINE A, FAN J. Texture classification by wavelet packet signature[J]. IEEE Transactions on Pattern Analysis and Machine Intelligence, 2002, 15(11): 1186-1191.

[60] DUNN D, HIGGINS W E, WAKELEY J. Texture segmentation using 2-D gabor elementary functions[J]. IEEE Transactions on Pattern Analysis and Machine Intelligence, 1994, 16(2): 130-149.

[61] ZHANG D, ISLAM M M, LU G, et al. Rotation invariant curvelet features for region based image retrieval[J]. International Journal of Computer Vision, 2012, 98(2): 187-201.

[62] OJALA T, INEN, HARWOOD D. A comparative study of texture measures with classification based on feature distributions[J]. Pattern Recognition, 1996, 29(1): 51-59.

[63] OJALA T, PIETIKAINEN M, MAENPAA T. Multiresolution gray-scale and rotation invariant texture classification with local binary patterns[J]. IEEE Transactions on Pattern Analysis and Machine Intelligence, 2002, 24(7): 971-987.

[64] JABID T, KABIR M H, CHAE O. Local directional pattern (LDP)-a robust image descriptor for object recognition[C]//International Conference on Advanced Video and Signal Based Surveillance (AVSS). Boston: IEEE, 2010: 482-487.

[65] LEE M C, PUN C M. Rotation and scale invariant wavelet feature for content-based texture image retrieval[J]. Journal of the Association for Information Science & Technology, 2010, 54(1): 68-80.

[66] CHEN W T, LIU W C, CHEN M S. Adaptive color feature extraction based on image color distributions[J]. IEEE Transactions on Image Processing, 2010, 19(8): 2005.

[67] PHADIKAR B S, PHADIKAR A, MAITY G K. Content-based image retrieval in DCT compressed domain with MPEG-7 edge descriptor and genetic algorithm[J]. Pattern Analysis & Applications, 2016(9): 1-21.

[68] YU L, FENG L, WANG H, et al. Multi-trend binary code descriptor: A novel local texture feature descriptor for image retrieval[J]. Signal Image & Video Processing, 2018, 12(2): 247-254.

[69] FADAEI S, AMIRFATTAHI R, AHMADZADEH M R. Local derivative radial patterns: A new texture descriptor for content-based image retrieval[J]. Signal Processing, 2017, 137: 274-286.

[70] DALAL N, TRIGGS B. Histograms of oriented gradients for human detection[C]//18th IEEE Computer Society Conference on Computer Vision and Pattern Recognition. San Diego: IEEE, 2005: 886-893.

[71] DONG K P, JEON Y S, WON C S. Efficient use of local edge histogram descriptor[C]. Proceedings of the 2000 ACM Workshop on Multimedia, Los Angeles, 2000: 51-54.

[72] TEH C H, CHIN R T. On image analysis by methods of moments[J]. IEEE Transactions on Pattern Analysis and Machine Intelligence, 1988, 10(4): 496-513.

[73] IIVARINEN J, PEURA M, SREL J, et al. Comparison of combined shape descriptors for irregular objects[C]//British Machine Vision Conference. Essex: ACM, 1997: 430-439.

[74] RANGAYYAN R M, EL-FARAMAWY N M, DESAUTELS J E L, et al. Measures of acutance and shape for classification of breast tumors[J]. IEEE Transactions on Medical Imaging, 1997, 16(6): 799-810.

[75] ZHANG D, LU G. Content-based shape retrieval using different shape descriptors: a comparative study[C]//IEEE International Conference on Multimedia and Expo. Tokyo: IEEE,

2001: 1139-1142.

[76] TANGELDER J W H, VELTKAMP R C. A survey of content based 3D shape retrieval methods[J]. Multimedia Tools & Applications, 2004, 39(3): 441.

[77] ZHANG D, LU G. Review of shape representation and description techniques[J]. Pattern Recognition, 2004, 37(1): 1-19.

[78] ALAJLAN N, RUBE I E, KAMEL M S, et al. Shape retrieval using triangle-area representation and dynamic space warping[J]. Pattern Recognition, 2007, 40(7): 1911-1920.

[79] YANG X, KOKNARTEZEL S, LATECKI L J. Locally constrained diffusion process on locally densified distance spaces with applications to shape retrieval[C]//International Conference on Computer Vision and Pattern Recognition. Miami: IEEE, 2009: 357-364.

[80] JHANWAR N, CHAUDHURI S, SEETHARAMAN G, et al. Content based image retrieval using motif cooccurrence matrix[J]. Image & Vision Computing, 2004, 22(14): 1211-1220.

[81] SUBRAHMANYAM M, WU Q J, MAHESHWARI R, et al. Modified color motif co-occurrence matrix for image indexing and retrieval[J]. Computers & Electrical Engineering, 2013, 39(3): 762-774.

[82] 严宇, 宋威, 朱华东. 基于颜色基元共生矩阵的旋转图像检索[J]. 计算机工程, 2017, 43(5): 217-223.

[83] CHUN Y D, KIM N C, JANG I H. Content-based image retrieval using multiresolution color and texture features[J]. IEEE Transactions on Multimedia, 2008, 10(6): 1073-1084.

[84] RAO M B, RAO B P, GOVARDHAN A. CTDCIRS: Content based image retrieval system based on dominant color and texture features[J]. International Journal of Computer Applications, 2011, 18(6): 40-46.

[85] YOUSSEF S M. ICTEDCT-CBIR: Integrating curvelet transform with enhanced dominant colors extraction and texture analysis for efficient content-based image retrieval[J]. Computers & Electrical Engineering, 2012, 38(5): 1358-1376.

[86] ELALAMI M E. A novel image retrieval model based on the most relevant features[J]. Knowledge-Based Systems, 2011, 24(1): 23-32.

[87] ZHOU Y, ZENG F Z, ZHAO H M, et al. Hierarchical visual perception and two-dimensional compressive sensing for effective content-based color image retrieval[J]. Cognitive Computation, 2016, 8(5): 877-889.

[88] ASHRAF R, AHMED M, JABBAR S, et al. Content based image retrieval by using color descriptor and discrete wavelet transform[J]. Journal of Medical Systems, 2018, 42(3): 44.

[89] SAJJAD M, ULLAH A, AHMAD J, et al. Integrating salient colors with rotational invariant texture features for image representation in retrieval systems[J]. Multimedia Tools & Applications, 2017(12): 1-21.

[90] ANSARI Mohd A, DIXIT M. An enhanced CBIR using HSV quantization, discrete wavelet transform and edge histogram descriptor[C]//International Conference on Computing, Communication and Automation. Noida: IEEE, 2017: 1136-1141.

[91] LIU G H, ZHANG L, HOU Y K, et al. Image retrieval based on multi-texton histogram[J]. Pattern Recognition, 2010, 43(7): 2380-2389.

[92] LIU G H, LI Z Y, ZHANG L, et al. Image retrieval based on micro-structure descriptor[J]. Pattern Recognition, 2011, 44(9): 2123-2133.

[93] LIU G H, YANG J Y. Content-based image retrieval using color difference histogram[J]. Pattern Recognition, 2013, 46(1): 188-198.

[94] LIU G H, YANG J Y, LI Z. Content-based image retrieval using computational visual attention model[J]. Pattern Recognition, 2015, 48(8): 2554-2566.

[95] LIU G H. Content-based image retrieval based on visual attention and the conditional probability[C]//International Conference on Chemical, Material, and Food Engineering. Kunming: Atlantis, 2015: 838-842.

[96] VIPPARTHI S K, NAGAR S. Expert image retrieval system using directional local motif XoR patterns[J]. Expert Systems with Applications, 2014, 41(17): 8016-8026.

[97] VIPPARTHI S K, MURALA S, NAGAR S K. Dual directional multi-motif XOR patterns: A new feature descriptor for image indexing and retrieval[J]. Optik-International Journal for Light and Electron Optics, 2015, 126(15): 1467-1473.

[98] VERMA M, RAMAN B, MURALA S. Local extrema co-occurrence pattern for color and texture image retrieval[J]. Neurocomputing, 2015, 165: 255-269.

[99] AHMAD J, SAJJAD M, RHO S, et al. Multi-scale local structure patterns histogram for describing visual contents in social image retrieval systems[J]. Multimedia Tools and Applications, 2016, 75(20): 12669-12692.

[100] WANG X, WANG Z. A novel method for image retrieval based on structure elements' descriptor[J]. Journal of Visual Communication and Image Representation, 2013, 24(1): 63-74.

[101] SINGH C, WALIA E, KAUR K P. Color texture description with novel local binary patterns for effective image retrieval[J]. Pattern Recognition, 2017, 76.

[102] UCHIDA Y. Local feature detectors, descriptors, and image representations: A survey[J]. 2016.

[103] SCHMID C, MOHR R. Local grayvalue invariants for image retrieval[J]. IEEE Transactions on Pattern Analysis and Machine Intelligence, 1997, 19(5): 530-535.

[104] LOWE D G, LOWE D G. Distinctive image features from scale-invariant keypoints[J]. International Journal of Computer Vision, 2004, 60(2): 91-110.

[105] SIVIC J, ZISSERMAN A. Video google: A text retrieval apporach to object matching in viedeos[C]//IEEE International Conference on Computer Vision. Nice: IEEE, 2003: 1470-1477.

[106] NISTÉR D, STEWÉNIUS H. Scalable recognition with a vocabulary tree[J]. IEEE, 2006. DOI: 10.1109/CVPR.2006.264.

[107] CHU L, WANG S, ZHANG Y, et al. Graph-density-based visual word vocabulary for image retrieval[C]//International Conference on Multimedia and Expo. Chengdu: IEEE, 2014: 1-6.

[108] WU Z, KE Q, SUN J, et al. A multi-sample, multi-tree approach to bag-of-words image representation for image retrieval[J]. Proc Cvpr, 2009, 30(2): 1992-1999.

[109] LAZEBNIK S, SCHMID C, PONCE J. Beyond bags of features: Spatial pyramid matching for recognizing natural scene categories[C]//Computer Society Conference on Computer Vision and Pattern Recognition: Vol 2. New York: IEEE, 2006: 2169-2178.

[110] CAO Y, WANG C, LI Z, et al. Spatial-bag-of-features[C]//Conference on Computer Vision and Pattern Recognition. Columbus: IEEE, 2010: 3352-3359.

[111] LUO J, GWUN O. A comparison of SIFT, PCA-SIFT and SURF[J]. International Journal of Image Processing, 2009, 3(4): 143-152.

[112] BAY H, ESS A, TUYTELAARS T, et al. Speeded-Up Robust Features (SURF)[J]. Computer Vision & Image Understanding, 2008, 110(3): 346-359.

[113] ALFANINDYA A, HASHIM N, ESWARAN C. Content based image retrieval and classification using speeded-up robust features (SURF) and grouped bag-of-visual-words (GBoVW)[C]//International Conference on Technology, Informatics, Management, Engineering, and Environment. Bandung: IEEE, 2013: 77-82.

[114] ELNEMR H. Combining SURF and MSER along with color features for image retrieval system based on bag of visual words[J]. Journal of Computer Science, 2016, 12(4): 213-222.

[115] 孙韶言. 基于深度学习表征的图像检索技术[D]. 合肥: 中国科学技术大学, 2017.

[116] WAN J, WANG D, HOI S C H, et al. Deep learning for content-based image retrieval: A comprehensive study[C]//International Conference on Multimedia. Orlando: ACM, 2014: 157-166.

[117] ALZU'BI A, AMIRA A, RAMZAN N. Semantic content-based image retrieval: A comprehensive study[J]. Journal of Visual Communication & Image Representation, 2015, 32: 20-54.

[118] 谢凌曦. 基于局部特征的图像表示模型理论与实践[D]. 北京: 清华大学, 2015.

[119] KRIZHEVSKY A, SUTSKEVER I, HINTON G E. ImageNet classification with deep convolutional neural networks[C]//International Conference on Neural Information Processing Systems. Doha: Springer, 2012: 1097-1105.

[120] SIMONYAN K, ZISSERMAN A. Very deep convolutional networks for large-scale image recognition[J]. Computer Science, 2014.

[121] SZEGEDY C, LIU W, JIA Y, et al. Going deeper with convolutions[C]//IEEE Conference on Computer Vision and Pattern Recognition. Columbus: IEEE, 2014: 1-9.

[122] HE K, ZHANG X, REN S, et al. Deep residual learning for image recognition[C]//IEEE Conference on Computer Vision and Pattern Recognition. Boston: IEEE, 2015: 770-778.

[123] JIA Y, SHELHAMER E, DONAHUE J, et al. Caffe: Convolutional Architecture for Fast Feature Embedding[C]//ACM International Conference on Multimedia. Brisbane, 2014: 675-678.

[124] BABENKO A, SLESAREV A, CHIGORIN A, et al. Neural codes for image retrieval[C]//European Conference on Computer Vision. Zurich: Springer, 2014: 584-599.

[125] GONG Y, WANG L, GUO R, et al. Multi-scale orderless pooling of deep convolutional activation features[C]//European Conference on Computer Vision: Vol. 8695. Zurich: IEEE, 2014: 392-407.

[126] YANDEX A B, LEMPITSKY V. Aggregating local deep features for image retrieval[C]//International Conference on Computer Vision. Las Vegas: IEEE, 2016: 1269-1277.

[127] WEI X S, LUO J H, WU J, et al. Selective convolutional descriptor aggregation for fine-grained image retrieval[J]. IEEE Transactions on Image Processing, 2016, PP(99): 1-1.

[128] TOLIAS G, SICRE R, JÉGOU H. Particular object retrieval with integral max-pooling of CNN activations[J]. Computer Science, 2015.

[129] KALANTIDIS Y, MELLINA C, OSINDERO S. Cross-dimensional weighting for aggregated deep convolutional features[C]//European Conference on Computer Vision. Amsterdam: ACM, 2016: 685-701.

[130] ALZU'BI A, AMIRA A, RAMZAN N. Content-based image retrieval with compact deep convolutional features[J]. Neurocomputing, 2017, 249: 95-105.

[131] NG Y H, YANG F, DAVIS L S. Exploiting local features from deep networks for image retrieval[J]. Computer Vision and Pattern Recognition, 2015: 53-61.

[132] YU W, YANG K, YAO H, et al. Exploiting the complementary strengths of multi-layer CNN features for image retrieval[J]. Neurocomputing, 2016, 237: 235-241.

[133] LIU Z, LUO P, QIU S, et al. DeepFashion: powering robust clothes recognition and retrieval with rich annotations[C]//Computer Vision and Pattern Recognition. Las Vegas: IEEE, 2016: 1096-1104.

[134] LIU H, TIAN Y, WANG Y, et al. Deep relative distance learning: tell the difference between similar vehicles[C]//Computer Vision and Pattern Recognition. Las Vegas: IEEE, 2016: 2167-2175.

[135] HU F, TONG X, XIA G S, et al. Delving into deep representations for remote sensing image retrieval[C]//IEEE International Conference on Signal Processing. Chengdu: IEEE, 2017:

198-203.

[136] TZELEPI M, TEFAS A. Deep convolutional learning for content based image retrieval[J]. Neurocomputing, 2018, 275: 2467-2478.

[137] BARLA A, ODONE F, VERRI A. Histogram intersection kernel for image classification[C]// International Conference on Image Processing: Vol. 2. Barcelona: IEEE, 2003: 513-616.

[138] CHAUDHARY M D, PITHADIA P V. Multi-feature histogram intersection for Efficient Content Based Image Retrieval[C]//International Conference on Circuit, Power and Computing Technologies. Nadu Nagercoil: IEEE, 2015: 1366-1371.

[139] RUBNER C Y Tomasi, GUIBAS L. The earth mover's distance as a metric for image retrieval[J]. International Journal of Computer Vision, 2000, 40(2): 99-121.

[140] BOOKSTEIN A, KULYUKIN V A, RAITA T. Generalized hamming distance[J]. Information Retrieval, 2002, 5(4): 353-375.

[141] ZHANG L, ZHANG Y, TANG J, et al. Binary code ranking with weighted hamming distance[C]//Computer Vision and Pattern Recognition. Portland: IEEE, 2013: 1586-1593.

[142] LI J, WANG J Z, WIEDERHOLD G. IRM: Integrated region matching for image retrieval[C]//ACM International Conference on Multimedia. Nagano: ACM, 2000: 147-156.

[143] LING H, OKADA K. An efficient earth mover's distance algorithm for robust histogram comparison[J]. IEEE Transactions on Pattern Analysis & Machine Intelligence, 2007, 29(5): 840-853.

[144] 郑丹晨, 杨亚飞, 韩敏. 一种基于广义期望首达时间的形状距离学习算法[J]. 自动化学报, 2016, 42(2): 246-254.

[145] BAI X, YANG X, LATECKI L J, et al. Learning context-sensitive shape similarity by graph transduction[J]. IEEE Transactions on Pattern Analysis & Machine Intelligence, 2010, 32(5): 861-874.

[146] WANG J, LI Y, BAI X, et al. Learning context-sensitive similarity by shortest path propagation[J]. Pattern Recognition, 2011, 44(10): 2367-2374.

[147] YANG X, PRASAD L, LATECKI L J. Affinity learning with diffusion on tensor product graph[J]. IEEE Transactions on Pattern Analysis and Machine Intelligence, 2013, 35(1): 28-38.

[148] DONOSER M, BISCHOF H. Diffusion processes for retrieval revisited[C]//25th International Conference on Computer Vision and Pattern Recognition. Portland: IEEE, 2013: 1320-1327.

[149] BAI X, BAI S, WANG X. Beyond diffusion process: Neighbor set similarity for fast re-ranking[J]. Information Sciences, 2015, 325: 342-354.

[150] BAI S, BAI X, TIAN Q, et al. Regularized diffusion process for visual retrieval[C]//AAAI Conference on Artificial Intelligence. Melbourne: AAAI, 2017: 3967-3973.

[151] BAI S, ZHOU Z, WANG J, et al. Ensemble diffusion for retrieval[C]//IEEE International

Conference on Computer Vision. Venice: IEEE, 2017: 774-783.

[152] 柯圣财, 李弼程, 陈刚, 等. 一种基于视觉词典优化和查询扩展的图像检索方法[J]. 自动化学报, 2018, 44(1): 99-105.

[153] KUO Y H, CHEN K T, CHIANG C H, et al. Query expansion for hash-based image object retrieval[C]//ACM International Conference on Multimedia. Beijing: ACM, 2009: 65-74.

[154] ZHENG L, WANG S, TIAN L, et al. Query-adaptive late fusion for image search and person re-identification[C]//IEEE International Conference on Computer Vision and Pattern Recognition. Boston: IEEE, 2015: 1741-1750.

[155] YANG F, MATEI B, DAVIS L S. Re-ranking by multi-feature fusion with diffusion for image retrieval[J]. Applications of Computer Vision, 2015: 572-579.

[156] FLICKNER M, SAWHNEY H, NIBLACK W, et al. Query by image and video content: The QBIC system[J]. IEEE Computer, 1995, 28(9): 23-32.

[157] PENTLAND A, PICARD R W, SCLAROFF S. Photobook: Content-based manipulation of image databases[J]. International Journal of Computer Vision, 1996, 18(3): 233-254.

[158] SMITH J R, CHANG S F. Querying by color regions using the visualSEEk content-based visual query system[C]//Intelligent Multimedia Information Retrieval. Menlo Park: ACM, 1997: 23-41.

[159] SMITH J R, CHANG S F. Visually searching the web for content[M]. Atlantic: IEEE Computer Society Press, 1997.

[160] WANG J Z, LI J, WIEDERHOLD G. Simplicity: Semantics-sensitive integrated matching for picture libraries[J]. IEEE Transactions on Pattern Analysis & Machine Intelligence, 2001, 23(9): 947-963.

[161] BACH J R, FULLER C, GUPTA A, et al. Virage image search engine: an open framework for image management[C]//Storage and Retrieval for Still Image and Video Databases IV. San Jose: SPIE, 1996: 76-87.

[162] DOWE J. Content-based retrieval in multimedia imaging[J]. The International Society for Optical Engineering, 1993, 1908: 164-167.

[163] DUDA R O, HART P E. Use of the Hough transformation to detect lines and curves in pictures[J/OL]. Communications of the ACM, 1972, 15(1): 11-15. https://doi.org/10.1145/361237.361242.

[164] BAY H, TUYTELAARS T, GOOL L V. Surf: Speeded up robust features[C]//European conference on computer vision. Berlin, Heidelberg: Springer, 2006: 404-417.

[165] 周俊宇, 赵艳明. 卷积神经网络在图像分类和目标检测应用综述[J]. 计算机工程与应用, 2017, 53(13): 34-41.

[166] ZEILER M D, FERGUS R. Visualizing and understanding convolutional networks[J]. 2013,

8689: 818-833.

[167] FUKUSHIMA K. Neocognitron: A self-organizing neural network model for a mechanism of pattern recognition unaffected by shift in position[J]. Biological Cybernetics, 1980, 36(4): 193-202.

[168] RUMELHART D, MCCLELLAND J. Learning internal representations by error propagation[M]. MIT Press, 1988.

[169] 辛晨. 基于深度学习的图像分类及应用研究[D]. 北京: 中国科学院大学(中国科学院遥感与数字地球研究所), 2017.

[170] ZEILER M D, FERGUS R. Stochastic pooling for regularization of deep convolutional neural networks[J]. Eprint Arxiv, 2013.

[171] HE K, ZHANG X, REN S, et al. Spatial pyramid pooling in deep vonvolutional vetworks for visual recognition[J]. IEEE Transactions on Pattern Analysis & Machine Intelligence, 2015, 37(9): 1904-1916.

[172] TRAN D, WANG H, TORRESANI L, et al. A Closer Look at Spatiotemporal Convolutions for Action Recognition[M/OL]. arXiv, 2018[2023-07-27]. http://arxiv.org/abs/1711.11248.

[173] GU J, WANG Z, KUEN J, et al. Recent advances in convolutional neural networks[J]. Computer Science, 2016.

[174] LECUN Y, BOTTOU L. Gradient-based learning applied to document recognition[J/OL]. Proceedings of the IEEE, 1998, 86(11): 2278-2324. https://doi.org/10.1109/5.726791.

[175] PAN S J, YANG Q. A Survey on Transfer Learning[J]. IEEE Transactions on Knowledge & Data Engineering, 2010, 22(10): 1345-1359.

[176] MOUSAVIAN A, KOSECKA J. Deep convolutional features for image based retrieval and scene categorization[J]. Computer Science, 2015.

[177] ARANDJELOVIC R, GRONAT P, TORII A, et al. NetVLAD: CNN architecture for weakly supervised place recognition[J]. IEEE Transactions on Pattern Analysis & Machine Intelligence, 2016, 99: 1.

[178] SAHU G, VECHTOMOVA O. Adaptive Fusion Techniques for Multimodal Data[P/OL]. 2019[2023-07-27]. http://doc.paperpass.com/patent/arXiv191103821.html.

[179] 梅江元. 基于马氏距离的度量学习算法研究及应用[D]. 哈尔滨: 哈尔滨工业大学, 2016.

[180] MAESSCHALCK R D, JOUAN-RIMBAUD D, MASSART D L. The Mahalanobis distance[J]. Chemometrics & Intelligent Laboratory Systems, 2000, 50(1): 1-18.

[181] SHUANG L, HUCHUAN L, ZHE L, et al. Adaptive Metric Learning for Saliency Detection[J]. IEEE Transactions on Image Processing, 2015, 24(11): 3321-3331.

[182] PAGE L, BRIN S, MOTWANI R, et al. The PageRank Citation Ranking: Bringing Order to the Web[J]. Stanford Digital Libraries Working Paper, 1998.

[183] KLEINBERG J M. Authoritative Sources in a Hyperlinked Environment[C]//Proceedings of ACN-SIAM Symposium on Discrete Algorithms, 1998.

[184] XU J, LI H. AdaRank: A boosting algorithm for information retrieval[C]//SIGIR 2007 Proceedings. Amsterdam: IEEE, 2007: 391-398.

[185] RUDIN C, SCHAPIRE R E. Margin-based ranking and an equivalence between AdaBoost and RankBoost[J]. Journal of machine learning research, 2009(10): 2193-2232.

[186] JIANG J, WANG B, TU Z. Unsupervised metric learning by self-smoothing operator[C]//IEEE International Conference on Computer Vision. Barcelona: IEEE, 2011: 794-801.

[187] TU Z. Affinity learning via self-diffusion for image segmentation and clustering[C]//IEEE Conference on Computer Vision and Pattern Recognition. Providence: IEEE, 2012: 2312-2319.

[188] CHO M, MULEE K. Authority-shift clustering: Hierarchical clustering by authority seeking on graphs[C]//IEEE Conference on Computer Vision and Pattern Recognition. San Francisco: IEEE, 2010: 3193-3200.

[189] ZHOU D. Ranking on data manifolds[J]. Advances in Neural Information Processing Systems, 2003, 16: 169-176.

[190] PELILLO M. Matching free trees with replicator equations[J]. Advances in Neural Information Processing Systems, 2001: 865-872.

[191] GORDO A, ALMAZÁN J, REVAUD J, et al. End-to-end learning of deep visual representations for image retrieval[J]. International Journal of Computer Vision, 2017, 124(2): 237-254.

[192] FILIP R, GIORGOS T, ONDREJ C. Fine-tuning CNN Image Retrieval with No Human Annotation[J/OL]. IEEE Transactions on Pattern Analysis and Machine Intelligence, 2017, 41: 1655-1668. https://doi.org/10.1109/TPAMI.2018.2846566.

[193] BELONGIE S, MALIK J, PUZICHA J. Shape matching and object recognition using shape contexts[C]//IEEE International Conference on Computer Science and Information Technology. Chengdu: IEEE, 2010: 483-507.

[194] LING H, JACOBS D W. Shape classification using the Inner-distance.[J]. IEEE Transactions on Pattern Analysis and Machine Intelligence, 2007, 29(2): 286-299.

[195] LUX M, MARQUES O. Visual information retrieval using java and lire[J]. Synthesis Lectures on Information Concepts, Retrieval, and Services, 2013, 5(1): 1-112.

[196] JABID T, KABIR M H, CHAE O. Gender classification using local directional pattern (LDP)[C]//International Conference on Pattern Recognition. Istanbul: IEEE, 2010: 2162-2165.

[197] JABID T, KABIR M H, CHAE O. Local directional pattern (LDP) for face recognition[C]// International Conference on Consumer Electronics. Putrajaya: IEEE, 2010: 329-330.

[198] DSOUZA D, YAMPOLSKIY R V. Natural vs artificial face classification using uniform local

directional patterns and wavelet uniform local directional patterns[C]//Computer Vision and Pattern Recognition Workshops. Columbus: IEEE, 2014: 27-33.

[199] BOUREAU Y L, BACH F, LECUN Y, et al. Learning mid-level features for recognition[C]//IEEE Conference on Computer Vision and Pattern Recognition. San Francisco: IEEE, 2010: 2559-2566.

[200] DELAITRE V, LAPTEV I, SIVIC J. Recognizing human actions in still images: a study of bag-of-features and part-based representations[C]//British Machine Vision Conference. Aberystwyth: IEEE, 2010.

[201] YU J, QIN Z, WAN T, et al. Feature integration analysis of bag-of-features model for image retrieval[J]. Neurocomputing, 2013, 120: 355-364.

[202] O'HARA S, DRAPER B A. Introduction to the Bag of Features Paradigm for Image Classification and Retrieval[J]. Computer Science, 2011.

[203] FEI-FEI L, PERONA P. A bayesian hierarchical model for learning natural scene categories[C]//IEEE Computer Society Conference on Computer Vision and Pattern Recognition. San Diego: IEEE, 2005: 524-531.

[204] PERRONNIN F, SÁNCHEZ J, MENSINK T. Improving the fisher kernel for large-scale image classification[J]. Computer Vision-ECCV, 2010: 143-156.

[205] WENGERT C, DOUZE M, JÉGOU H. Bag-of-colors for improved image search[C]//ACM international conference on Multimedia. Scottsdale: ACM, 2011: 1437-1440.

[206] Wang database.[EB/OL]. http://www.wang.ist.psu.edu/docs/related.

[207] Corel5k database.[EB/OL]. http://www.ci.gxnu.edu.cn/cbir/Dataset.aspx.

[208] VIMINA E R, JACOB K P. A sub-block based image retrieval using modified integrated region matching[J]. International Journal of Computer Science Issues, 2013, 10(1): 686-692.

[209] ELALAMI M E. A new matching strategy for content based image retrieval system[J]. Applied Soft Computing, 2014, 14: 407-418.

[210] ZHOU J X, LIU X D, XU T W, et al. A new fusion approach for content based image retrieval with color histogram and local directional pattern[J]. International Journal of Machine Learning & Cybernetics, 2018, 9(4): 677-689.

[211] SHRIVASTAVA N, TYAGI V. An efficient technique for retrieval of color images in large databases[J]. Computers & Electrical Engineering, 2015, 46: 314-327.

[212] LIU G H. Content-based image retrieval based on cauchy density function histogram[C]//12th International Conference on Natural Computation, Fuzzy Systems and Knowledge Discovery. Changsha: IEEE, 2016: 506-510.

[213] JEGOU H, DOUZE M, SCHMID C. On the burstiness of visual elements[C]//IEEE Conference on Computer Vision and Pattern Recognition. Miami: IEEE, 2009: 1169-1176.

[214] DO T T, HOANG T, TAN D K L, et al. From selective deep convolutional features to compact binary representations for image retrieval[J]. 2018.

[215] PHILBIN J, CHUM O, ISARD M, et al. Lost in quantization: Improving particular object retrieval in large scale image databases[J]. IEEE Conference on Computer Vision and Pattern Recognition, 2008: 1-8.

[216] VEDALDI A, LENC K. MatConvNet: Convolutional neural networks for MATLAB[C]. Proceedings of the 23rd ACM International Conference on Multimedia, Brisbane, 2015: 689-692.

[217] ZISSERMAN A. Triangulation embedding and democratic aggregation for image search[C]// IEEE Conference on Computer Vision and Pattern Recognition. Columbus: IEEE, 2014: 3310-3317.

[218] XU J, WANG C, QI C, et al. Unsupervised semantic-based aggregation of deep convolutional features[J]. IEEE Transactions on Image Processing, 2019, 28(2): 601-611.

[219] ZHOU W, LI H, TIAN Q. Recent advance in content-based image retrieval: A literature survey[J]. arXiv preprint arXiv:1706.06064, 2017.

[220] LIU X. The fuzzy theory based on AFS algebras and AFS structure ☆[J]. Journal of Mathematical Analysis & Applications, 1998, 217(2): 459-478.

[221] LI Q, REN Y, LI L, et al. Fuzzy based affinity learning for spectral clustering[J]. Pattern Recognition, 2016, 60(C): 531-542.

[222] LIU X, WANG X, PEDRYCZ W. Fuzzy clustering with semantic interpretation[J]. Applied Soft Computing, 2015, 26: 21-30.

[223] WANG Y, DUAN X, LIU X, et al. A spectral clustering method with semantic interpretation based on axiomatic fuzzy set theory[J]. Applied Soft Computing, 2018, 64: 59-74.

[224] LIU X, ZHANG Q. The fuzzy cognitive maps based on AFS fuzzy logic[J]. Dynamics of Continuous Discrete & Impulsive Systems, 2004, 11(5): 787-796.

[225] XIN W, PEDRYCZ W, ZHU X, et al. Mining axiomatic fuzzy set association rules for classification problems ☆[J]. European Journal of Operational Research, 2012, 218(1): 202-210.

[226] WANG L, LIU X. Concept analysis via rough set and AFS algebra ☆[J]. Information Sciences, 2008, 178(21): 4125-4137.

[227] SARKHEL R, DAS N, SAHA A K, et al. A multi-objective approach towards cost effective isolated handwritten Bangla character and digit recognition[J]. Pattern Recognition, 2016, 58(C): 172-189.

[228] REN Y, LI Q, LIU W, et al. Semantic facial descriptor extraction via Axiomatic Fuzzy Set[J]. Neurocomputing, 2016, 171(C): 1462-1474.

[229] LI Z, ZHANG Q, DUAN X, et al. A novel semantic approach for multi-ethnic face recognition[J]. International Journal of Pattern Recognition & Artificial Intelligence, 2017.

[230] 段晓东, 李泽东, 王存睿, 等. 基于 AFS 的多民族人脸语义描述与挖掘方法研究[J]. 计算机学报, 2016, 39(7): 1435-1449.

[231] LIU X. The Topology of AFS Structure and AFS Algebras ☆[J]. Journal of Mathematical Analysis & Applications, 1998, 217(2): 479-489.

[232] 冯兴华. 基于公理模糊集的模糊决策树算法研究[D]. 中国: 大连理工大学, 2013.

[233] LIU X, WANG W, CHAI T. The fuzzy clustering analysis based on AFS theory[J]. IEEE Transactions on Systems Man & Cybernetics Part B Cybernetics A Publication of the IEEE Systems Man & Cybernetics Society, 2005, 35(5): 1013-1027.

[234] LIU X, PEDRYCZ W, ZHANG Q. Axiomatics fuzzy sets logic[C]//IEEE International Conference on Fuzzy Systems: Vol 1. Stlouis: IEEE, 2003: 55-60.

[235] REN Y, SONG M, LIU X. New approaches to the fuzzy clustering via AFS theory[J]. International Journal of Information and Systems Sciences, 2007, 3(2): 307-325.

[236] GEORGHIADES A S, BELHUMEUR P N, KRIEGMAN D J. From few to many: illumination cone models for face recognition under variable lighting and pose[J]. IEEE Transactions on Pattern Analysis & Machine Intelligence, 2002, 23(6): 643-660.

[237] PRAKASH K, SATYAPRASAD K. HSV color motif co-occurrence matrix for content based image retrieval[J]. International Journal of Computer Applications, 2012, 48(16): 1-7.

[238] LIU P, GUO J M, WU C Y, et al. Fusion of deep learning and compressed domain features for content based image retrieval.[J]. IEEE Transactions on Image Processing A Publication of the IEEE Signal Processing Society, 2017, 26(12): 5706-5716.

[239] RUI Y, HUANG T S, MEHROTRA S. Content-based image retrieval with relevance feedback in MARS[C]//Proceedings of International Conference on Image Processing: Vol 2. 1997: 815-818.

[240] 闫玲博, 蔡彬. 相关反馈技术在图像检索系统中的应用[J]. 太原城市职业技术学院学报, 2009(3): 117-118.

[241] RUI Y, HUANG T. Optimizing learning in image retrieval[C]//Proceedings IEEE Conference on Computer Vision and Pattern Recognition. CVPR 2000 (Cat. No.PR00662): Vol 1. Hilton Head Island, SC, USA: IEEE Comput. Soc, 2000: 236-243.

[242] 朱旭娟, 李晓华, 沈兰荪. 一种自适应提取最优特征维的相关反馈算法[J]. 电路与系统学报, 2004(1): 36-40.

[243] TONG S, CHANG E. Support vector machine active learning for image retrieval[C]. Proceedings of the ninth ACM International Conference on Multimedia, Ottawa, 2001.

[244] HONG P, TIAN Q, HUANG T S. Incorporate support vector machines to content-based image

retrieval with relevance feedback[J]. Proceedings 2000 International Conference on Image Processing (Cat. No.00CH37101), 2000, 3: 750-753 Vol.3.

[245] PENG J. Multi-class relevance feedback content-based image retrieval[J]. Computer Vision and Image Understanding, 2003, 90(1): 42-67.

[246] COX I J, MILLER M L, OMOHUNDRO S M, et al. PicHunter: Bayesian relevance feedback for image retrieval[C]//Proceedings of 13th International Conference on Pattern Recognition: Vol. 3. 1996: 361-369.

[247] COX I J, MILLER M L, MINKA T P, et al. An optimized interaction strategy for Bayesian relevance feedback[C]//Proceedings. 1998 IEEE Computer Society Conference on Computer Vision and Pattern Recognition (Cat. No.98CB36231). Santa Barbara, CA, USA: IEEE Comput. Soc, 1998: 553-555.

[248] COX I J, MILLER M L, MINKA T P, et al. The Bayesian image retrieval system, PicHunter: theory, implementation, and psychophysical experiments[J]. IEEE Transactions on Image Processing, 2000, 9(1): 20-37.

[249] MACARTHUR S D, BRODLEY C E, KAK A C, et al. Interactive Content-Based Image Retrieval Using Relevance Feedback[J]. Computer Vision and Image Understanding, 2002, 88(2): 55-75.

[250] 王惠锋, 孙正兴, 王箭. 语义图像检索研究进展[J]. 计算机研究与发展, 2002(5): 513-523.

[251] 蔡昌许. 基于语义的图像标注与检索系统研究[D]. 武汉：武汉大学, 2005[2023-07-28].

[252] 孙君顶, 杜娟. 图像自动语义标注技术综述[J]. 计算机系统应用, 2012, 21(7): 257-261.

[253] 庄凌, 庄越挺, 吴江琴, 等. 一种基于稀疏典型性相关分析的图像检索方法[J]. 软件学报, 2012, 23(5): 1295-1304.

[254] WANG L, LIU L, KHAN L. Automatic image annotation and retrieval using subspace clustering algorithm[C]//Proceedings of the 2nd ACM International Workshop on Multimedia Databases. Washington DC USA: ACM, 2004: 100-108.

[255] ZHANG D, ISLAM Md M, LU G. A review on automatic image annotation techniques[J]. Pattern Recognition, 2012, 45(1): 346-362.

[256] LI W, SUN M. Automatic Image Annotation Based on WordNet and Hierarchical Ensembles[M]//GELBUKH A. Computational Linguistics and Intelligent Text Processing: Vol 3878. Berlin: Springer, 2006: 417-428.

[257] 潘崇, 朱红斌. 改进k-means算法在图像标注和检索中的应用[J]. 计算机工程与应用, 2010, 46(4): 183-185, 188.

[258] 茹立云, 马少平, 路晶. 基于 Boosting 学习的图片自动语义标注[J]. 中国图象图形学报, 2006(4): 486-491.

[259] SLONIM N, TISHBY N. Agglomerative information bottleneck[C]. Proceedings of the 12th

International Conference on Neural Information Processing Systems, 1999: 617-623.

[260] 钟洪, 夏利民. 基于互信息约束聚类的图像语义标注[J]. 中国图象图形学报, 2009, 14(6): 1199-1205.

[261] 路晶, 马少平. 基于概念索引的图像自动标注[J]. 计算机研究与发展, 2007(3): 452-459.

[262] JEON J, LAVRENKO V, MANMATHA R. Automatic Image Annotation and Retrieval Using Cross-Media Relevance Models[C]//Proceedings of the 26th Annual International ACM SIGIR Conference on Research and Development in Informaion Retrieval. New York, NY, USA: Association for Computing Machinery, 2003: 119-126.

[263] LIU J, WANG B, LI M J, et al. Dual cross-media relevance model for image annotation[C]. Proceedings of the 15th ACM International Conference on Multimedia, 2007: 605-614.

[264] WANG X J, ZHANG L, JING F, et al. AnnoSearch: Image Auto-Annotation by Search[C/OL]// 2006 IEEE Computer Society Conference on Computer Vision and Pattern Recognition (CVPR'06): Vol 2. 2006: 1483-1490.

[265] LI X, CHEN L, ZHANG L, et al. Image annotation by large-scale content-based image retrieval[C]//Proceedings of the 14th ACM international conference on Multimedia. Santa Barbara CA USA: ACM, 2006: 607-610.

[266] FENG H, SHI R, CHUA T S. A bootstrapping framework for annotating and retrieving WWW images[C/OL]. 2004: 960-967. https://doi.org/10.1145/1027527.1027748.

[267] 许红涛, 周向东, 向宇, 等. 一种自适应的Web图像语义自动标注方法[J]. 软件学报, 2010, 21(9): 2183-2195.

[268] BLEI D M, JORDAN M I. Modeling annotated data[J]. ACM SIGIR Forum, 2003(Special): 127-134.

[269] MONAY F, GATICA-PEREZ D. On image auto-annotation with latent space models[C]// Proceedings of the eleventh ACM international conference on Multimedia. New York, NY, USA: Association for Computing Machinery, 2003: 275-278.

[270] SHENG GAO, DE-HONG WANG, CHIN-HUI LEE. Automatic Image Annotation through Multi-Topic Text Categorization[C]//2006 IEEE International Conference on Acoustics Speed and Signal Processing Proceedings: Vol 2. Toulouse, France: IEEE, 2006: II-377-II-380

[271] HARDOON D R, SAUNDERS C, SZEDMAK S, et al. A Correlation Approach for Automatic Image Annotation[M]//LI X, ZAÏANE O R, LI Z. Advanced Data Mining and Applications: 4093. Berlin: Springer, 2006: 681-692.

[272] KIM Y, SHIN Y, KIM S J, et al. EBIR: Emotion-based image retrieval[C]//Digest of Technical Papers - IEEE International Conference on Consumer Electronics. 2009: 1-2.

[273] 王剑峰. 基于非均匀颜色直方图和CTAGD算法的图像检索研究[D]. 重庆: 西南大学, 2007.

[274] 蒋万伟. 基于 Android 的大规模服饰图像检索系统实现[D]. 成都：西南交通大学, 2014.

[275] 陈方昕. 基于分块颜色直方图匹配及 R-Tree 组织技术的图像检索技术研究[D]. 广东：华南理工大学, 2012.

[276] 张华忠. Web 图像检索系统平台[J]. 现代计算机（专业版），2013(35)：64-67.

[277] 张飞飞, 马泽伟, 周玲, 等. 图文跨模态检索研究进展[J]. 数据采集与处理, 2023, 38(3): 479-505.

[278] 尹奇跃, 黄岩, 张俊格, 等. 基于深度学习的跨模态检索综述[J]. 中国图象图形学报, 2021, 26(6): 1368-1388.

[279] 刘颖, 郭莹莹, 房杰, 等. 深度学习跨模态图文检索研究综述[J]. 计算机科学与探索, 2022, 16(3): 489-511.

[280] HOTELLING H. Relations Between Two Sets of Variates[M]//KOTZ S, JOHNSON N L. Breakthroughs in Statistics. New York, Springer, 1992: 162-190.

[281] 郭陈凤, 伍冬睿. 基于典型相关分析的多视图学习方法综述[J]. 智能科学与技术学报, 2022, 4(1): 14-26.

[282] RASIWASIA N, COSTA PEREIRA J, COVIELLO E, et al. A new approach to cross-modal multimedia retrieval[C]//Proceedings of the 18th ACM international conference on Multimedia. New York, NY, USA: Association for Computing Machinery, 2010: 251-260.

[283] GONG Y, KE Q, ISARD M, et al. A Multi-View Embedding Space for Modeling Internet Images, Tags, and their Semantics[M/OL]. arXiv, 2013[2023-07-29]. http://arxiv.org/abs/1212.4522.

[284] RANJAN V, RASIWASIA N, JAWAHAR C V. Multi-label Cross-Modal Retrieval[C]//2015 IEEE International Conference on Computer Vision (ICCV). 2015: 4094-4102.

[285] LECUN Y, BENGIO Y, HINTON G. Deep learning[J]. Nature, 2015, 521(7553): 436-444.

[286] WANG J, HE Y, KANG C, et al. Image-Text Cross-Modal Retrieval via Modality-Specific Feature Learning[J/OL]. 2015[2023-07-29]. http://ir.ia.ac.cn/handle/173211/20369.

[287] ZHENG Z, ZHENG L, GARRETT M, et al. Dual-Path Convolutional Image-Text Embeddings with Instance Loss[J]. ACM Transactions on Multimedia Computing, Communications, and Applications, 2020, 16(2): 1-23.

[288] CHOROWSKI J, BAHDANAU D, SERDYUK D, et al. Attention-Based Models for Speech Recognition[M/OL]. arXiv, 2015[2023-07-28]. http://arxiv.org/abs/1506.07503.

[289] LEE K H, CHEN X, HUA G, et al. Stacked Cross Attention for Image-Text Matching[M/OL]. arXiv, 2018[2023-07-28]. http://arxiv.org/abs/1803.08024.

[290] JI Z, WANG H, HAN J, et al. Saliency-Guided Attention Network for Image-Sentence Matching[C/OL]//2019 IEEE/CVF International Conference on Computer Vision (ICCV). 2019: 5753-5762.

[291] ZHEN L, HU P, WANG X, et al. Deep Supervised Cross-Modal Retrieval[C/OL]//2019 IEEE/CVF Conference on Computer Vision and Pattern Recognition (CVPR). 2019: 10386-10395. https://doi.org/10.1109/CVPR.2019.01064.

[292] WANG G, JI H, KONG D, et al. Modality-Dependent Cross-Modal Retrieval Based on Graph Regularization[J/OL]. Mobile Information Systems, 2020, 2020(4): 1-17.

[293] YU F, TANG J, YIN W, et al. ERNIE-ViL: Knowledge Enhanced Vision-Language Representations Through Scene Graph[M/OL]. arXiv, 2021[2023-07-29]. http://arxiv.org/abs/2006.16934.

[294] LI W, GAO C, NIU G, et al. UNIMO: Towards Unified-Modal Understanding and Generation via Cross-Modal Contrastive Learning[J/OL]. 2020[2023-07-28]. http://arxiv.org/abs/2012.15409v4.